"融力天闻律师实务"丛书

律师实务与理论研究

Research on Lawyers' Practice and Theory

潘定春 孙立君 主编

上海社会科学院出版社
SHANGHAI ACADEMY OF SOCIAL SCIENCES PRESS

图书在版编目(CIP)数据

律师实务与理论研究 / 潘定春，孙立君主编.— 上海：上海社会科学院出版社，2023
ISBN 978-7-5520-4064-7

Ⅰ.①律… Ⅱ.①潘… ②孙… Ⅲ.①律师业务—研究—中国 Ⅳ.D926.5

中国国家版本馆 CIP 数据核字(2023)第 044072 号

律师实务与理论研究

主　　编：潘定春　孙立君
责任编辑：周　萌　袁钰超
封面设计：梁业礼
出版发行：上海社会科学院出版社
　　　　　上海顺昌路 622 号　邮编 200025
　　　　　电话总机 021-63315947　销售热线 021-53063735
　　　　　http://www.sassp.cn　E-mail：sassp@sassp.cn
排　　版：南京展望文化发展有限公司
印　　刷：上海景条印刷有限公司
开　　本：710 毫米×1010 毫米　1/16
印　　张：20.5
字　　数：334 千
版　　次：2023 年 5 月第 1 版　2023 年 5 月第 1 次印刷

ISBN 978-7-5520-4064-7/D·677　　　　　定价：88.00 元

版权所有　翻印必究

编委会成员

（以姓氏笔画为序）

丁　雷　　王卫东　　王志勇　　王　健　　许　恬
许　超　　孙立君　　孙　洁　　孙黎卿　　李　炜
李淑娟　　李敬敏　　杨成义　　吴寒峰　　沙佳伟
陈　曦　　林　巧　　屈建军　　翁才林　　龚　毅
　　　　　蒋辰遒　　潘宇虹　　潘定春

序
PREFACE

律师是我国法律职业共同体中一支重要的社会法治力量,在法治国家建设、经济发展、民生保障、矛盾纠纷多元化解等方面发挥着不可替代的作用。律师通过代理一个个具体的案件、解决一件件特定的争议,为各种社会关系主体的民事活动、商事行为等提供法律服务,将国家意志、法律精神、法治理念贯彻其中,从而助力实现国家治理体系和治理能力现代化的目标。

正如美国的霍姆斯大法官所言:"法律的生命在于经验而不是逻辑。"实践赋予了法律以生命力,而律师永远都是法律实践的主角。律师的法律服务将法律变成了"活"的法律,实现着科学立法、严格执法、公正司法、全民守法的良好法治生态。我国五十多万名律师身处法律执业第一线,服务在法治链条的每一个环节,以其独特的视角、独立的思考,不断实践,不断探索,完善着中国的社会主义法治体系。

融力天闻的律师在法律服务过程中,勤于思考,善于笔耕,将理论研究成果和实务经验沉淀下来,分享给所有热爱法律的读者。今年2月,融力天闻已经编写了《知识产权案例解读与实务指导》,现在又将该所律师撰写的民事、商事、刑事等律师综合业务方面42篇专业文章汇集起来,出版了《律师实务与理论研究》。他们将代理案件过程中的所思、所想、所得进行总结、升华,既有前沿法理方面的探索,又有行业立法角度的思考,还有类案裁判规则的剖析、疑难案件的研究,涉及范围包括公司与商事,不动产与建设工程,文娱、知产与反垄断,民事,刑事与行政等多个不同领域。

通读全书,感觉本书有以下特点:

第一,内容新颖。这些专业文章均出自办案律师之手,都是近两年来律师们在办案实践中思考所得成果,从法律内容新鲜度来说,犹如清晨采摘的水果蔬菜,沾着朝露,透着法律的鲜活味。

第二,思考前沿。民商事行为具有多样性和前瞻性,而没有任何一部法律可以一劳永逸地处理丰富多彩、千变万化的社会关系。律师们在法律实践中的前沿探索和专业思考,为理解、解释、修改、完善法律提供了基础素材,也有力地克服了法律的滞后性问题。本书所展现的律师们的前沿思考,体现了理论与实践的有机统一,也为法学理论宝库添砖加瓦。

第三,案例丰富。民商事活动存在于社会的方方面面,所涉及的法律规范也复杂多样。本书作者在不同专业领域中从事法律服务,所著文章、案例也覆盖多个部门法,涉及物权效力、债权形成、婚姻身份、财产处置、公司治理、股东权益、工程承包、质量侵权,等等,反映着社会生活中的复杂场景和精妙深奥的法理思想。

第四,体裁多样。本书收录的42篇文章既有理论研究,又有实务探讨,还有以案释法、法规解析,形式多元,体裁多样。本书既可作为法学院学生的拓展课程资料,亦可为法律共同体办案和研究提供借鉴,或可作为青年律师的学习教材或法律爱好者的参考读物。

在这里,我向融力天闻的律师们表达一名法学研究工作者的敬意,也希望融力天闻将这种好的做法坚持下去,百尺竿头,更进一步,以更好的法律研究成果和法律产品,服务于客户,服务于社会,服务于法治中国建设。

是为序。

同济大学法学院院长
中国商事调解发展合作机制主席
蒋惠岭
2023年3月

目录
CONTENTS

序 …………………………………………………… 蒋惠岭 （001）

公司与商事

股权激励对象并购过程中的权益保护 …………… 潘定春　李雅君 （003）
为何"破产"应当是企业家的基础法律课？
　　——企业家应当建立风险主动管理意识 ………………… 蒋辰逺 （010）
《公司法》修改后的股份回购制度 ………………… 蒋玉林　林　巧 （017）
非破产及解散情形中股东出资加速到期制度的适用
　　………………………………………………… 孙立君　王晨曦 （023）
论"明股实债"认定的司法裁判规则 ……………… 孙立君　王晨曦 （032）
一人公司法人人格否认制度探析 …………………… 王志勇　纪　墨 （043）
基金管理人失联背景分析及私募基金投资人的权益保护 …… 王永刚 （050）
P2P网贷机构不良资产处置方案探索 ……… 潘定春　吴建军　杨雨馨 （055）
《商业银行理财子公司管理办法》解析及其影响 …… 蒋玉林　林　巧 （061）
"互联网＋"平台下用工关系认定初探 …………… 孙　洁　张文妍 （066）
新冠肺炎疫情下与复工有关的劳动人事管理问题和应对 …… 朱素宝 （074）
浅析破产案件中债权人维护合法权益的救济途径
　　………………………… 任玉萍　贝杰功　王建龙　吴子璠 （083）

不动产与建设工程

《民法典》建设工程合同新规变化及实务分析 …………… 李　炜　（091）
固定总价合同条款不能成为发包人"捆绑"承包人的结算枷锁
　……………………………………………………………… 潘定春　（098）
如何认定承包人可以顺延工期
　——从某建设工程合同纠纷案分析 …………………… 王云超　（103）
融资租赁之转租赁业务探究 …………………………… 王永刚　（110）
施工合同承包人的合同解除权及其行使的现实考量
　………………………………………………… 王志勇　纪　墨　（114）
物业管理过程中侵权责任的探讨 ……………………… 孙　洁　（123）
建设工程领域多人侵权责任承担的实务研究 ……… 潘定春　程文理　（128）
解析工程价款拟制结算制度的适用条件 …………… 黄天君　（140）
补充协议变更支付方式与施工合同实质性变更 ……………… 李　炜　（146）

文娱、知产与反垄断

"限酬令"运动与艺人"降酬" ………………………… 许　超　李亚熙　（153）
试论短视频侵权传播过程中相关电信服务商的责任问题
　………………………………………………… 孙黎卿　王宇扬　（160）
商标与企业名称的矛盾之争 ……………………………… 孙立君　（177）

民　事

关于消费者购车维权的法律问题 ………………………… 刘赤军　（187）
物尽其用——解析《民法典》物权编 …………………… 李　炜　（196）

《民法典》适用的时间效力及溯及力问题分析 …………… 李 炜 (202)
关于《民法典》婚姻家庭新规定的解析 ………… 许 恬 周孙燕 (207)
浅谈民间借贷中结算利率是否超过法定上限问题处理与新规保护
　　利率变化 …………………………………………… 沈奕枋 (215)
浅议实现债权的费用承担问题 ……………………………… 龚 毅 (220)
如何让婚内夫妻共同财产"物归原主"
　　——夫妻一方擅自赠与他人财产、另一方要求确认赠与行为无效之
　　法律分析 ……………………………… 许 恬 周孙燕 (229)
"信托执行第一案"详评之一
　　——诉讼保全与协助执行 ………………………… 蒋辰遫 (235)
"信托执行第一案"详评之二
　　——法院保全与措施界限 ………………………… 蒋辰遫 (241)
从"遗嘱信托第一案"看遗嘱信托的复杂性和缺陷 ……… 蒋辰遫 (246)
律师对碎片化证据的审查及运用
　　——以陈某诉周某某委托理财案为视角 ………… 魏柏峰 (254)
数字时代个人隐私的守护神
　　——《个人信息保护法》解读及其企业合规策略
　　………………………………………… 王卫东 房肇鸿 (264)
如何理解执行程序中参与财产分配申请的截止时间
　　——财产执行终结前 ……… 任玉萍 贝杰功 王建龙 吴子瑨 (278)
执行财产分配程序中对虚假债权异议的救济
　　………………………… 任玉萍 贝杰功 王建龙 吴子瑨 (283)

刑事与行政

真相与刑事责任
　　——论全民恐慌与怒火之下的"假疫苗"案 ……… 刘赤军 (289)

高利贷入刑法律问题解析 …………………………………… 王司南 (298)
案外人对非法集资案件中司法限制财产的异议
　………………………………… 潘定春　李雅君　杨雨馨 (303)
行政机关应履行招商引资协议中的税收奖励条款…… 王志勇　纪　墨 (308)

公司与商事

股权激励对象并购过程中的权益保护

潘定春　李雅君[*]

[摘　要]　资本张力、技术价值、人才资源是公司发展的三驾马车,协调、平衡、互相支持,可以形成发展合力。企业为了吸引和留住高精尖人才,多数会选择与职业经理人签订股权激励协议。公司在发展过程中被并购激励对象如何行权?本文重点探讨行权路径。

[关键词]　股权激励;股权转让;权益保护;争议解决

一、股权激励违约案例

职业经理人 A 某长期担任上海 B 公司总裁职位。2017 年,上海某公司控股股东深圳 C 公司与以 A 某为代表的管理层签订《股权激励协议》,约定达到一定条件后,深圳 C 公司愿意对以 A 某为代表的管理层进行股权激励。2018 年 2 月,《股权激励协议》约定的条件达成,但深圳 C 公司并未按照约定对以 A 某为代表的管理层进行股权激励,虽然 A 某等多次向深圳 C 公司主张,但深圳 C 公司未置可否。2019 年 2 月,深圳 C 公司与第三人签订《股权转让协议》,将其在上海 B 公司的股权转让给第三人。第三人不予认可以 A 某为代表的管理层与深圳 C 公司签订的《股权激励协议》。股权并购后,以 A 某为代表的管理层的权利如何保护?

---

[*]　潘定春,上海融力天闻律师事务所高级合伙人,主任。

二、股权激励制度

（一）股权激励制度概念

股权激励是指上市公司以本公司股票为标的，对其董事、监事、高级管理人员及其他员工进行的长期性激励。上市公司以限制性股票、股票期权及法律行政法规允许的其他方式实施股权激励计划的，使用管理办法的规定。[①] 由于非上市企业的发展以及股权激励制度范围的扩展，股权激励不再仅仅是上市公司所运用的激励制度，非上市公司也在广泛使用股权激励制度，以助力企业发展。企业激励标的主要包括股票期权、限制性股权、虚拟股权、股票增值权、账面增值权、员工持股计划、业绩股票、干股等多种类型。上市公司和非上市公司根据企业自身的发展战略和发展目标自主选择股权激励模式。

（二）股权激励对象

股权激励的对象可以分为以下几类：1. 高级管理人员，如法定代表人、董事、监事、总经理、财务总监等；2. 核心技术人员，如产品、技术等研发人员；3. 核心业务人员，如销售部总监；4. 对企业未来发展有影响力的员工。

（三）股权激励价值

股权激励对企业、激励对象以及社会发展有着重要的作用，主要有以下几个方面：

第一，很大程度上激发激励对象的工作积极性，使其能够更好地将时间和精力投入工作岗位，从而释放其人力资本的潜在价值，最大限度地降低企业监督成本。

第二，通过股权激励将激励对象的利益凝聚在公司，形成利益共同体，有利于企业持续稳定地发展。

第三，作为激励对象的福利，在促进个人和企业双重发展的同时，有利于吸引外部优秀人才和核心人才。

第四，有利于企业创造更多的财富，实现更大的社会价值，为企业上市奠定

[①] 《上市公司股权激励管理办法》第二条："本办法所称股权激励是指上市公司以本公司股票为标的，对其董事、高级管理人员及其他员工进行的长期性激励。上市公司以限制性股票、股票期权实行股权激励的，适用本办法；以法律、行政法规允许的其他方式实行股权激励的，参照本办法有关规定执行。"

基石。

（四）股权激励形式

股权激励制度发展初期，是以公司股权作为激励的主要形式。随着公司发展和法律进步，股权激励制度得以发展，现有股权激励形式多样化，主要表现为股票期权、限制性股票、虚拟股票、绩效股份计划、加速绩效限制性股权激励计划、股票增值权、绩效单位计划、员工股票购买计划、员工股票所有权计划。

企业会根据自身经营战略和财务情况选择适用某种或几种股权激励方式。

三、激励对象的权利保护

企业股权激励制度关系企业发展战略。对激励对象而言，股权激励政策能否顺利实施，激励对象能否实现被激励的相关利益，存在着一定的行权风险。

当企业股权被收购或者被转让时，将严重影响激励对象对激励股权的行权。如果企业在被收购或者转让股权时，并未就企业设立的股权激励制度与受让股东进行披露，或者原股东故意违约，则激励对象的激励股权很有可能落空。在此情况下，股权激励对象应关注以下问题。

（一）股权并购过程中应及时行权

1. 并购尽调期间应及时披露信息

公司并购过程中原股东希望促成交易，并购尽调期间可能会有意回避股权激励问题；或向受让股东承诺所有股权激励方案均由原股东解决，与受让股东无涉；或者向激励对象承诺并购完成后，由原股东对激励对象进行补偿。激励对象基于过去对目标公司的付出，希望并购顺利完成，或者是希望并购完成后能够继续在企业任职等考量，常常不主动向受让股东及时披露所参与的股权激励方案，陈述自己的真实诉求。原股东或者激励对象的上述行为导致原股东与受让股东在设计并购交易方案时没有充分考虑激励对象的权益，进而导致激励对象的权利得不到实现。综上所述，激励对象作为目标公司管理团队或技术核心，应在受让股东尽调访谈等环节陈述权利要求，披露股权激励方案的相关资料和信息，让受让股东对目标公司股权架构有深入了解、对激励对象诉求有足够认知，尽量在交易方案中体现激励对象权利保护内容。

2. 并购磋商过程应展现激励对象价值

磋商谈判虽然是在目标公司原股东与受让股东层面开展,但作为管理团队或技术核心的激励对象,有条件和时机与受让股东进行交流,受让股东通常也有较强的意愿与目标公司管理团队沟通公司发展、成长、业绩、市场、技术、管理等内容。此时激励对象应充分展示股权激励方案的价值,以及自身在目标公司未来发展中的作用,以取得受让股东对于目标公司股权激励制度的认同和肯定,从而自愿保护激励对象的权益。

3. 交易文件应体现股权激励权益

激励对象权益的最好保障就是受让股东认同并自愿继续履行目标公司股权激励方案。即股权激励对象应争取在并购交易文件中明确目标公司股权激励方案的实施及履行。若未能实现该目标,也应争取在交易文件中体现如何解决股权激励权益方案。

(二) 并购完成后应及时救济

若并购交易时未能实现股权激励对象的权益保护,激励对象则应及时维权。激励对象既可以向原股东和受让股东提出谈判,也可以向司法机关进行诉讼或仲裁。在司法救济过程中,需要关注以下法律问题。

1. 案由选择

根据现有的股权激励纠纷,有些法院根据股权激励的背景、目的判断属于劳动纠纷的范畴,有些法院根据企业与激励对象签订的股权激励协议判断属于合同纠纷,甚至同一个法院对于股权激励纠纷的认定可能存在劳动纠纷和合同纠纷两种情形。

劳动争议是指用人单位与劳动者发生的劳动关系合同纠纷、社会保险(劳动保险)纠纷、福利待遇纠纷等。[1] 福利待遇纠纷是指用工单位与劳动者因为福利待遇问题而发生的纠纷。现在的福利待遇纠纷一般是指企业为了保留和激励员工,采用的非现金形式的报酬,包括保险、实物、股票期权、培训、带薪假等。[2] 有观点认为,股权激励收益不属于劳动报酬的范围,原因是股权激励的收益不具备劳动关系的按劳分配特点,而是按照出资(资本)分配。[3] 但是,股

---

[1] 《最高人民法院民事案件案由适用要点与请求权规范指引》(上册),人民出版社 2019 年版,第 509 页。
[2] 《最高人民法院民事案件案由适用要点与请求权规范指引》(上册),人民出版社 2019 年版,第 530 页。
[3] 薛孝东:《股权激励的法律适用与实施》,《法制与社会》2020 年第 6 期。

权激励的前提是激励对象的工作绩效,即对企业的贡献力,从广义上是按劳分配的延伸,属于激励对象的福利待遇。

我们认为,因股权激励产生的纠纷,首先是基于企业与激励对象签订股权激励协议,对于股权激励的时间、方式、途径等在双方自愿协商的基础上有明确的约定,应当属于合同纠纷。从广义上,股权激励属于企业对于员工的福利待遇,一定程度上应当也可以属于劳动争议中的福利待遇纠纷。股权激励产生的纠纷可能存在双重性质,即合同纠纷或劳动争议。在实践中认定某一个股权激励纠纷到底是合同纠纷或者福利待遇纠纷,要结合个案中股权激励的签署背景、目的等综合认定。

我们做代理的前述有关股权激励纠纷的案例,主要涉及并购过程中激励对象的权利保护,法院认定本案为其他合同纠纷。

2. 诉讼主体

在股权激励方案中,激励对象可能是单一对象,也可能是多个对象,实践中多个对象较为常见。如果股权激励方案中是单个激励对象,单个主体作为原告;如果股权激励方案中存在多个(指两人以上)激励对象,共同享有一定比例激励股权,那么在诉讼时是以多个激励对象作为共同原告进行诉讼,还是以每个激励对象作为原告单独诉讼?我们认为这属于必要共同诉讼,是不可分之诉,应该进行共同诉讼。根据最高人民法院《关于适用〈中华人民共和国民事诉讼法的解释〉》第七十五条①规定,如激励对象众多,一般为十人以上,可以推选两至五名代表进行诉讼。

在多个激励对象中,也可能有其他选项。如也有经协商一致由其他激励对象将权利义务全部转让给其中一位激励对象,由承受权利义务的激励对象作为原告提起诉讼的情形。

3. 特殊激励对象主体

股权激励方案中还存在一些特殊情形。股权激励协议的激励对象是一个没有法律主体地位的组织,例如:某某公司管理层、某某公司高级管理团队、某公司科研团队等。以上类似组织并不是法律上的单一适格主体,如何确立激励

---

① 最高人民法院《关于适用〈中华人民共和国民事诉讼法的解释〉》第七十五条:民事诉讼法第五十六条、第五十七条和第二百零六条规定的人数众多,一般指十人以上。

对象的具体范围成为诉讼的核心及重点。此时建议寻找相关的证据材料,例如在签订股权激励协议时,就激励范围确定的相关文件,或者相关股东会决议、董事会决议证明材料等,进而确定激励对象的具体范围。

4. 诉讼第三人

激励对象在诉讼救济中,如果诉讼相对方是原股东(一般指股权激励协议的签署方),法院为更好地调查股权激励的事实,一般会追加目标公司为第三人。目标公司作为股权激励方案实施者,更清楚股权激励对象在股权激励方案中的权益。目标公司可以配合法官查明股权激励方案中的事实,有利于推进案件进展,解决股权激励纠纷。

5. 诉讼请求

并购完成的标志是受让股东变更登记为目标公司股东。激励对象根据股权激励协议约定,要求行权的基础客观上已不存在,此时只能根据股权激励协议的约定,主张目标公司或者原股东的违约责任。

支付违约金或赔偿损失能否并用?需要结合合同具体约定的违约事实和条款进行研判,各地法院有不同判例,并非一概排斥并用。根据法律一般适用原则,结合我国目前司法判例,支付违约金适用"补偿性为主,赔偿性为辅"原则。赔偿性违约金在法律明确规定的特殊情况下适用,例如《消费者权益保护法》第五十五条[1],最高人民法院《关于审理商品房买卖合同纠纷案件适用法律若干问题的解释》第八条[2]。在股权激励纠纷案件中,激励对象可以根据合同具体约定选择主张支付违约金或者赔偿损失。激励对象若诉请支付违约金,如违约金低于实际损失时,可以根据《民法典》第五百八十五条第二款[3]的规定,请求人民法院或仲裁机构增加违约金,激励对象申请增加违约金后,就不能再

---

[1] 《消费者权益保护法》第五十五条:经营者提供商品或者服务有欺诈行为的,应当按照消费者的要求增加赔偿其受到的损失,增加赔偿的金额为消费者购买商品的价款或者接受服务的费用的三倍;增加赔偿的金额不足五百元的,为五百元。法律另有规定的,依照其规定。

[2] 最高人民法院《关于审理商品房买卖合同纠纷案件适用法律若干问题的解释》第八条:具有下列情形之一,导致商品房买卖合同目的不能实现的,无法取得房屋的买受人可以请求解除合同、返还已付购房款及利息、赔偿损失,并可以请求出卖人承担不超过已付购房款一倍的赔偿责任:(一)商品房买卖合同订立后,出卖人未告知买受人又将该房屋抵押给第三人;(二)商品房买卖合同订立后,出卖人又将该房屋出卖给第三人。

[3] 《民法典》第五百八十五条第二款:约定的违约金低于造成的损失的,人民法院或者仲裁机构可以根据当事人的请求予以增加;约定的违约金过分高于造成的损失的,人民法院或者仲裁机构可以根据当事人的请求予以适当减少。

主张赔偿损失。激励对象若诉请赔偿损失,法院审理案件时需要查明损失的事实依据。根据普遍原则,损失是指在行权时至诉讼时激励股权价值、股权增值部分价值之和。司法实践中可以参照原股东最初获得股权的价格和受让方获得股权价格的差额,确定激励对象的损失。

四、股权激励应平衡各方利益

股权激励制度的根本目的是为了激发激励对象的工作积极性,从而为企业创造更多的财富,实现激励对象自身能力的提高和企业更好、更快、可持续的发展。只有更好地保护激励对象的权益,才能够保证股权激励协议的落地实施,以达到股权激励方案的设立目的。

股权激励一定要符合企业的发展方向和发展战略,企业根据自身条件和激励对象的利益制定适合自身、切实可行的股权激励方案,保障激励对象在该制度中的合法权益,另一方面激励对象也应有保护自身权益的意识和能力。

我们代理的文中案件,法院经过多次庭审后,主持各方进行了调解,原股东对以 A 某为代表的管理层予以赔偿,激励对象权益得到有效保护。

为何"破产"应当是企业家的基础法律课?[*]

——企业家应当建立风险主动管理意识

蒋辰逯[**]

[摘 要] 关注欧美经济新闻的人会发现,"破产"和"破产重整"这两个词的出现频率很高,从名不见经传的小公司到著名巨型跨国企业都不能独善其身,动不动就破产或破产重整,就连美国通用汽车都曾一度进入破产重整。在2020年全球新冠肺炎疫情的冲击下,更是有很多知名大公司扎堆破产。在欧美国家,"破产"似乎是一种司空见惯的情形,而中国的企业家们好像还没有准备好去面对"破产"。

虽然中国的《企业破产法》早在2007年6月1日已经生效实施,但十几年来这部法律在实务中几乎可以用无人问津一词来形容。这一现象是由我国传统及时代背景下的各种因素决定的。

2018年3月4日,最高人民法院发布《全国法院破产审判工作会议纪要》,标志着我国的企业破产法律制度正式被全面激活。随之,全国各地开始设立专门管辖破产案件的破产法庭。2019年6月22日,国家发展和改革委员会联合最高人民法院等十多个部委联合发布《加快完善市场主体退出制度改革方案》,意味着以企业破产作为主要的市场主体退出方式将成为常态,其发布规格之高也预示着将影响到每一个市场主体,其中主要的就是公司及作为公司投资和管理者的企业家们。

对此,企业家应当上好"破产"这门基础课,从而能"正视破产""了解破产"和"用好破产",将企业的经营风险提前与个人做好隔离安排。

---

[*] 《企业破产法》规定的破产主体是企业法人,而企业法人中绝大多数是公司法人。为便于叙述,本文中所提到的"企业"或"企业法人"均指公司法人。
[**] 蒋辰逯,法学硕士,上海融力天闻律师事务所高级合伙人,上海市律师协会信托法业务研究委员会委员。

[关键词] 破产程序;破产保护;股东责任

一、正视"破产"

（一）正视"破产"这个词,即正视破产法律制度

显然"破产"一词在中国人的传统文化和观念中,不仅负面意味浓重,更是一个自带晦气的词。就像很多人不愿意买保险,仿佛买了就是在咒自己早死。中国企业家在创业开始或企业顺风顺水的时候考虑破产带来的风险问题,还是存在相当大的心理障碍的。这是人性使然,可以理解。

但是法律上的"破产"一词,不只是表明企业处于破产的状态,还包括了一整套的破产法律制度,而这套制度的本质意义之一是用来保护企业甚至保护企业家个人的,所以还有一个经常看到的词叫"破产保护"。不过这种破产保护当然是有前提的,只对有准备的人发挥作用。企业家们不应该在心理上排斥"破产"这个字眼,而是要早日客观、理性地去预先了解破产法律制度。

（二）正视"破产"这个现象,即正视商业风险

中国从改革开放以来,经济一直处于高速发展中,中国的企业发展整体上一直处于上升通道中。在这样的背景下,即使企业经营失败和负债,企业家也能通过各种方法再次发力或二次创业,有比较多的机会能够覆盖前期的债务。长达三十年的高速增长通道,使得中国企业家对"跌倒了爬不起来"级别的风险意识比较弱,更关心怎么赚钱,而忽视预先风险防范。

但近几年来,中国的经济明显开始告别高速增长,对于企业来说负债增加的同时利润下滑,抗风险能力减弱,中国企业家从未经历过的经济大周期到来了。对于已经经历了几百年资本主义发展的西方发达国家来说,他们的企业家对固有的商业风险早就形成了很强的防范意识,也早有了成熟的破产法律制度可以进行自我保护。中国企业家要先从风险意识上补上这一课,接受企业经营风险不可能完全避免的客观规律,提前做好风险防范安排。

二、了解"破产"

《企业破产法》第二条第一款规定:"企业法人不能清偿到期债务,并且资产

不足以清偿全部债务或者明显缺乏清偿能力的,依照本法规定清理债务。"

上述条款中,企业法人主要指的就是依据《公司法》设立的公司,与民营企业家相关的是有限责任公司和股份有限公司。可见破产法律制度与公司法律制度、债务清偿相关的法律制度紧密相连,要了解破产法律制度带来的影响,必须掌握这两方面的相关知识。

(一)公司的"独立法人"和"有限责任"

随着多年的法治发展,很多人通过亲身经历或耳濡目染,都知道了如果是以公司的名义对外签订合同或者进行商业活动等,一旦发生纠纷是由公司承担责任,对方起诉到法院也只能将公司作为被告,但绝大多数人知其然而不知其所以然——公司具有独立法人地位,在法律上应当独立享有权利和独立承担责任。简单来说,公司就是法律上拟制出来的"人",当然应当是与普通人一样"一人做事一人当",公司成为企业经营风险与股东之间的债务防火墙。

但公司独立承担法律责任是有前提的,即公司确实是独立的,这种独立体现在公司财产上。作为控制公司的股东,应当保证公司的财产是独立,从公司设立一直到经营过程中,属于公司的财产都应当归公司所有;股东除了应当依章程缴足出资外,也不能转移、挪用、侵占公司的财产;不能将公司的财产与股东或他人的财产混同等。否则公司将失去独立法人地位,股东就应当对公司债务承担责任。

所谓"有限责任"指的是股东以出资额为限对公司承担责任,股东只要把认缴的注册资本出资到位,就不应该对公司承担其他责任,更不用说对公司债务承担责任。但这个"有限责任"实际上是与公司的"独立法人"地位紧密关联,只有公司属于合法的"独立"状态,股东才会"有限责任"。如果出现上述有损公司独立法人地位的情形,股东可能会直接对公司债务承担各种股东责任。

(二)破产程序及法律效果

1. 破产的一般程序

(1)破产条件:必须同时具备不能清偿到期债务和资产不足以清偿全部债务或者明显缺乏清偿能力两个条件。

(2)破产程序的启动:债权人或债务人均可向法院申请公司破产清算。

(3)一般流程:申请→受理→指定破产管理人→财务审计和债权申报→债权人会议→重整或和解→(重整或和解失败)宣告破产→清算和分配→破产程

序终结。

2. 破产的结果

（1）法院宣告公司破产后，所有执行案件应当终结执行。

（2）由于执行案件应当终结执行，原先诸如限制高消费、限制出入境等执行措施将一并解除。

（3）破产程序终结，所有的破产财产分配完毕后，剩余的债权将不需要再清偿。

3. 破产程序将暴露或导致股东责任

破产程序，最关键就是财务审计和债权人会议，将直接导致股东责任的暴露。如果企业家们按照前面关于公司独立法人地位和股东有限责任的标准审视一下自己的公司，不少企业家会发现影响公司独立法人地位的行为股东几乎都犯了。但至少在若干年前，并没有多少司法案例要求股东承担股东责任。很重要的因素是，影响公司独立法人地位的行为都是与公司财产和利益被侵害有关，而这些信息和证据都是体现在财务资料或公司内部文件中，债权人通常情况下是无法获得这些资料或文件的，在实务中也就很难追究股东责任了。

一旦进入破产程序，将由法院指定的破产管理人接管公司的管理权并接管全部财务资料、文件，调查债务人财产状况，制作财产状况报告。调查债务人财产状况和制作财产状况报告的主要手段是通过破产审计。通过破产审计，转移公司财产等侵害公司利益的行为都有可能被发现并体现在最终的审计报告中。最常见、最容易被审计发现的，也是最传统粗暴的做法是：

（1）认缴的注册资金未缴足（包括未到期的）；

（2）认缴后马上抽逃的；

（3）股东借款或挂往来账的；

（4）银行流水与凭证或合同等不一致的；

（5）公司与股东个人之间银行转账过于频繁明显不合理的；

（6）将公司财产或资金用于股东个人用途的；

（7）存在关联交易的；

（8）其他各种可能存在侵害公司利益的情形。

债权人会议或债权人委员有权了解公司的具体财产和财务状况，有权查阅破产审计报告。而审计报告中的上述情形将是债权人最为关注的对象，因为对于债权人来说,只有多追回公司财产才能尽可能地多获得最后的破产财产分配。

同时,还可以利用破产审计中发现的证据,在破产程序之外另行追究《公司法》上规定的其他股东责任。比如破产审计时发现财务账册不全,最终导致无法完整清算的,股东是需要对债权人承担清算不能的责任的。诸如此类还有其他潜在的因侵害公司或债权人利益引发各种股东责任,相关证据可能会在破产审计中暴露。

如果出现上述情形,我们发现公司的独立法人地位和股东的有限责任构成的企业经营风险防火墙被突破了,股东将直接承担企业的债务或其他责任。而对于个人股东来说,这种债务或责任的承担影响的不仅是其个人名下的财产,整个家庭的资产都有可能被用于债务清偿或责任承担。

4. 破产保护

对于很多因为暂时的资金周转问题而被起诉至法院进入执行的企业而言,即使实际上公司的生产经营可以持续并渡过难关,从而恢复正常,法院的执行也可能直接将这家企业宣判死刑而真正无法继续经营。对于这样的企业来说,如此终结企业生命是很可惜的,也与国家要保护企业家精神的方针不符的。

对此,破产法律制度建立了一种保护机制。《企业破产法》第十九条的规定:"人民法院受理破产申请后,有关债务人财产的保全措施应当解除,执行程序应当中止。"

根据上述规定,一旦进入破产程序,所有的执行案件将会中止执行,所保全的公司财产也都将解除保全措施,由破产管理人接管公司。同时有机会进入重整或和解程序,从而延续公司的生命,给予公司重生的机会。

三、用好"破产"

通过前面的介绍,破产法律制度是把双刃剑,既可以在有些情形下保护企业,也有可能引发股东责任风险。要让自己不会被"破产"所伤,还能利用好"破产",并不是一件简单的事情。

(一)经营合规和财务合规是前提

股东从设立公司开始,就要开始考虑股东责任。经营上要合规,财务上更加要合规,保证股东没有转移或侵害公司财产的行为;财务上,属于公司的支出和收入都应当通过公司银行账户并计入公司名下。只有这样,才能保证公司的独立财产和独立地位,公司才可以独立承担公司的债务和责任,不会殃及股东。

另外,不要随意加重股东自身责任,比如有人觉得公司注册资金数额大看上去比较高大上,又不用马上实缴,就设定一个很大的注册资金。殊不知一旦公司进入破产程序,认缴金额都是需要股东提前实缴的。

(二)提前做好企业架构规划

在公司合规经营的前提下,如果企业经营出现难以为继的情况,可以主动申请破产保护或者破产清算,摆脱债务的纠缠,所以做好企业架构规划就很重要。

一类是横向架构。很多企业家为了方便,或者在无意识的情况下,将很多不同或不关联的业务都放在一个公司主体下面经营,如果其中一个业务出现债务而另一个业务经营良好,则后者的利润将不断地为前者填坑。反之,如果提前规划好,将两个业务用两个不同的公司开展经营活动,如果一个业务难以为继,完全可以主动申请破产清算,其债务不会危及另一个业务的公司,从而达到风险隔离的作用。

另一类是纵向架构。现在有越来越多的非家族企业,是不同的股东为了营利而共同投资成立的公司。由于还可能存在各种潜在的股东风险,有时候需要考虑不以个人直接作为公司股东,而是成立一个有限责任公司作为实际经营的公司的股东,以便多做一层隔离。

(三)利用"破产"追究债务人

近几年法院的执行力度不断加强且效果显著,但如果是公司作为被执行人,公司的股东或实际控制人转移公司财产的行为仍然是很难通过一般表面调查发现的,法院往往因为无财产可以执行而将案件终结,实际上就变成了坏账。

这种情形下,可以直接申请被执行人公司破产,通过破产审计来发现股东转移或侵害公司财产的线索,以追究股东方式来获得债务清偿。实践中,大部分的公司都有财务不规范和股东随意动用公司资产的情况,因此,有相当高的概率可以起到一定效果。

四、结语

改革开放四十多年来,经济社会得到了长足发展,法治也日臻完善,企业家们不宜再拘泥于传统观念,用粗放、被动的方式对待自己辛苦积累的财富,而是应当建立起主动的风险管理意识,充分了解法律环境,提前为自己的财富建立起有效的、长期的安全保障机制。

《公司法》修改后的股份回购制度

蒋玉林　林　巧[*]

[摘　要]　2018年10月26日,第十三届全国人大常委会第六次会议审议通过了《全国人民代表大会常务委员会关于修改〈中华人民共和国公司法〉的决定》,对《公司法》第一百四十二条有关公司股份回购的规定进行了专项修改,自公布之日起施行。修订后的《公司法》补充完善了允许股份回购的情形。股份回购,是指公司收购本公司已发行的股份,是国际通行的公司实施并购重组、优化治理结构、稳定股价的必要手段,已是资本市场的一项基础性制度安排。

[关键词]　股份回购;决策程序;公司回购;库存股

一、新旧法条文对照

本次《公司法》修改的主要内容是将《公司法》第一百四十二条所规定公司收购本公司股份从目前的4种情形增至6种情形。原来规定的公司收购本公司股份的4种情形是:"(一)减少公司注册资本;(二)与持有本公司股份的其他公司合并;(三)将股份奖励给本公司职工;(四)股东因对股东大会作出的公司合并、分立决议持异议,要求公司收购其股份的。"本次增加的内容是:"(五)将股份用于转换上市公司发行的可转换为股票的公司债券;(六)上市公司为维护公司价值及股东权益所必需。"

---

[*]　蒋玉林,上海融力天闻律师事务所高级合伙人,上海市闵行区第二届十大"优秀律师",2017年第一批通过上海市律师专业水平评定,获得金融证券保险专业和公司专业评级。林巧,上海融力天闻律师事务所高级合伙人,上海市律师协会破产与不良资产业务研究委员会委员,2017年第一批通过上海市律师专业水平评定,获得金融证券保险专业和公司专业评级。

二、公司收购本公司股份的决策程序简化

公司因第(一)项、第(二)项规定的情形收购本公司股份的,即因减少公司注册资本,与持有本公司股份的其他公司合并而需要收购本公司股份的,应当经股东大会决议,这一点没有变化,继续有效。

公司因第(三)项规定的情形收购本公司股份的,即将股份奖励给本公司职工而需要收购本公司股份的,改由依照公司章程的规定或者股东大会的授权,经三分之二以上董事出席的董事会会议决议。

公司因第(四)项规定的情形收购本公司股份的,即股东因对股东大会作出的公司合并、分立决议持异议,要求公司收购股东的股份的,类同于《公司法》第七十四条的规定,属于"异议股东回购请求权"范畴,无需经过任何决议程序,这次也并未发生改变。

新增公司因第(五)项、第(六)项规定的情形收购本公司股份的,即将股份用于转换上市公司发行的可转换为股票的公司债券、上市公司为维护公司价值及股东权益所必需而需要收购本公司股份的,这次规定也依照公司章程的规定或者股东大会的授权,经三分之二以上董事出席的董事会会议决议即可。

三、新增公司回购本公司的股份方式

这次新增的公司回购本公司的股份方式,只能采用公开的集中交易方式,而且严格履行信批义务。

四、需要注意以下几个方面

(一)虽然公司收购本公司股份的情形有所增加,但原《公司法》所确立的"公司不得收购本公司股份"的基本原则没有变化,公司收购本公司股份仍然属于"例外情形",只不过是例外情形有所增加。另外公司不得接受本公司的股票作为质押权的标的规定仍然没有变化。

(二)因减少公司注册资本情形而需要收购本公司股份的,应当自收购之

日起十日内注销。

（三）因与持有本公司股份的其他公司合并、股东因对股东大会作出的公司合并、分立决议持异议，要求公司收购其股份的情形，收购回来的股份应当在六个月内转让或者注销。这一点与原《公司法》保持一致，没有变化。

（四）对于新增的将股份用于转换上市公司发行的可转换为股票的公司债券，和上市公司为维护公司价值及股东权益所必需而需要收购本公司股份的情形，这次明确要求：一是公司合计持有的本公司股份数不得超过本公司已发行股份总额的百分之十；二是应当在三年内转让或者注销。

（五）因将股份奖励给本公司职工的情形而需要收购本公司股份的，与原《公司法》相比，发生三处变化，对此应当予以注意：

1. 公司合计持有的本公司股份数占本公司已发行股份总额的百分比上限从 5% 增加至 10%；

2. 将"所收购的股份应当在一年内转让给职工"延长至 3 年，并针对未转让部分相应增加"注销"情形；

3. 删除了原来关于"用于收购的资金应当从公司的税后利润中支出"的规定。今后回购资金来源将不再仅限于"税后利润"。

五、对比草案发生的变化

本次《公司法》修改的正式公布稿与草案相比较发生如下变化：一是强调上市公司回购股份的规范性要求，明确信批义务和公开集中交易方式。二是正式稿删除了草案中第（七）项"法律、行政法规规定的其他情形"的兜底条款。鉴于股份回购特别是上市公司的股份回购，对债权人和投资者利益都有重大影响，应当慎重稳妥对待，法律对股份回购的情形及方式等规定要清晰、明确，不宜规定兜底条款或例外情形。

六、本次修订带来的意义及面对的问题

应该理解为目前在 A 股"狂泻不止"的今天，该修改从审议到通过只用了 4 天，可见这是管理层急于对股市放出的利好大招。

（一）上市公司可以护盘

原《公司法》第一百四十二条规定："公司不得收购本公司股份。"这样就解决了股民疑问：为什么不回购自己公司股票？此次修法将修改《公司法》第一百四十二条关于公司回购股份的规定，以促进资本市场健康稳定发展，保护上市公司和投资者的合法权益，提高上市公司质量。其实护盘是一种通俗说法，实际上是指维持资本市场稳定，保障股票正常交易。市场上有时会出现一些异常波动，这种波动脱离了上市公司的市场价值，损害了上市公司和投资者的权益。在特别情况下，上市公司采取一定措施进行干预是正当的。

（二）修改决定通过增加回购情形

为公司实施股权激励或者员工持股计划以及发行可转债提供股份来源，既有利于上市金融企业建立长效激励机制，形成资本所有者和劳动者的利益共同体，提高企业资本运营效益，提升投资者回报能力；也有利于增强可转债品种的便利性，拓展公司融资渠道，改善公司资本结构，完善资本市场功能，进一步提升资本市场服务实体经济的能力。

（三）如何严控资金来源防止企业加杠杆值得探讨与关注

现行的《公司法》第一百四十二条第一款第（三）项规定"用于收购的资金应当从公司的税后利润中支出"。实际这个"应当"可以解释为"只能"，即"只能用公司的税后利润回购公司的股份"；如果现在把这个删掉了，会出现什么情况？不光是贷款，杠杆都可能会加上来了；大股东的权益可以肆意扩张，兴风作浪，那么股市会出现异常的波动，这个问题防不防、怎么防？上市公司筹集回购资金如何进行规范？在实践中，回购资金来源的多元化，一定程度上可能增加公司债务，放大公司债务杠杆，在监管上也可能会出现空白，进而损害公众股东的利益。为了保护公众股东及公司的合法权益，应该在相关配套规定中，对上市公司筹集回购资金进行细化规范，要求上市公司无论采取何种方式筹集回购资金，都不能损害公司的持续经营能力。

七、结语

此次《公司法》修改既立足当下，又着眼长远，针对现行规定存在的允许股份回购的情形较少，实施程序较为复杂，回购后公司持有的期限较短，难以适应公司特别是上市公司股份回购的实际需要等问题,适当补充完善允许股份回购的情形,适当简化股份回购的决策程序,适当提高公司持有本公司股份的数额上限和延长公司持有所回购股份期限,建立健全股份公司库存股制度,并补充了上市公司股份回购的规范要求。

附表 《公司法》关于公司股份回购的新旧法条对比

原　　文	修　正　后
第一百四十二条　公司不得收购本公司股份。但是,有下列情形之一的除外:	第一百四十二条　公司有下列情形之一的,可以收购本公司股份:
(一)减少公司注册资本;	(一)减少公司注册资本;
(二)与持有本公司股份的其他公司合并;	(二)与持有本公司股份的其他公司合并;
(三)~~将股份奖励给本公司职工~~;	(三)用于员工持股计划或者股权激励;
(四)股东因对股东大会作出的公司合并、分立决议持异议,要求公司收购其股份的。	(四)股东因对股东大会作出的公司合并、分立决议持异议,要求公司收购其股份;
	(五)将股份用于转换上市公司发行的可转换为股票的公司债券;
	(六)上市公司为维护公司价值及股东权益所必需。
公司因前款第(一)项至第(三)项的原因收购本公司股份的,应当经股东大会决议。	公司因前款第(一)项、第(二)项规定的情形收购本公司股份的,应当经股东大会决议。公司因前款第(三)项、第(五)项、第(六)项规定的情形收购本公司股份的,可以依照公司章程的规定或者股东大会的授权,经三分之二以上董事出席的董事会会议决议。
公司依照前款规定收购本公司股份后,属于第(一)项情形的,应当自收购之日起十日内注销;属于第(二)项、第(四)项情形的,应当在六个月内转让或者注销。	公司依照第一款规定收购本公司股份后,属于第(一)项情形的,应当自收购之日起十日内注销;属于第(二)项、第(四)项情形的,应当在六个月内转让或者注销。

续 表

原　文	修　正　后
公司依照第一款第(三)项规定收购的本公司股份,不得超过本公司已发行股份总额的百分之五;用于收购的资金应当从公司的税后利润中支出;所收购的股份应当在一年内转让给职工。	属于第(三)项、第(五)项、第(六)项情形的,公司合计持有的本公司股份数不得超过本公司已发行股份总额的百分之十,并应当在三年内转让或者注销。
	上市公司收购本公司股份的,应当依照《中华人民共和国证券法》的规定履行信息披露义务。上市公司因本条第一款第(三)项、第(五)项、第(六)项规定的情形收购本公司股份的,应当通过公开的集中交易方式进行。
公司不得接受本公司的股票作为质押权的标的。	公司不得接受本公司的股票作为质押权的标的。

非破产及解散情形中股东出资加速到期制度的适用

孙立君　王晨曦[*]

[摘　要]　认缴资本制度下,非破产及解散情形下,能否适用加速到期制度,在理论和实践中存在"肯定说""否定说"以及"折中说"的不同观点。通过案例研究发现,法院已逐步认可即使非破产及解散,当公司具备破产情形但不申请破产或恶意延长出资期限时,确认由股东承担认缴出资范围内补充责任的为公司债务承担责任。但法院适用上述情形仍较为谨慎。

[关键词]　认缴制;期限利益;债权人保护

一、非破产及解散情形中股东加速到期的争议与依据

（一）问题的提出与争议

2013年国家简政放权,深化商事制度改革,《公司法》的修订取消了最低注册资本限额,将实缴改为认缴资本制度,将法定的出资期限改为约定的出资期限。这一制度对鼓励投资、调动社会资本力量、带动创业和就业具有积极的意义。但是认缴资本制下,第三人仅从登记外观无法判断商事主体的资金规模、偿债能力,公司的信用担保功能有所弱化[①],公司之间的交易安全受到了一定程度的影响,对债权人第三人的保护制度也存在滞后情况。例如,在非破产及解散情形下,公司资本不足以清偿债务,但股东出资期限尚未届满,部分债权人

---

[*]　孙立君,上海融力天闻律师事务所高级合伙人,上海市律师协会民商事诉讼业务研究委员、第三届上海市闵行区十大优秀青年律师,2021年入围ALB中国沿海地区青年律师大奖,2022年入围ALB中国华东地区青年律师大奖,2022年获评ALB中国长三角地区十五佳律师新星。王晨曦,法学硕士,上海融力天闻律师事务所律师助理。

① 曾海霞:《非破产及解散情形中股东出资加速制度的不足与完善》,《上海法学研究》2020年第7卷。

的权益救济在实践中将面临困难。

认缴制下的公司虽然有些名义上具备高额的注册资本金,而事实上都未实缴,有些公司甚至资产和流动资金都非常匮乏,而与其交易的其他公司或商事主体基于信赖与其产生交易往来,往往事后产生巨大的风险。

我们所知的是股东出资加速到期制度规定在《企业破产法》第三十五条[①]以及最高人民法院《关于适用〈中华人民共和国公司法〉若干问题的规定(二)》第二十二条[②]有所规定,在公司破产、解散或者强制清算后,虽然章程规定的出资期限尚未届至,但由于公司将终止存在,无法根据原定出资期限请求股东履行。为避免股东逃避出资义务,要求股东在约定出资期限届至前缴付。

但对于非破产及解散情形下公司无力偿债时,债权人能否请求未实缴出资的股东承担责任,理论和实践都存在一定的争议。理论上,主要有支持加速到期的"肯定说"、不支持加速到期的"否定说"以及严格限制股东出资加速到期适用的"折中说"。

肯定说认为,股东出资可以加速到期。主要理由有:其一,对最高人民法院《关于适用〈中华人民共和国公司法〉若干问题的规定(三)》第十三条第二款中"未履行或未全面履行出资义务"作扩张解释,将尚未到期的未出资行为也视为未全面履行出资义务的行为。[③] 这也是法院在审判此类案件经常使用的法律依据[④]。其二,从平衡保护公司债权人和公司股东利益的立法目的的角度来看,在公司负有巨额债务的情况下,公司股东采取认缴制的期限利益就失去了存在的基础,此时认定其出资义务提前到期,更有利于保护债权人利益。[⑤] 其三,交易人出于对章程以及公司的信任与公司交易,公司就应当以其注册资本对外承担责任,这是公司注册资本的公示公信力的体现。出资义务相当于股东承担的出资范围内的担保责任,公司无力清偿到期债务时,股东即应在认缴范

[①] 《企业破产法》第三十五条:"人民法院受理破产申请后,债务人的出资人尚未完全履行出资义务的,管理人应当要求该出资人缴纳所认缴的出资,而不受出资期限的限制。"
[②] 最高人民法院《关于适用〈中华人民共和国公司法〉若干问题的规定(二)》第二十二条:"公司解散时,股东尚未缴纳的出资均应作为清算财产。股东尚未缴纳的出资,包括到期应缴未缴的出资,以及依照公司法第二十六条和第八十条的规定分期缴纳尚未届满缴纳期限的出资。"
[③] 钱玉林:《股东出资加速到期的理论证成》,《法学研究》2020年第6期。
[④] 广东省中山市第一人民法院(2015)中一法民二初字第3541号民事判决书;广东省深圳市南山区人民法院(2016)粤0305民初1694号民事判决书。
[⑤] 浙江省象山县人民法院(2016)浙0225民初3156号民事判决书。

围内承担补充的赔偿责任。[1]

否定说认为,股东出资不可加速到期。理由是:其一,非破产及解散情形下加速到期,缺乏法律依据和请求权基础。[2] 其二,对加速到期的适用不应采取扩张解释,这加重了股东的责任,与立法不符,因此应作严格解释。[3] 其三,尽管公司章程的效力不及于债权人,但由于出资期限已记载于公司章程且对外公示,债权人有一定的义务进行了解,并有尊重股东期限利益的消极义务。[4]

折中说认为,应严格限制股东出资加速到期的适用,不能一概而论,在满足特定情形时,可以加速到期。折中说内部主要有两类观点:其一是经营困难说,即在公司经营面临严重困难,难以继续生存甚至面临破产时,债权人才能请求股东在未出资本息范围内承担补充责任,而不必等到股东出资到期或公司破产、解散。但这种观点中"经营困难"的标准难以具体化,需要法官从多方面考量。其二是债权人区分说,即将公司债权人分为自愿债权人和非自愿债权人,自愿债权人在交易之前有义务了解公司资产状况及股东出资情况,因为其应自行承担交易风险,无权请求股东出资加速到期,但对因侵权行为导致的公司非自愿债权人,由于其对公司信息无法预期了解而应享有股东出资加速到期的权利。[5]

(二)非破产及解散情形下股东加速出资到期的必要性与现有依据

尽管理论中存在争议,但是从多个角度来说,在一定情形下支持非破产情形下股东出资加速到期仍有必要。

首先,债权人保护制度的缺失,申请破产难。实缴制改为认缴制后,没有验资程序的保驾护航,股东可以任意决定出资期限,即使该出资期存在明显不合理。股东出资催收机制缺失,股东真实出资信息与债权人实际获得的信息不对称等,都加剧了交易风险,使债权人处于不利地位。而实践中债权人申请破产中也存在一定的困难。在法院受理破产案件时,有的公司甚至因为没有资产支付破产管理人的费用而无法启动破产程序,即使启动,破产案件的周期长,各个债权人对破产财产的分配多少也是未知数,难以通过追究未实缴出资股东的方式使债务得到清偿。

---

[1] 江苏省泰州市中级人民法院(2017)苏12民终1789号民事判决书。
[2] 林晓镍、韩天岚、何伟:《公司资本制度改革下股东出资义务的司法认定》,《法律适用》2014年第12期。
[3] 王建文:《再论股东未届期出资义务的履行》,《法学》2017年第9期。
[4] 俞巍、陈克:《公司资本登记制度改革后股东责任适法思路的变与不变》,《法律适用》2014年第11期。
[5] 岳卫峰:《公司非自愿债权人的法律保护》,《法律适用》2012年第6期。

其次,根据权责一致原则,认缴制为公司成立提供了支持和便利,股东既然享有了更多的期限利益,股东在公司运作过程中就要负有更加严谨审慎的义务,维护公司的正常经营。认缴期限是股东所做出的承诺,对债权人来说则是一种默认的信任和预期利益。当公司无力清偿到期债务,债权人的信任和预期将被打破。如果此时股东仍以期限利益为由不为债权承担责任,认缴制将很有可能沦为个别股东逃避出资的借口。① 债权人维权无门,不利于投资效率和交易安全的平衡,也不利于市场的稳定和发展。

2019年11月8日公布的《全国法院民商事审判工作会议纪要》(法〔2019〕254号,以下简称"《九民纪要》")第6条首次对这一问题作出了回应,确立了非破产、清算情形下股东出资义务可加速到期的裁判规则:原则上不支持加速到期,但两种例外情形"执行不能"和"恶意延期"中可以适用加速到期。这一具有创新意义的条文引起了社会的反响,也为法院审理民商事案件提供了新的思路。虽然该纪要不是司法解释,不能作为裁判依据进行援引,但该纪要为民商事司法实践提供了说理依据,对统一裁判思路,规范法官自由裁量权,提高司法公信力都有重要的意义。自《九民纪要》发布以来,已有案例参照该条规定要求认缴股东承担认缴出资范围内的补充赔偿责任。但是也不能忽略,这一条款也存在列举方式适用有限、缺少配套制度、举证责任不清的问题,该条款并未对股东出资加速作概括性规定,如加速到期请求权的法律依据、股东加速到期规则能否适用的有关要件等均未明确。② 对于非破产及解散情形下股东出资加速到期的应用还需要理论和实践共同探索。

二、实务分析

(一)支持的案例与情形

案例一③:已具备破产情形但不申请破产的

该案原告要求追加被告股东为被告公司执行案件的被执行人,得到了二审

---

① 吴鹏翼:《【案例】公司财产不足以清偿债务,少数法院支持股东认缴期限加速到期的实务分析》,载微信公众号 https://mp.weixin.qq.com/s/uEWVsyBcJLNRSL7rtgXkLQ(2018年3月29日)。
② 曾海霞:《非破产及解散情形中股东出资加速制度的不足与完善》,《上海法学研究》集刊2020年第7卷。
③ 北京市高级人民法院(2020)京民终10号民事判决书。

北京市高级人民法院的支持。原告提交多份证据,包括被告的行政处罚决定书、通告等,以及被告此前因暂无财产可供执行而终止执行程序的《执行裁定书》,证明被告公司处于经营异常状态,且被告公司、股东均以各种原因无法送达。

北京市高级人民法院认为,在认缴制下,股东依法享有期限利益,原则上债权人不能以公司不能承担到期债务为由,请求未届出资期限的股东在未出资范围内对公司不能清偿的债务承担补充赔偿责任。"但是公司作为被执行人的案件,人民法院穷尽执行措施无财产可供执行,已具备破产原因,不申请破产的,以及在公司债务产生后,公司股东(大)会决议或以其他方式延长股东出资期限的两种情况除外。"[①]

本案北京市高级人民法院认为:1. 在注册资本认缴制下,股东依法享有期限利益。债权人无权以公司不能清偿到期债务为由,请求并未届出资期限的股东在未出资范围内对公司不能清偿的债务承担补充赔偿责任。但是公司作为被执行人的案件,人民法院穷尽执行措施无财产可供执行,已具备破产原因,不申请破产的,以及在公司债务产生后,公司股东(大)会决议或以其他方式延长股东出资期限的两种情况除外。2. 公司作为被执行人的案件,人民法院穷尽执行措施无财产可供执行,已具备破产原因,不申请破产的,均应在未出资范围内对公司不能清偿的债务承担补充赔偿责任。

北京市高级人民法院在适用最高人民法院《关于适用〈中华人民共和国企业破产法〉若干问题的规定(一)》(以下简称"《破产法解释一》")第二条第一款"认定债务人不能清偿到期债务",以及第四条"债务人账面资产虽大于负债,但存在情形应当认定明显缺乏清偿能力"后,认定被告公司明显缺乏清偿能力;作为被告的股东,虽未届出资期限,但公司作为被执行人案件中,法院已穷尽执行措施无财产可供执行。此时,被告完全符合"已具备破产原因,不申请破产的,股东应在未出资范围内对公司不能清偿的债务承担补充赔偿责任"。

分析法院的审理思路以及适用的法律法规:首先,法院认可了认缴制下股东的期限利益,但也明确指出在两种除外情况下,法院无法继续保护股东期限利益的情况;其次,法院作出股东出资加速到期,确认股东承担补充赔偿责任,

---

① 北京市高级人民法院(2020)京民终 10 号民事判决书。

适用的是"已具备破产原因,不申请破产的,均应在未出资范围内对公司不能清偿的债务承担补充赔偿责任";最后,法院在认定被告是否不能清偿到期债务,是否具备破产情形时,直接适用《破产法解释一》进行了认定,即使该案件不是直接的企业破产案件。此外,虽法院在判决中没有提及适用《九民纪要》,但该案在2020年4月作出判决,且法院在说理部分认为可以加速的两种情形与《九民纪要》相一致,也侧面体现了《九民纪要》对此类审判的影响。

案例二[①]:股东享受出资期限利益,也要承担相应的义务

该案与上一案件类似,也是原告请求在被告公司不能清偿到期债务为由,请求法院追加被告股东为被执行人。法院作出了类似的判决,但在说理时与上一案件稍有不同。该案法院北京市第三中级人民法院论述道:"虽然我国现行公司法规定的股东出资方式是认缴制,但根据权利义务对等性的内在要求,股东在享受出资期限利益的同时,显然也要承担相应的义务,即股东至少要保证公司不沦为其转嫁经营风险的工具,不能危及与公司从事正常交易的债权人的合法权益。"可见,该法院从股东出资权利与义务对等,保护债权人的角度进行说理。该案与上一案件相同,法院认定被告公司已具备破产原因,单位申请破产,此种情况下,"对股东出资不加速到期将导致债权人利益失衡"。

该法院的说理体现了股东期限利益与债权人权益保护平衡的理念,在债权人权利受到侵害时,也应当予以保护,不能让公司成为股东转嫁经营风险的工具。

案例三[②]:出资期限约定过长或恶意延长出资期限

在该案中,法院将审查的焦点归纳为两个,一是被执行人的自身财产能否清偿债务;二是公司股东在认缴出资期限届满前,能否追加股东为被执行人。法院通过查询,未发现可供执行的财产,经营场所不明,三年纳税记录,认为被执行人公司缺乏基本的偿债能力且有对外规避债务的嫌疑,故认定无财产能够清偿债务。对于是否追加股东为被执行人,法院论述道:"在法律制度框架内存在股东出资加速到期的制度,制度设立的初衷是公平保护公司对外债权人的合法权利,避免债权人的利益遭受损害。"法院查明股东的认缴出资时间是2035

---

① 北京市第三中级人民法院(2019)京03民终9641号民事判决书。
② 安徽省合肥市中级人民法院(2019)皖01民初770号民事判决书。

年,但公司登记的营业期限仅至 2030 年,股东认缴出资的期限远晚于公司的经营期限显然有悖常理,因此追加有过错的股东为被执行人,在认缴范围内承担责任。

在该案中,股东恶意延长出资期限,在公司无其他可执行财产的情况下仍然逃避出资义务,借着股东的期限利益为保护壳,给公司债权人造成极大的损害。

曾经有律师巡回讲座表示,只要执行终本就可以强制执行。其依据是以《九民纪要》第 6 条:"【股东出资应否加速到期】在注册资本认缴制下,股东依法享有期限利益。债权人以公司不能清偿到期债务为由,请求未届出资期限的股东在未出资范围内对公司不能清偿的债务承担补充赔偿责任的,人民法院不予支持。但是,下列情形除外:(1) 公司作为被执行人的案件,人民法院穷尽执行措施无财产可供执行,已具备破产原因,但不申请破产的;(2) 在公司债务产生后,公司股东(大)会决议或以其他方式延长股东出资期限的。"结合《企业破产法》第二条规定:"企业法人不能清偿到期债务,并且资产不足以清偿全部债务或者明显缺乏清偿能力的,依照本法规定清理债务。"《破产法解释一》第四条规定了明显缺乏清偿能力的情形:"债务人账面资产虽大于负债,但存在下列情形之一的,人民法院应当认定其明显缺乏清偿能力:……(三) 经人民法院强制执行,无法清偿债务;……"

逻辑上似乎通畅,然而司法实践中并非如此简单,虽然《九民纪要》之后对于加速到期的判决提供了有力的支持,但是加速到期并非普适的常态,更非只要执行不到,执行终本了就可以要求股东出资义务加速到期。

(二) 不支持的案例

案例一[①]:王某与严某、滕某某等损害公司债权人利益责任纠纷案

一审法院认为:根据公司法关于按期缴纳出资的规定可知,股东的"按期"出资是原则,"提前"出资是在特定条件下的例外,即《企业破产法》第三十五条规定的法院受理破产后,以及最高人民法院《关于适用〈中华人民共和国公司法〉若干问题的规定(二)》第二十二条规定的公司解散的前提下,才能适用股东出资的加速到期,而本案并不符合前述两种情形。在注册资本认缴制下,股东

---

① 上海市第二中级人民法院(2021)沪 02 民终 1450 号民事判决书。

依法享有期限利益。股东对公司的出资义务已通过章程备案登记等方式进行公示,包括上诉人在内的债权人对于各被上诉人的出资期限均应明知,债权人仅以自己对公司债权没有获得清偿为由,要求股东提前履行出资义务,也是对股东期限利益的剥夺。

二审法院认为:至于上海 A 资产管理有限公司(以下简称"A 公司")是否具备破产原因一节,在 A 公司唯一股东未应诉、不掌握 A 公司资产负债信息的情况下,本院难以明确 A 公司已具备破产原因,上诉人可通过申请破产清算程序另行主张权利。

上述案例可见,即便《九民纪要》出台,股东"提前"出资是特例,况且法院在不清楚是否具备破产原因时也不会因为执行裁定"因未能发现被执行人可供执行的财产,故终结本次执行程序",而直接要求股东承担补充赔偿责任。

案例二[①]:上海市 B 视听设备有限公司(以下简称"B 公司")与董某某、曹某某股东损害公司债权人利益责任纠纷案

法院认为,原告相关主张依据不足。主要理由为:第一,两被告的出资期限为自上海 C 文化传媒有限公司(以下简称"C 公司")成立之日起 10 年内缴清(即 2025 年 5 月),其出资期限至今尚未届满,如前所述,两被告在其出资期限内享有期限利益,无特殊情况,不应被任意剥夺;第二,现有证据显示 C 公司有且仅有原告 B 公司一起作为申请人的执行案件,且在一次申请执行终结后就未再进一步被采取新的执行措施,目前法律并未规定,被申请执行人因无登记财产而被终结执行后,其股东就负有缴足全部出资的义务;第三,B 公司认为 C 公司现无财产可供执行,故 C 公司已具备破产原因,可以直接适用《九民纪要》相关规定。对此,两被告不予认可。两被告主张 C 公司现仍正常营业,且其名下尚有部分动产,如调解书确认的 LED 显示屏等,也还有部分对外债权,虽尚不足以全额清偿 B 公司债务,但亦不属于经人民法院穷尽执行措施无财产可供执行情形。本院认为,被告相关意见,具有一定事实依据,原告 B 公司提交的执行裁定书并不足以说明 C 公司已经具备破产原因而未申请破产;第四,C 公司业务具有明显的服务行业特点,受外界经济环境影响显著,故被告董某某关于 C 公司现仅处于经营困难时期,其作为公司经营人在努力营业以求突破困境的答

---

① 上海市松江区人民法院(2021)沪 0117 民初 121 号民事判决书。

辩意见亦属合理。故本院认为,原告B公司现有证据不足以证明C公司已经具备破产原因,原告关于两被告作为C公司股东出资义务在执行裁定书生效之日起已到期的诉讼意见,并不成立。

上述法院论述其实可见,执行终结并不可以充分推导出股东出资义务的加速到期,仍然需要举证证明涉案公司已经被穷尽执行措施无财产可供执行且应当破产等事宜;所以拟要求股东出资加速到期的一方仍然不可懈怠,并非稳操胜券。

此外,虽以上选取的案例结果并不相同,但经过对这些案例的对比研读,仍然可以得出,法院在保护股东出资期限利益的基础上兼顾了债权人的权益。同样地,法院在保护债权人利益的同时也在兼顾股东的出资期限利益,执行终结并非是王牌,还需要进一步举证。

三、结语

综上所述,笔者认为,有必要在认缴制下确立非破产及解散情形下股东出资加速到期更细化和明确的制度,以平衡投资效率和交易安全。目前的实务中虽然逐渐认可这种做法,但具体案件中适用何种法律规范,以及对公司资不抵债、具备破产情形的认定标准,还需要法律制度的完善以及司法实践的探索。

论"明股实债"认定的司法裁判规则

孙立君　王晨曦

[摘　要]　"明股实债"是投资模式创新的产物,其性质的司法认定一直未形成定论,属于实务难点。通过对司法案例的考察,可知法院主要通过当事人的缔约背景、缔约目的、合同权利义务的安排,以及实际履约过程综合判断,考察是否要求取得固定收益回报、是否参与实际经营、转让价款及利率是否合理等因素,以探寻当事人签订协议的真实目的。商事监管政策会一定程度上影响司法判断的严格性,但是在"股债融合"的背景下,为尊重当事人意思自治,司法实践在对"明股实债"一类投融资认定时也进行了一定的探索。

[关键词]　明股实债;司法判定;商事监管

我国法律确立股权与债权两分理念,在《民法典》《公司法》中适用不同的法律规则,具有不同的法律地位,有着明显的区分和清晰的法律界限。股债两分构成了公司融资及治理结构的基础,从根本上影响着资本市场法制的价值体系构造与具体规则设计。但是随着我国商事实践的不断发展,企业融资的经济现实中,股与债常常被混合使用,股债交融的现象非常普遍。市场主体在复杂的投资融资活动中逐步形成了各种新的交易模式,如夹层融资、类别股、分级基金、结构化资产计划、资产收益权产品等。[①] 这些全新的融资模式模糊了股与债的界限,对司法裁判和商事监管均提出了新的要求。

---

① 李安安:《股债融合论:公司法贯通式改革的一个解释框架》,《环球法律评论》2019年第4期。

一、"明股实债"：新的投资模式探索

"明股实债"（又称"名股实债"）并不是一个立法上的法律术语，而是司法实践对社会商业活动中发生的一类新型投资模式的概括。在实践中，这种投资模式对于投资方来说以股权形式进行投资，但约定获得固定收益、安全收回远期本金，满足投资收益的要求；对于融资方来说能够解决一些融资难题，在不占用授信额度、优化报表的基础上，进一步扩大自身股权本金，满足经营资金需求等优点，但同时也会使资产负债表外隐性负债的增加，面临着违约"暴雷"等风险。

"明股实债"的通常操作模式是投资方将资金以股权投资的方式投入目标公司，包括增（出）资入股、股权转让等形式，并签订《股权投资协议》，投资方基于相关股权投资协议取得股东或隐名股东身份。各方在投资协议中特别约定三个方面内容：一是投资方不承担股权风险，不按股份比例分红，只是取得固定的、保本保息的投资收益，收益是与目标公司经营状况无关；二是投资方在投资期限内只是名义股东，不作为股东行使权利，不参与企业日常经营与决议，即使参加也仅仅参与重大事务决策事项；三是投资方在协议约定的期间届满或特定条件成就时由目标公司回购、原股东及其关联方回购，或通过特定股东优先分红、履行对赌协议等方式退出目标公司，获得固定投资收益。因此，也有观点认为"明股实债"实质上属于具有刚性兑付的保本约定。

在国家对房地产行业宏观调控背景下，通过信托渠道的"明股实债"融资模式备受房地产行业"青睐"。但近年来市场监管加强，"明股实债"也在强大的监管压力下逐渐由明变暗。2019年12月中国证券投资基金业协会发布的《私募投资基金备案须知》中强调："通过建立无条件的刚性回购而变相从事借（存）贷活动，基金收益不与投资标的的经营业绩或收益挂钩"不属于私募投资基金备案范围，虽未直接提及"明股实债"，但所描述的情形与明股实债相符，无疑是对"明股实债"下了一道禁令。[①] 此前相关监管部门也已出台《关于加强信托公司房地产、证券业务监管有关问题的通知》，严禁以投资附加回购承诺等方式间接

---

① 中国证券投资基金业协会：《私募投资基金备案须知》（2019年12月23日）。

发放房地产贷款,严禁以购买房地产开发企业资产附加回购承诺等方式变相发放流动资金贷款。针对信托公司,监管部门出台了《关于规范银信类业务的通知》,剑指规避监管、资金空转等行为。在防范风险的大背景下,未来相关监管要求可能进一步加码。

在严厉的金融监管之下,"明股实债"在司法裁判中也面临着多重困境。司法实践中,对于其合法性、合同性质及效力存在不同认识,缺乏明确的裁判标准,既出现了认定为"股权"的判决,也出现了认定为"债权"的判决。对于"明股实债"属于"股权"或"债权"的认定标准、穿透式探寻当事人真意抑或是保护商事外观主义等裁判方式选择,都需要进一步探讨。在投融资实务中如何正确认识并规避风险,学术界和实务界均需要进一步的研究和探讨。

二、"明股实债":司法实践之考察

考察众多的司法案例,"明股实债"的焦点主要在于对投资关系的性质认定上。司法实践对"股"和"债"性质认定考量因素包括案件的外部性与内部性、协议意思表示的真实性和合理性、协议实际履行状况、权利与义务对等性等。此外,也有法院对投资关系性质不作认定,仅依从各方协议约定的权利义务进行处理。笔者结合当前的司法案例,探究"明股实债"的司法裁判的"股"和"债"认定规则。

(一)外部利益优于内部约定

虽然通常情况下"明股实债"是投资方和融资方双方之间的法律纠纷,但在法院进行"明股实债"类投融资案件审理时,首先会考察双方争议合同是否涉及外部第三方合法权益等外部法律关系。这种外部性常出现在破产情形下。因为"明股实债"模式通常是相关方的内部约定,债权人并不知情,基于信赖利益保护、维护合法合理的外部利益原则下,往往将案件所涉及的合同性质认定为股权投资。

如某信托股份有限公司(以下简称"某信托公司")与湖州某置业有限公司(以下简称"某置业公司")破产债权确认纠纷案[①],法院指出:"名股实债之

---
① 浙江省湖州市吴兴区人民法院(2016)浙 0502 民初 1671 号民事判决书。

约定在对外关系上不能对抗第三人,不属于破产债权,在名实股东的问题上要区分内部关系和外部关系,对内部关系产生的股权权益争议纠纷,可以当事人之间的约定为依据,或是隐名股东,或是名股实债;而对外部关系上不适用内部约定。股东出资并获得股东资格后不应再享有对破产企业的破产债权。"法院坚持了商事外观主义,认为案件涉及破产程序,应倾向于保护第三人信赖利益,认定某置业有限公司的投资为股权转让款,劣后于一般债权受偿。

(二)股权或债权投资的事实认定要素

"明股实债"若不涉及外部利益,只存在当事人之间的内部利益时,法院则会结合多种因素进行考察。对于股权投资的认定主要根据是否收取固定收益回报、是否参与公司实际经营、股权转让价格是否合理、是否完成股权变更登记、股权回购条款等进行考量。对于债权关系的认定更加复杂,法院会通过各方面的分析探寻当事人隐藏的债权债务合意,包括约定的是股权交易形式还是债权结构、对投资款项性质的确认、是否存在担保措施、缔约磋商过程等基础法律关系,全面解读融资交易合同中的信息,防止仅通过局部解释以偏概全,而应用整体思维考察交易动机和合同安排。

概括而言,对于法律关系的认定都是立足于探究当事人的真实意思表示,结合协议签订背景、目的、交易模式和履行情况等进行区分。

司法实践中认定股权或债权投资的考量因素有哪些?笔者阐述如下主要观点。

1. 是否取得固定收益回报

股权投资的基本属性是投融资双方利益共享,风险共担,这也是法院认定"明股实债"的主要原则。满足这一原则,双方可通过意思自治,约定一定的投融资方式操作,只要不违背股权投资风险责任共担原则,并且无债权意思表示,产生纠纷时法院对此类投资关系的定性也较为清晰。实践中,股权取得方式较为多样,包括投资入股、增资入股、股权受让、股权代持等方式,退出机制也包括第三人回购、目标公司回购、股东回购、股权转让、减资退出等方式,但这些方式对于投资定性作用较小,股权投资多样的增资、回购方式也是法院所认可的。如法院曾在案中论述:"增资入股、逐年退出及回购机制等方式对目标公司进行投资,是作为财务投资者的普遍交易模式,符合商业惯例,并非明股实债的特有模式。一定程度上参与了公司经营,固定收益远低于一般借款利息。"①

因股权投资具有风险性,无法保证固定收益,因此法院常会考量是否约定取得固定收益即回购的条款,或签订其他保障固定收益的条款。若法院认定投资目的并非获取固定收益,按照经营业绩或其他约定有条件分配收益,则倾向于将其认定为一般的股权投资。如实践案例中,法院曾论述"明股实债的股权回购不与业绩挂钩,本案并非无条件适用强制回购条款,不符合明股实债构成要件"。② 再如,有投资方签订协议,约定业绩承诺指标、未达到业绩指标的补偿,以及达到业绩奖励事宜,法院认为此种业绩条款并没有明显的不合理性,权责对等,是否应当履行回购义务亦具有或然性,并非无论被投资方业绩如何均收取固定收益,并不符合借贷的特征,不应当属于"明股实债"的情形。③

此外,是否办理股权过户手续也是事实上股东权利的一个重要相关因素。如签订了股权转让协议,但未进行股权过户手续,被认定为是实际上的债权投资可能性会增大。如实践案例中,双方签订《投资协议书》中虽然约定投资入股,但其投资后没有办理股权变更手续,不参与日常生产经营,所以认定原告投资的目的并非是取得股权,而是按照投资的金额每年收取固定的收益,即"资金占用费",获取收益的名称虽为"资金占用费",实际为"利息"性质,故原告的投资行为名义上是股份,未办理股权变更手续,每年收取固定收益,不违反民间借贷的强制性规定,实际上是债权投资。④

2. 是否参与公司经营

股权投资法律关系中,投资人意欲取得公司股权,往往会在相关合同中约定其对公司的经营管理权,在登记为股东后也往往会实际参与公司的经营管理,如保留在股东会、董事会层面对重大事项的表决权,向公司派驻董事和财务人员,控制项目公司公章或财务章等。法院审理时,会从事实出发考量投资股东是否行使真正意义上的经营管理权,从而判断投资者出资并订立合同的真实目的。如果法院根据当事人的投资目的、实际权利义务等因素综合认定,投资人取得公司股权并参与经营管理,应当认定为股权投资。

---

① 最高人民法院(2019)最高法民终 355 号民事判决书。
② 江西省高级人民法院(2019)赣民终 677 号民事判决书。
③ 北京市朝阳区人民法院(2018)京 0105 民初 45527 号民事判决书。
④ 河北省衡水市中级人民法院(2019)冀 11 民初 60 号民事判决书。

从案件细节观之,如上海金融法院某案件,在认定当事人是否参与公司决策时,根据当事人《股份转让协议》约定,投资股东在有关公司并购重组、经营发展等重大事项上行使股东表决权时应与被投资公司保持一致,且在就有关公司并购重组、经营发展的重大事项向股东会、董事会提出议案之前,均应征得被投资公司的同意。但该案中投资方并未按约定履行作为股东的义务,由此可见,其并不实际参与公司经营决策,亦可印证二者订立《股份转让协议》,其真实意图不在于实际受让标的公司股权。① 当然,当事人是否参与公司实际经营并不足以使法院确定案件定性,本案还结合了转让金额、变更登记等多方考量,可以说是否参与经营常作为印证性佐证,而非决定性因素。

但同时也应注意,投资方出于确保回购条款的实现、保障投资安全的考虑,有时也会在投资合同之外附加对公司控制权的约定,包括一定的重大事项决定权、监督权等,但这类约定不足以成为法院认定为股权投资的有力要件。实际经营管理还需结合投资者的类型、投资倾向性、投资比例,以及相应的介入公司经营管理程度综合考量。如司法实践中,有案例虽然约定了一定形式的股东决定权,但当事人受让股权,但未明确投资总额、出资比例、权利义务关系,实际运营中未参与经营管理,收取收益不与项目盈亏挂钩,则法院结合以上几个要素方能有充分确凿的理由将其认定为债权投资关系。②

3. 股权回购条件如何约定

股权回购也是"明股实债"投资实现的重要要件。法院在界定"明股实债"的性质时,通过考察在不同交易背景下的股权回购条款安排,探知股权交易意图。常见的回购方式如股权回购、目标公司回购、第三人回购等,一般来说,回购方式的单一因素不足以影响性质界定,特殊情况是在投资对赌背景下的回购条款。以对赌协议的回购往往是以被投资人的经营业绩或不确定的重大性事件为触发条件,与对赌协议中的其他补偿机制一样,仅是投资人自身利益被动保护的一种手段,而非追求目标,是否触发、何时触发具有不确定性,具有较大风险。在这样的交易安排下,投资方签订协议的内心真意其实在于获取业绩达标的目标公司的股权,故在司法实践中,以对赌条款为回购条件的"明股实债"

---

① 上海金融法院(2021)沪74民终133号民事判决书。
② 四川省成都市高新技术产业开发区人民法院(2019)川0191民初8104号民事判决书。

案件的相关协议一般会被法院认定具有股权投资的性质。

除了上述对赌约定外,还有涉及逐年退出及回购的约定,也不轻易认定为"明股实债"。

如在A基金有限公司诉B资本管理有限公司、汉中市某区人民政府股权转让纠纷案[①]中,双方当事人约定的回购条款为:……;甲方的投资收益连续两个季度或累计三个季度无法按时足额收回的(作者注:投资期限为十年);其他可能对甲方权益产生重大不利影响的情形。法院认为:"该回购条款是股东之间及股东与目标公司之间就投资收益和风险分担所作的内部约定,并不影响交易目的和投资模式。"

该案作为《最高人民法院第六巡回法庭2019年度参考案例之二十一》的裁判要点是:"对公司融资合同性质的认定应结合交易背景、目的、模式以及合同条款、履行情况综合判断。基金通过增资入股、逐年退出及回购机制等方式对目标公司进行投资,是其作为财务投资者的普遍交易模式,符合商业惯例。此种情况下的相关条款是股东之间就投资风险和收益所作的内部约定。在对合同效力认定上,应尊重当事人意思自治,正确识别行业监管规定,对合同无效事由严格把握,不轻易否定合同效力。"

4. 其他关于债权债务关系处理的意思表示

法院审理涉及"明股实债"类案件时,对于股权转让价格、投资款的数额、使用期限、约定的利率等都会严格审理,并往往通过相关价款探求当事人所追求的效果意思,决定最终判断的法律关系的性质。

如A基金有限公司(以下简称"A公司")诉B资本管理有限公司(以下简称"B公司")、汉中市某区人民政府股权转让纠纷案[②],案件协议约定A公司以现金增资,投资期限10年,投资年收益率为1.2%。法院审理认为:"协议约定的固定收益仅为年1.2%,远低于一般借款利息,明显不属于通过借贷获取利息收益的情形。"

再如盐城市C置业有限公司等与北京D资本控股有限公司等股权转让纠纷案[③]中,协议约定收购价款计算方法为:收购价款=13 000万元×[1+11.8%×

---

① 最高人民法院(2019)最高法民终355号民事判决书。
② 最高人民法院(2019)最高法民终355号民事判决书。
③ 北京市高级人民法院(2021)京民终499号民事判决书。

(实缴天数/365)];实缴天数自出资方出资之日起开始计算,至收购方实际支付收购价款之日止。作为《股权转让协议》的出让方在回购交易中负有在一定期间经过之后以固定价格买回协议标的物的义务,出让公司对于是否买回并无选择的权利,而回购的价格也不考虑目标公司的经营状况,固定为年收益率11.8%。因此,从合同当事人所追求的效果意思来看,河南 E 建材有限公司一方所追求的是获得融通资金,北京 F 基金管理有限公司一方所追求的是获得固定的本息回报,符合借贷关系的特征。

股权转让价格也是法院判断投资性质的依据之一。如 G 信托股份有限公司(以下简称"G 公司")与诸城市 H 房地产开发有限公司(以下简称"H 公司")金融借款合同纠纷一案[1]中,法院认定 G 公司与 H 公司签订的《合作协议》和《收益权转让合同》的实质均为借款合同,其中一项理由就是《合作协议》约定 G 公司"以 1 元资金受让 H 公司原股东持有的 90%股权",显然与该股权的实际市场价值不符,也不符合常理。并且,双方约定满 12 个月当日即偿还新华信托公司全部收益权回购款本金 1.09 亿元和按 24%/年的标准支付回购溢价款,故双方实际系借款合同关系,双方合同约定的"收益权回购款"实为借款本金;约定"按 24%/年的标准支付回购溢价款",实际是约定借款期内利息的计算标准。因此,该案法官借助协议约定的股权转让价格、回购等事项的借款和利率,虽有回购条款,但是双方债权意思表示下,合同订立实质为借款合同。

(三) 不作股债性质认定,依从协议约定处理

审判实践中,也有法院对股债性质进行了模糊处理,不明确为股权或债权投资,不对当事人之间股权融资抑或是债权融资的性质进行界定,而是直接从界定涉案合同的合法性出发,在合同不违反法律、行政法规的强制性规定,双方签订合同是真实意思表示的情况下,即认定合同成立合法有效,对缔约双方存在约束力,合同中的回购义务人也应当按照约定进行股权回购。

如北京 I 房地产开发有限公司(以下简称"I 公司")与 J 信托股份有限公司(以下简称"J 公司")合同纠纷上诉案[2],该案以信托方式增资入股,约定了退出日预期年化收益率,由融资方或其指定的第三方按照一定计算方式支付信托受

---

[1] 重庆市高级人民法院(2014)渝高法民初字第 00010 号民事判决书。
[2] 最高人民法院(2014)民二终字第 261 号民事判决书。

益权转让交易款,属于较为典型的"明股实债"融资方式。法院没有对协议性质进行认定,而是表示:"本案当事人签订的《合作协议》等相关协议,其意思表示真实,内容不违反法律法规的禁止性规定,原审认定其为有效合同,适用法律正确。"后 J 公司依约履行了投资及受让股权等合同义务,但合同约定期满后,融资方未按照约定回购该股权、返还融资款项及收益,法院认定其构成违约,判决按照合同约定方式补足价款。

此种做法抛弃了股债两分的理论局限,学界对此褒贬不一。有学者认为在目前的法律实践而言,此种裁判法官主动放弃对案件涉及的复杂交易模式、法律关系和利益纠葛的裁量"有懈怠之嫌"[1]。但也有学者认为这种处理灵活而务实,若不存在无效情形、不涉及第三人利益,可以不聚焦于合同性质,直接根据合同约定处理。[2] 笔者认为,在金融创新的影响下,股权与债权的区分愈发困难,股债融合的趋势愈发明显,在未来《公司法》改革以及司法审判进步时,法院可适时逐步探索新的审判思路,以股债融合串联制度规范以适应投融资发展性和变动性等特性,提升企业融资创新的能力。

三、"明股实债":监管风向对司法审判的影响

(一)严监管时期的"穿透式"审判

通过对"明股实债"的司法实践以及监管政策的观察,发现其在不同时期内存在一定的"动态平衡"关系。在严监管时期,金融监管政策收紧,金融领域的司法审判会受到政策导向的影响,对金融法律关系的审查也趋向严格,以确保金融监管规则目标的实现。这种严格体现在法院审判过程中,会"透过现象看本质",在对"明股实债"的法律定性发生争议时,突破外观主义的法律关系,法院的审查重点在于"穿透式"探寻当事人签订投资协议的真实目的。

2019 年 7 月举行的第九次全国法院民商事审判工作会议提出,为了保障裁判尺度的统一,应当树立统一的裁判尺度和正确裁判思维,在准确揭示交易模式的基础上探寻当事人真实的交易目的,根据真实的权利义务关系认定交易

---

[1] 黄维平、成卓玲:《明股实债的司法审查:标准选择和裁判逻辑的反思》,《证券法苑》第 32 卷。
[2] 陈明:《股权融资抑或明股实债:公司融资合同的性质认定——以农发公司诉通联公司股权转让纠纷案为例》,《法律适用》2020 年第 16 期。

的性质与效力。这体现出司法审判中的穿透式思维。① 2019年11月,《最高人民法院民事审判第二庭第5次法官会议纪要》指出,"明股实债"并未统一的交易模式,实践中根据当事人的投资目的、实际权利义务关系等要素综合认定其性质。② 这一要点也常被法院引用作为案件审理依据。也正是这一时期,法院对于有债权融资性质的股权融资案件开始定性为"明股实债",即"名为股权实为债权的融资"。

可见,目前对"明股实债"的司法审理思路仍以"穿透式审判"为主流,甚至有严格的趋势。虽然有案例探索不区分股权与债权而尊重意思自治,在合同有效的情况下尊重当事人的合同安排,但这并未成为法院的一致做法,甚至遭到学界的质疑。③ 在金融领域风口收紧以及强监管背景下,法院不可忽视司法与政策的相互作用关系,通常慎之又慎,在司法的独立性与谦抑性之间获取微妙的平衡。

(二)弱监管时期的司法探索

而在弱监管时期,宽松的金融监管政策背景下,法院在金融审判时也具有了更高的独立性和自主性,注重意思自治和商事外观主义的保护,通过登记公示的内容和外观判断法律关系的性质。目前学界多呼吁保护意思自治,对于"明股实债"类融资,抛弃考察缔约意思表示、履行行为、交易整体结构和目的等因素。也有观点指出,随着公司融资交易多样性的发展,法院在审理公司融资合同纠纷时应充分认识到商事交易的灵活多样性,尊重商事主体的融资安排和利益选择,在查明客观交易事实的基础上,探寻个案当事人订立融资合同的真意。"应避免对融资合同先入为主的产生'名为……实为……'的思维定式"④,而应秉持轻形式、重实质的态度,遵循合同本身解释当事人合意。同时,也要全面解读融资交易中合同的信息,运用整体思维考察交易动机与合同安排,防止仅通过局部解释而以偏概全。

---

① 《全国法院民商事审判工作会议纪要》2019年11月发布。会议指出,民商事审判工作要树立正确的审判理念。注意树立请求权基础思维、逻辑和价值相一致思维、同案同判思维,通过检索类案、参考指导案例等方式统一裁判尺度,有效防止滥用自由裁量权;注意处理好民商事审判与行政监管的关系,通过穿透式审判思维,查明当事人的真实意思,探求真实法律关系。
② 贺小荣主编:《最高人民法院民事审判第二庭法官会议纪要——追寻裁判背后的法理》,人民法院出版社2018年版,第61页。
③ 黄维平、成卓玲:《明股实债的司法审查:标准选择与裁判逻辑的反思》,《证券法苑》2021年第2期。
④ 李浩晨:《论金融审判中的穿透式司法——基于辨别"股"与"债"案例的观察》,《法制与经济》2020年第2期。

学界呼吁划清司法与监管的边界,二者各司其职,公共政策服务司法裁判必须经过充分严密的论证。基于对民法中契约自由和意思自治原则的尊重,维持法律稳定性、司法裁判的可预期性,司法审判不宜时刻紧跟监管政策的脚步,不宜对各种金融监管政策不加限制地运用。特别是现今具有高度的短期性、强制性和运动性特征的金融监管执法政策[①],以及大量通过非国家正式法律规范形式出现和运行的行业协会规范、交易所规则、监管机构窗口指导等政策。在创新性金融交易兴起之时,法院应当在未损害第三人利益和国家公共利益的情况下对其给予尊重,赋予当事人意思自治之地位。

四、结语

在目前监管政策收紧、法律地位尚不明晰的背景下,股权投资和债权投资的各类混合型投资方式都存在一定的风险。当因投资协议无法实现而走向法庭时,不论会被认定为股权还是债权,都面临着难以主张还本付息、得不到预期收益等各种不确定性风险,也面临着回购主体风险、产品风险及行业内的信用风险。因此,在进行此类投资时,为防范风险,应注意:其一,谨慎选择项目和交易对象,在事前充分进行尽职调查,从项目的经济价值、社会价值等多方面考察自身经营的可持续性和获取外部支持的力度;其二,在磋商阶段,尽可能明确日后债权主张实现的各种方式,完善债权债务关系或收益实现方式的全面性和严密性,以及提前约定诉讼或仲裁路径下的权益主张与实现条款。总而言之,各方主体都应切实履行义务,谨慎选择投资方式,避免因合同约定不合法理而导致无法实现回购等不利情况的发生。

---

① 许多奇、唐世亚:《运动式监管向信息化监管转化研究——基于对互联网金融风险专项整治行动的审视与展望》,《证券法苑》2017年第4期。

一人公司法人人格否认制度探析

王志勇　纪　墨[*]

[摘　要]　一人有限责任公司因其股权结构简单、便于股东管理,受到了很多企业家的青睐,但此种公司形式也为公司股东带来了许多风险。着眼《公司法》中关于人格否认制度的规定,不难看出立法者是基于禁止公司股东权利滥用和保护债权人利益的考虑拟定的。但在司法实践中,保护债权人利益的同时,对于如何禁止债权人滥用诉权侵害一人公司及其股东的合法权益,也应当予以适当的关注。如果司法实践中裁判者对一人公司法人人格否认制度不加限制地滥用,势必对一人公司制度产生巨大打击。笔者将基于这种立场,在分析一人公司相关特性及法律适用规则的基础上,对法人人格否认制度在一人公司中的适用与现实情况展开讨论,以期对一人公司制度的正常运行提供可能的帮助。

[关键词]　一人公司;财产混同;审计报告

一、一人公司的特征及其存在的必然性

（一）一人公司的特征

一人公司是只有一个自然人股东或者一个法人股东的有限责任公司。由此可见,一人公司具有股东数量的特殊性以及垂直管理的直接性。这种特征有利于公司决策的制定与施行,避免在有限责任公司或合伙企业中容易出现的投资人决策矛盾等情况。除此之外,一人公司同样也具备《公司法》所规定的有限

---

[*]　王志勇,法律硕士,上海融力天闻律师事务所高级合伙人,第五届"闵行区优秀律师",华东政法大学法律硕士专业实训指导教师。纪墨,法学硕士,上海融力天闻律师事务所律师。

责任公司的特征,其中最为明显的特征即一人公司的唯一股东也具备对一人公司债务以其出资额为限承担有限责任的特性。

(二)一人公司存在的必然性

随着社会经济的发展、个人财富的积累,我国客观上存在个人独资开办有限责任公司的需要,很多人通过"股权代持""夫妻公司""家族公司"等形式已经开办了事实上的一人公司,在此基础上我国自2005年起正式承认一人公司制度。虽然一人公司制度存在内部治理简单、缺乏有效的监督制约机制、一人公司与股东的有限责任容易导致债权人利益受损等问题,但是并不能因为这种利益的失衡就否认一人公司存在的必要性。一人公司成立的背景就足以证明对事实存在的一人公司的一味否认反而会引起经济秩序的混乱,使得逐利者从中攫取不正当利益而没有对应存在的制度加以规制。同时,在开放、活跃的市场经济中,经营灵活高效的一人公司对于促进经济发展、分散经营风险、激活中小企业活力具有不可或缺的作用。

二、一人公司法人人格否认制度的法律渊源及具体适用

(一)一人公司法人人格否认制度的法律渊源

基于上述对一人公司特征及其存在的必然性的论述,出于防止和制裁公司股东滥用公司独立法人地位损害债权人及社会公共利益的目的,我国《公司法》制定了公司法人人格否认制度,以规范包括一人公司在内的有限责任公司股东的各项经营行为。总则部分第二十条第三款规定:"公司股东滥用公司法人独立地位和股东有限责任,逃避债务,严重损害公司债权人利益的,应当对公司债务承担连带责任。"该条规定明确了法人人格否认制度适用的前提,即公司股东有滥用相关权利的行为以及严重损害了公司债权人的利益。然而,由于一人公司管理结构的单一性,一人公司的相关材料往往就掌握在股东手中,债权人获取的难度很高,为了解决这一问题,分则第六十三条规定:"一人有限责任公司的股东不能证明公司财产独立于股东自己的财产的,应当对公司债务承担连带责任。"此条又对一人公司财产混同的认定做了特别规定,对股东是否与一人公司构成财产混同的证明采取了举证责任倒置的方式,由股东承担证明责任。笔者认为虽然第六十三条为特别规定应当优先适用,但是第二十条作为总则内的

统领性条款,裁判者判定公司是否应适用人格否认制度时,也应当参考第二十条的要求,也就是需达到严重损害债权人利益的程度。

(二)一人公司法人人格否认制度的具体适用

对于如何判断公司股东滥用公司法人独立地位和股东有限责任,《全国法院民商事审判工作会议纪要》(法〔2019〕254号,以下简称"《九民纪要》")中也作出了相应说明,列举了人格混同、股东过度支配与控制公司、公司资本显著不足三种情形。《九民纪要》在上述说明中并未将有限责任公司与一人公司进行区分,但笔者认为司法实践中对于一人公司法人人格否认主要取决于是否构成上述第一种的人格混同情形。

一人公司由于股东单一,股东天然对一人公司具有支配与控制的地位,不同于有限责任公司由股东会负责重大人事和经营决策,董事会负责具体管理的模式,一人公司的股东通过制定和修改章程等方式即能达到控制公司的目的。结合《九民纪要》提出的股东过度支配与控制的具体表现,笔者认为这几种表现形式的实质还是一人公司与股东财产混同以及设立公司目的违法的情形。

关于公司资本显著不足的情形,由于一人公司已没有对最低注册资本的限制,当一人公司注册资本不到位时,债权人完全可以依据《公司法》第一百九十八条至第二百条的规定起诉股东,而无需通过法人人格否认制度来主张。除非一人公司资本不足是股东与一人公司财产混同造成的,而这一情况则又回到了确定股东与一人公司人格混同的范畴。

所以在司法实践中,一人公司的法人人格否认的关键在于是否构成人格混同,而根据《九民纪要》人格混同的论述,最根本的判断标准为一人公司是否具有独立意思和独立财产,最主要的表现是一人公司的财产与股东的财产是否混同且无法区分。[1] 前文已述,一人公司的意思表示很大程度上是由一人股东决定的,从公司独立意思入手并不能也不应直接判断一人公司与股东之间存在人格混同的情况。那么,判断一人公司是否存在《公司法》第二十条的情形须将一人公司与股东间是否存在财产混同作为根本依据。

---

[1] 最高人民法院民事审判庭第二庭:《〈全国法院民商事审判工作会议纪要〉理解与适应》,人民法院出版社2019年版,第148页。

三、司法实践中一人公司财产混同的裁判规则

（一）一人公司财产混同的认定实行举证责任倒置规则

《公司法》第六十三条明确了一人公司股东无法证明股东财产独立于公司财产，则股东应对一人公司的债务承担连带责任。笔者在查询相关裁判文书的过程中发现，大量的判决都是因为一人公司股东未能提交证据证明不存在财产混同而被法院直接判决承担连带责任。由此可见，举证责任倒置规则确实对于债权人债权的实现提供了更有力的保障。但本条的设置也为一人公司的股东增加了很重的负担，毕竟一人公司股东需要证明的内容属于消极事实，本身就难以证明，并且法律也并未明确规定应举出哪些证据加以证明，能够作为依据的仅有下文将要提及的《公司法》第六十二条关于由第三方出具审计报告的规定。实践中法院也确实将审计报告作为股东举证时不可或缺的部分，如果不能提供审计报告，则会直接被法院认定未能证明公司财产独立于股东财产，从而使股东对公司的债务承担连带责任。所以，提供审计报告是股东举证证明不存在财产混同的第一步，也是至关重要的一步。

（二）对审计报告的认定标准

《公司法》第六十二条规定："一人有限责任公司应当在每一会计年度终了时编制财务会计报告，并经会计师事务所审计。"其具有三层含义：1. 必须对财务会计报告进行审计并出具审计报告；2. 仅认可第三方会计师事务所进行的审计；3. 审计的频率应为每年一次。虽然我们通过文义解释可以推断股东举证的审计报告应符合上述要求，但在近年的司法实践中，裁判者在对审计报告的审查中，更着重于对审计报告的内容进行实质审查，如果审计报告能够真实反映出一人公司财产与股东个人财产独立，裁判者更倾向于保护公司股东承担有限责任的法益，而在一定程度上忽略程序上的瑕疵。

笔者在检索中发现了许多近似案例，如上海电信公司与上海某网络科技有限公司、陶某钢电信服务合同纠纷一案[①]。该案中，一人公司股东并未在年度结束时进行审计，仅在诉讼过程中委托会计师事务所进行之前三年的审计，审计结果为上海某网络科技有限公司在所有重大方面按照相关规定编制，公允反

---

① 上海市普陀区人民法院(2016)沪 0107 民初 1263 号民事判决书。

映了该公司 2013—2015 年的财务状况、经营成果和现金流量。法官也据此予以认定母公司不应承担连带责任。

在成都某动漫有限公司、北京 A 文化传媒股份有限公司广告合同纠纷一案[①]中,母公司北京 A 文化传媒股份有限公司(以下简称"北京 A 公司")在二审程序中委托会计师事务所对母公司进行了审计,并由会计师事务所出具了针对母公司的审计报告。审计报告载明北京 A 公司与子公司北京 B 文化传媒有限公司(以下简称"北京 B 公司")不存在财务混同的情况。法院最终认为:"北京 A 公司提交的 2017—2019 年财务会计报表虽未提交原件未加盖公司印章,但北京 A 公司提交了北京 A 公司与北京 B 公司的营业执照、办公场所照片、财务人员劳动合同、财务管理制度,结合《北京 A 公司文化传媒股份有限公司 2015 年—2020 年专项核查报告》载明内容,北京 A 公司已举证证明北京 B 公司财产独立于股东北京 A 公司的财产。但成都某动漫有限公司(以下简称"成都某公司")并未举证证明北京 B 公司财产不独立于北京 A 公司的财产,故应由成都某公司承担举证不利的法律后果,本院对北京 A 公司关于其不应承担连带清偿责任的主张予以支持。"

笔者认为,上述案件可以从一定程度上反映,目前司法实践的倾向由之前的唯审计报告论转变为允许股东在诉讼中进行审计,并结合其他有关事实,作出综合裁判的模式。

四、对一人公司股东关于财产混同认定的建议

(一)股东应注意《九民纪要》中关于人格混同的认定标准

股东在面临《公司法》第六十三条之规定掀开法人人格独立面纱时,应当如何自证清白? 根据 2019 年《九民纪要》的规定,在认定是否构成人格混同时,应当综合考虑六种情形[②],《九民纪要》的上述规定无疑给了股东自证清白一个清

[①] 四川省成都市中级人民法院(2021)川 01 民终 5661 号民事判决书。
[②] 《全国法院民商事审判工作会议纪要》(法〔2019〕254 号):10.【人格混同】认定公司人格与股东人格是否存在混同,最根本的判断标准是公司是否具有独立意思和独立财产,最主要的表现是公司的财产与股东的财产是否混同且无法区分。在认定是否构成人格混同时,应当综合考虑以下因素:(1)股东无偿使用公司资金或者财产,不作财务记载的;(2)股东用公司的资金偿还股东的债务,或者将公司的资金供关联公司无偿使用,不作财务记载的;(3)公司账簿与股东账簿不分,致使公司财产与股东财产无法区分的;(4)股东自身收益与公司盈利不加区分,致使双方利益不清的;(5)公司的财产记载于股东名下,由股东占有、使用的;(6)人格混同的其他情形。

晰的方向。针对这六种情况，股东首先可以自查有没有相似情况，是否可以作出合理解释。并且应当围绕这六种情况进行举证，一人公司的财务账册与银行流水可以反映公司的资金流动情况，可以证明是否构成第一种与第二种情况；股东为公司的可同时提供股东与一人公司的账簿以证明不存在第三种情况；提供股东与公司的银行账户一般可以证明是否构成第四种情况，如果股东与公司共用银行账户，则可能导致双方利益不清的情况；第五种证明公司财产未记载于股东名下，属于消极的证明事项，股东仅需提供公司的审计报告即可，如果债权人认为存在该种情形，应当举证加以证明。

（二）股东应尽量保持个人财产与公司财产隔离

股东在日常经营中应注意与公司财产相互独立，不应使用个人账户收付款，并尽量不与一人公司发生资金往来。由于一人公司股东的唯一性，股东常常将公司视为个人财产，在日常经营中可能存在与公司互有转账往来或者直接为公司代收代付的行为。恰恰是这些不规范的操作，可能导致法院在股东已提交相应审计报告以后，仍然判决股东承担连带责任的后果。如连云港某国际贸易有限公司（以下简称"连云港某公司"）、王某与徐某高民间借贷纠纷案[①]，一人公司股东已委托会计师事务所对被告公司成为一人公司后期间的财务报表出具审计报告，法院认定事实如下："连云港某公司、王某之间存在相互转账情况，王某认可连云港某公司现在还欠其个人借款20多万元，并与连云港某公司相互往来资金数额达几百万元。"虽然，二审中一人公司股东王某提供了审计报告，但法院根据如下论述作出了不予支持的结论："上诉人王某提供的审计报告欲证明连云港某公司财产独立于个人的财产，但从审计报告中可以发现，王某存在以自己名义代收、代支公司资金，代持公司资产的情形，该情形不能产生连云港某公司财产独立于王某个人财产的事实后果。"

（三）股东应严格按照《公司法》的要求，按年编制财务报表并进行审计

虽然就笔者观察而言，司法裁判对于审计报告的要求有所松动，但也仅限于程序瑕疵的范畴。诉讼中，审计报告作为证明自身不存在财产混同的关键证据，对案件走向的影响起到至关重要的作用，一人公司股东在提供审计报告时应注意以下几点：1. 债务人提供的审计报告是从公司成立以来针对资产负债

---

① 江苏省连云港市中级人民法院（2021）苏07民终971号民事判决书。

表、利润表、现金流量表、所有者权益变动表等财务报表进行的审计报告;2.审计报告应为正规会计师事务所制作出具,不能使用其他机构出具的报告替代,如:母公司对子公司作出的审计报告、税务师事务所对经营账册查账出具的审查报告、税务部门出具的相关税务清缴报告等均不属于审计报告的范畴;3.审计报告中不应有影响一人公司资产独立性的内容。如果审计报告中存在保留意见且该此类保留意见为对一人公司资产是否独立的保留意见,则法院大概率会据此认定为财产混同。

基金管理人失联背景分析及私募基金投资人的权益保护

王永刚[*]

[摘　要]　私募基金助力经济发展,也让投资人分享到经济发展的红利。但这个"舶来品"在泛资管时代的发展产生了很多的问题,甚至涉及刑事犯罪,对社会稳定造成极大隐患。本文通过对有限合伙式私募基金出现问题的原因进行分析,对如何完善有限合伙式私募基金投资人权益的保护提出建议,并对基金管理人失联情况下,有限合伙式私募基金投资人的救济手段进行了说明。

[关键词]　基金管理人;失联;基金投资人;救济手段

私募基金是指以非公开方式向特定投资者募集资金并以特定目标为投资对象的证券投资基金。私募基金起源于美国,从诞生之日至今,已有近百年历史。私募基金为科技创新、经济结构转型提供了重要的资金来源,投资人通过投资私募基金产品也分享到经济发展的红利。

私募基金在中国的发展也有三十多年历史,也经历了从起步到调整,再到快速发展和规范发展阶段。有限合伙式私募基金,因其设立门槛低、分配机制灵活等因素,得到投资人的青睐。私募基金管理人经常以资产管理公司、投资咨询公司的名义为投资人提供理财服务,使得有限合伙式私募基金成为泛资管时代最受欢迎的理财产品之一。同时由于投资人权益保护体系的不健全,有限合伙式私募基金这几年也问题频发,不仅违约事件层出不穷,还有些涉及非法吸收公众存款或集资诈骗犯罪,对社会稳定造成极大隐患。近日,有限合伙式私募基金的基金管理人失联时有发生,虽然投资资金还在托管行的监管账户

---

[*]　王永刚,法学硕士,上海融力天闻律师事务所合伙人。

里,但因基金管理人失联,通过有限合伙募集的资金既无法使用也无法赎回,投资陷入僵局。

私募基金暴露问题的原因是什么?基金管理人失联后如何保护投资人利益呢?笔者将对此作简要分析。

一、有限合伙式私募基金出现问题的原因

(一)法律法规的不完善和监管体系的不健全

《公司法》《合伙企业法》《私募投资基金监督管理暂行办法》等法律法规为私募基金的整体法律结构奠定了基础,但由于相关规定多为原则性规定、各项规定之间欠缺协调性等,难以解决在复杂多变的经济活动中产生的各种问题。比如说,《合伙企业法》未对基金管理人的基本义务作明确的规定,投资人对基金管理人实施的对其不利的行为在《合伙企业法》里也找不到便捷的救济手段。行政监管也"政出多门",缺乏统一性、协调性,而且行政监管部门的监管手段也很有限,监管的及时性、有效性有待加强。

(二)治理结构的漏洞和信义义务的缺失

投资人在决定是否投资有限合伙式私募基金时,最关注的是投资回报,同时由于中国特色的"刚性兑付"传统,投资人对基金管理人是谁、基金管理人的权利义务并不是非常关注。

《合伙企业法》赋予了基金管理人几乎绝对的控制权,投资人只享有收益分配权、对基金管理人的监督权等。这种制度设计再加上投资人普遍存在的风险意识薄弱及法律意识淡薄的问题,导致某些基金管理人肆无忌惮、为所欲为,时常发生基金管理人失联的情况。有限合伙式私募基金应该是先有基金管理人,投资人是基于对基金管理人的专业能力、职业操守的信任,才决定进行投资的。从某种意义上说,基金管理人是有限合伙的核心,正因如此,《合伙企业法》才赋予基金管理人非常大的权力。而中国的现实情况恰恰相反,一般先有投资项目,然后包装投资项目去找投资人,等投资人基本落实后,才确定基金管理人。

有限合伙式私募基金具有信托的本质属性,基金管理人对投资人承担信义义务。但目前我国信用体系不完善,违反信义义务的成本低。《民法典》第七条规定,民事主体从事民事活动,应当遵循诚信原则,秉持诚实,恪守承诺。但这

仅是原则性规定,保证诚信原则得到遵守的环境和制度尚未形成。

(三)信息不对称和专业能力不足导致投资人无法行使监督权

在有限合伙式私募基金的设立和运作过程中,投资人和基金管理人的权利义务及利益分配机制均通过"合伙协议"约定,既区别于人合性的有限责任公司,也区别于资合性的股份有限责任公司。有限合伙式私募基金有着特殊的法律结构,存在两级契约安排和双重的委托代理关系,这种特殊的法律结构,加剧了信息不对称现象的发生。正如前文所述,投资人在决定是否投资有限合伙式私募基金时,最先考量的是收益,再考量投资项目,最后才考量基金管理人的管理能力。同时在宣传过程中,常常存在夸大基金管理人过往的业绩和优势,甚至造假欺骗投资人。加之我国目前的企业信息披露制度不完善,获取信息的渠道有限且信息质量也不高,导致投资人无法全面获知基金管理人及有限合伙式私募基金真实的运行情况,在这种信息不对称的情况下,投资人的监督权形同虚设。

只要投资人能够按时获得收益,他们就会认为这是有限合伙式私募基金运营良好,但投资人可能不知道他们正身处"庞氏骗局"之中,正所谓"投资人挣的是别人的收益,别人挣的是投资人的本金"。

二、完善有限合伙式私募基金投资人权益的思考

(一)完善法律法规和监管体制

针对目前的市场乱象,建议对《合伙企业法》等法律法规予以修订,建立符合中国国情的法律法规框架,为私募基金行业的长远、平稳发展奠定法律基础。在监管体制上,既要保证监管的有效性,又要保证市场活力,要跳出"一放就乱、一收就死"的困境。大力扶持行业自律组织,建立健全行业规则,加强行业自律监管,不断建立良好的行业秩序。

(二)提高基金管理人准入门槛并对基金管理人权利进行合理限制

目前法律法规对基金管理人的准入要求较低,针对基金管理人群体目前出现的问题,法律法规可以考虑在基金管理人的成立年限、管理团队的任职资格等方面设立更高的条件,还可以考虑对基金管理人进行分级以针对不同规模的私募基金。另外,在立法层面,可以考虑建立基金管理人执业保险制度,确保基

金管理人违反法律法规及合伙协议规定的义务时,投资人不需要借助公力救济就可以及时获得补偿。

在合伙协议中,投资人应该充分利用合伙协议条款的设计,为维护自己的合法权益奠定基础,实现对基金管理人权利的制衡。比如说,在基金管理人的出资方式上可以要求实缴、在基金管理人的出资比例上可以要求出资比例达到注册资本的1%以上、在合伙协议中约定基金管理人违反信义义务的情形和应当承担的法律责任等,通过对合伙协议条款的合理设计,加大基金管理人的违约成本。

(三)完善基金管理人的信息披露义务与法律责任

信息披露义务要求基金管理人在履行无限合伙人的权利和义务时,应当将其履行职责的过程主动向投资人公布,在投资人对私募基金的运行决策有疑义时,基金管理人也应当主动向投资人进行说明。监管机构应当按照"真实性、及时性、准确性及完整性"原则的要求,制定和完善信息披露义务的各项制度和措施。信息披露要真正发挥作用,既要使得每个投资人都能公平地获得了解信息的渠道,又要考虑到机构投资人和个人投资人的差异,对信息披露的内容要做出一定差异性的规定。另外,对于资产规模较大的私募基金,应对该类基金的基金管理人的信息披露义务做出更多强制性的要求。

三、有限合伙式私募基金投资人的救济手段

有限合伙式私募基金作为合伙企业的一种类型,只要不违反《合伙企业法》的禁止性规定,投资人可以在法律允许的范围内获取更多的权利,并在合伙协议中载明。合伙企业作为一个高度自治的商事主体,投资人应该充分利用合伙人会议来维护自己的合法权益。

就基金管理人失联问题,笔者建议的救济手段如下:

第一,投资人立即按照法律规定的或合伙协议约定的程序召开合伙人会议,依据法律的规定的或合伙协议约定的事由,将失联的基金管理人除名,并形成合法有效的除名决议;

第二,将除名决议公证送达至被除名的基金管理人的经营场所;

第三,在《合伙企业法》规定的异议期内,被除名的基金管理人未就除名决

议提出异议且也未向法院提起诉讼,同时也未履行除名决议的,在异议期届满后,投资人应向法院提起诉讼确认除名决议合法有效;

第四,人民法院作出确认除名决议合法有效的判决,若被除名的基金管理人仍不履行,投资人应申请人民法院强制执行该判决,依据法院作出的生效法律文书,办理有关基金管理人变更的工商登记和基金业协会层面的变更事宜。

总之,召开合伙人会议是投资人的基本权利,《合伙企业法》未对合伙人会议制度作出限制性规定,投资人可以通过合伙人会议行使法律和合伙协议规定的权利。投资人应该高度重视合伙协议条款的设计、实施和执行,充分利用合伙人会议制度来解决私募基金运作过程中产生的各种问题。

P2P 网贷机构不良资产处置方案探索

潘定春　吴建军　杨雨馨[*]

[摘　要]　从 2015 年至 2020 年 8 月,超过 5 000 家网贷机构或良性退出转型或跑路、失联、被刑事立案等恶性退出,产生规模庞大的债务和不良资产。不良资产的出现产生了如何保值、增值、溢价,处置方式能否因案定制,处置手段能否多样化,如何实现保障网贷机构集资参与人、被害人等出借人的经济利益等问题。

[关键词]　P2P;不良资产处置;资产价值最大化

一、网贷机构监管及资产状况

自 2015 年开始,国内网贷机构频频"爆雷",跑路、失联、关闭情况时常发生。随后,国家出台一系列监管政策进行专项整治、集中整治,状况根本性好转。2020 年 8 月 13 日,中国人民银行党委书记、中国银行保险监督管理委员会主席郭树清在回答央视新闻《相对论》时说,网贷平台监管经历了很痛苦的阶段,现在走到根本性的转折,最多时五六千家网贷机构,到 2020 年 6 月底,只有 29 家在运营,专项整治工作可能年底就会基本结束,转入常规监管。他同时表示,出借人的资金还有 8 000 多亿元没有回收,只要有一线希望,会配合公安等部门追查清收,最大程度上偿还出资。

至 2020 年 6 月,超过 5 000 多家网贷机构退出市场。如何处置网贷机构庞大规模债务和不良资产,最大保障集资参与人利益,目前并没有可供借鉴的模

---

[*] 潘定春,上海融力天闻律师事务所高级合伙人,主任。吴建军,上海融力天闻律师事务所高级合伙人。杨雨馨,上海融力天闻律师事务所律师。

式、渠道和方案。2020年是网贷机构安全有序清出的收官之年,中国人民银行互金整治工作领导小组、中国银行保险监督管理委员会P2P网贷整治工作领导小组和最高人民法院均出台指导文件,明确社会各界应探索在市场化、法制化原则下,配置资源、多措并举、拓宽渠道、增值保值,实现处置资产价值最大化,保障集资参与人利益。

目前,在处置网贷机构债务和不良资产过程中,遇到了很多难题,也进行了积极探索。这些难题既有法律制度设计层面的限制,也有司法实践处置措施和渠道单一的制约;既有集资参与人不同诉求的相互冲突,也有普遍存在的资产权属不清、资产形态复杂、逃债废债情况严重的现实障碍。

二、刑事案件判决后,商事程序处置不良资产是可行方案

2018年12月,中国人民银行互金整治工作领导小组、中国银行保险监督管理委员会网贷整治工作领导小组联合发布《关于做好网贷机构分类处置和风险防范工作的意见》(整治办函〔2018〕175号,以下简称"175号文"),确定坚持以机构退出为主要工作方向,除部分严格合规的在营机构外,其余网贷机构能退尽退,应关尽关,加大整治工作的力度和速度。"175号文"按照风险状况进行分类,对已出险机构按照公安部门是否立案分为两类;对于未出险机构按照存量业务规模分为三类;对规模较大机构按照风险状况分为高风险机构和正常机构。"175号文"根据网贷机构不同风险分类制定不同处置指引。

根据"175号文"对网贷机构不同分类,有些网贷机构出险后被刑事侦查、审判,恶性退出市场;有些网贷机构良性退出、转型或出险后未被刑事立案,对不同风险的网贷机构退出后的债务和不良资产处置方式截然不同。司法实践中有两种法律程序:一是刑事程序执行处置程序,二是商事预重整、破产重整、破产清算等处置程序。

(一)关于刑事诉讼执行处置程序

我国《刑法》规定,犯罪分子违法所得的一切财物,应当予以追缴或者责令退赔;对被害人的合法财产,应当及时返还;违禁品和供犯罪所用的本人财物,应当予以没收。没收的财物和罚金,一律上缴国库,不得挪用和自行处理。《刑事诉讼法》规定,公安机关应当妥善保管、以供核查,并制作清单,随案移送,任

何单位和个人不得挪用或者自行处理;法院作出的判决应当对查封、扣押、冻结的财物及其孳息作出处理;判决生效以后,应当根据判决的规定进行处理,除依法返还被害人的以外,一律上缴国库。

2014年10月,最高人民法院颁发《关于刑事裁判涉财产部分执行的若干规定》明确人民法院审判庭应当依职权在刑事判决生效后将案件移送负责执行的人民法院;刑事裁判涉财产部分由第一审人民法院执行;第一审人民法院可以委托财产所在地的同级人民法院执行;由人民法院执行机构负责执行的刑事裁判涉财产部分,刑事审判部门应当及时移送立案部门审查立案;刑事裁判所涉财产范围包括罚金、没收财产,责令退赔,处置随案移送的赃款赃物,没收随案移送的供犯罪所用本人财物等。

2019年2月,最高人民法院、最高人民检察院、公安部发布《关于办理非法集资刑事案件若干问题的意见》,明确人民法院对涉案财物依法作出判决后,有关地方和部门应当在处置非法集资职能部门统筹协调下,切实履行协作义务,综合运用多种手段,做好涉案财物清运、财产变现、资金归集、资金清退等工作,确保最大限度减少实际损失;根据有关规定,查封、扣押、冻结的涉案财物,一般应在诉讼终结后返还集资参与人;涉案财物不足全部返还的,按照集资参与人的集资额比例返还;退赔集资参与人的损失一般优先于其他民事债务以及罚金、没收财产的执行。

刑事法律、司法解释和指导文件使用了"违法所得的一切财物""刑事裁判涉财产部分""赃款赃物""涉案财物"等不同法律用语,其内涵也略有差异。"刑事裁判涉财产部分"范围更加广泛,包括罚金、没收财产、责令退赔、处置随案移送的赃款赃物及其收益。其中"收益"包括赃款赃物的自然孳息、法定孳息以及将赃款赃物置业、投资所获取的租金、股金分红等物质利益。

按照刑事诉讼程序规定,网贷机构或个人被法院判处刑罚后,"刑事裁判涉财产部分"主要由第一审法院负责立案执行,承担资产清运、变现、归集和清退等职责。2020年1月8日,北京市第一中级人民法院发布《关于安徽A控股集团、B控股集团有限公司、丁1、丁2、张某等26人犯集资诈骗罪、非法吸收公众存款罪、走私贵重金属罪、偷越国境罪、非法持有枪支罪一案的资金清退公告》,对在"e租宝"网络平台参与集资且已经参加信息核实登记的受损集资参与人进行资金清退。2020年7月7日,上海市第一中级人民法院发布

"快鹿系"案件[①]的公告,案件进入执行阶段,请受害人尽快信息核对确认,其后将发放被害人投资款。前述两种即属于这种刑事审判法院负责执行的情形。

(二)关于商事处置程序

网贷机构退市后所产生的巨大规模的债务和不良资产,最终还需要由民事处置程序解决。即使网贷机构被法院判处刑事处罚,鉴于案件繁多、法院人力不足、司法资源紧缺,刑事案件商事程序解决,社会专业机构参与解决网贷机构债务和不良资产必将成为一种选择。处置网贷机构不良资产完全类似于一个特殊的商事重组、破产程序,包括自行重组、预重整、重整、破产清算等多种方案。通过商事程序、利用商事规则、整合市场资源来处置网贷机构债务和不良资产,既符合中国人民银行互金整治领导小组和中国银行保险监督管理委员会网贷整治领导小组宏观要求,也符合最高人民法院司法指导意见;既符合市场规律,也最大限度保护集资参与人的利益。所以,非法集资案件资产处置商事解决是一种必然趋势。

武汉某房地产开发公司非法吸收公众存款案件被刑事立案后,武汉市政府主动介入、创新方法,通过市场化手段,配置市场资源,聘请社会专业机构参与重整,提供专业支持。最后引进上海某某集团作为投资人,对网贷机构资产进行庭前重整,百分之百兑付平台出借人本金。这是一个成功的商事重整案例,各方实现了共赢。

三、资产价值最大化是处置不良资产的原则和目标

2018年3月4日,最高人民法院发布《全国法院破产审判工作会议纪要》(法〔2018〕53号),明确破产财产处置应当以价值最大化为原则,兼顾处置效率。人民法院要积极探索更为有效的破产财产处置方式和渠道,最大限度提升破产财产变价率。

2020年4月,中国人民银行互金整治领导小组和中国银行保险监督管理委员会网贷整治领导小组联合召开了互联网金融和网络借贷风险专项整治工作电视电话会议。会议明确2020年是防范化解金融风险攻坚战的收官之年,

---

① 上海市第一中级人民法院(2019)沪01执1042号执行裁定书。

但是存量风险处置是未来较长一段时间的核心工作,坚持市场化和法治化原则,因地制宜、多措并举,最大限度保护投资人合法权益。

2020年7月30日,为全力服务"六稳""六保",全国处置非法集资部际联席会议组织召开了"2020年防范和处置非法集资年中工作座谈会",会议明确要全力清偿挽损,强调始终将追赃挽损作为风险处置的核心要求,千方百计依法合规拓宽可清退资金来源;加大对网贷平台借款人恶意逃废债行为的惩戒力度,切实提高资产处置效能,最大限度挽回群众损失。

"处置资产价值最大化","探索更为有效的破产财产处置方式和渠道,最大限度提升破产财产变价率","千方百计依法合规拓宽可清退资金来源,切实提高资产处置效能",突破现有制度下的处置方式、处置渠道,提升破产财产变现率,提高资产处置效能,是政府部门、司法机关、行业协会、管理人、律师事务所、会计师事务所等社会各界的共同目标。

四、不良资产处置手段和方式多样化是实现资产价值最大化的有效途径

目前,无论是审判法院刑事处置程序,还是商事处置程序,最大限制是资产处置方式单一,处置渠道单一,资产形态唯一。所谓处置方式单一,主要是归集资金,按比例清退、返还;所谓处置渠道单一,主要是资产拍卖、变卖;所谓资产形态唯一,主要指资产形态是现金。

笔者并不否认通过拍卖、变卖资产归集资金的便捷性和操作性,也不否认现金清退、返还方案的意义、作用和公平性。但是,我们认为网贷机构不良资产形态复杂、集资参与人需求不尽相同,应该存在集资参与人内部需求与资产形态配置方案,存在社会外部市场需求与网贷机构不同资产形态配置方案;应该能够探索除拍卖、变卖处置资产,归集资金清退、返还之外的其他方案,有些网贷机构不良资产完全可以因地制宜、量身定制资产重组、债转股、股权置换、以物抵债、重整、破产清算等处置方案。

处置网贷机构不良资产关键在于"活"字,即盘活资产、方案灵活、创新方式、突破限制。避免与之对应的是"死"字,即资产僵化、方案单一、渠道唯一、方式呆板。我们正在处置的上海LC网贷机构不良资产案件,体现了"活"字原

则。我们与会计师事务所一起认真核查了 LC 网贷机构所形成的借贷债权、股权投资、不动产、动产、知识产权等不良资产形态及其价值,细致了解到集资参与人的生活经历、工作层级、投资经验和行业背景等,广泛征询了三分之二以上集资参与人的兑付、清退需求,设计了现金返还、债转股、持有不动产、以物抵债等方案,最大程度实现资产保值和增值,最大限度配置市场资源,最大化实现资产的市场价值,最终实现集资参与人减损、挽损目标。

社会专业机构因地制宜、因案制宜,多措并举,创新突破主导和参与处置网贷机构不良资产,是实现中国人民银行互金整治领导小组、中国银行保险监督管理委员会网贷整治领导小组提出的坚持市场化和法治化原则,最大限度保护投资人合法权益的有效途径,是落实全国处置非法集资部际联席会议确定的提高资产处置效能、全力清偿挽损目标的重要方案。"活"则活,处置网贷机构不良资产任重道远。

鉴于网贷机构不良资产处置所面临的诸多困难和限制,需要社会各方合力进行探索和研究。本文只是抛砖引玉,期待与社会各界同仁一起求索,共同前行,为化解存量金融风险,保护集资参与人、被害人等出借人利益,尽一份微薄之力。

《商业银行理财子公司管理办法》解析及其影响

蒋玉林　林　巧

[摘　要] 《商业银行理财子公司管理办法》（以下简称"《理财子公司新规》"）从征求意见到2018年12月2日正式发布,市场对于这个新规的推出高度关注。上海融力天闻律师事务所金融法律服务团队经过学习研究,全面解读新规,分析理财子公司的出现对资管行业的影响。

[关键词]　商业银行;资管行;子公司

一、资管新规框架下,银行以理财子公司开展业务旨在实现与母行的风险隔离

隔离的原因：银行理财昔日发展迅猛,但银行出于信誉和揽储考虑形成了资金池和刚性兑付,将本应投资者承担的流动性风险、信用风险留在了银行系统内,一旦风险暴露,使得表外风险向表内传导,进而传导至金融系统;而资产端方面,银行受监管套利驱动投向非标、将信贷业务表外化形成影子银行,监管指标失真;同时,为突破监管限制,往往设计多层嵌套的产品隐匿资金实际流向,而且在套利链条上各资管机构加强联动,使得国际金融体系的系统性风险上升。

隔离的措施：《关于规范金融机构资产管理业务的指导意见》（以下简称"《资管新规》"）框架下,商业银行理财子公司展业与母行风险隔离。为规范资管市场,监管部门出台一系列规定推动资管业务回归本源,在《资管新规》打破刚兑、消除多层嵌套、禁止资金池的框架下,银行业的配套政策理财新规、理财子公司管理办法也陆续出台。新规支持商业银行设立理财子公司开展资管业

务,强化理财业务与母行业务风险隔离,优化组织管理体系,促进理财规范转型。

根据《理财子公司新规》要求,未来商业银行可自愿选择是否设立理财子公司开展资管业务。若选择新设理财子公司,商业银行内部只能继续处置存量理财产品,新业务须由理财子公司开展;但有两种情况下商业银行可选择不新设子公司,一是其暂不具备设置条件,可通过内部资管部门展业;二是选择直接将理财业务整合到已开展资管业务的其他附属机构展业。同时,新规还明确要求商业银行理财子公司应自主经营、自负盈亏,有效防止经营风险向母行传导。

二、非标限制放宽,公募理财可直接投资股票

根据《理财子公司新规》,商业银行理财子公司对于理财产品投资于非标资产、投资股票、销售门槛和私募合作等都有进一步的放松:

(一)投非标限制有所放松

放松非标审批要求,理财子公司投资非标无需纳入全行的信用风险管理体系。此前,《商业银行理财业务监督管理办法》(以下简称"《理财新规》")规定银行理财投资非标资产必须"比照自营贷款管理要求实施投前尽职调查、风险审查和投后风险管理,并纳入全行统一的信用风险管理体系",这虽然有助于管控非标的信用风险,但进入银行统一信用风险管理体系的非标实际与表内贷款无异,失去投资非标的意义。而《理财子公司新规》中关于该条的描述是"实施投前尽职调查、风险审查和投后风险管理",无需纳入母行信用风险管理体系,理财子公司投资非标的监管要求有所放松。

(二)限额放松的情况下进一步放松非标总量及集中度监管要求

1. 在总量方面,《理财子公司新规》删除了《理财新规》中非标不得超过本行上年审计报告披露总资产的4%的要求,仅留下"全部理财产品投资于非标资产余额在任何时点均不得超过理财产品净资产的35%",取消这一要求后实际放松理财子公司投资非标的限额。

2. 在集中度方面,《理财新规》中比照银行贷款的大额风险暴露要求,设定了"商业银行全部理财产品投资于单一债务人及其关联企业的非标准化债权类资产余额,不得超过本行资本净额的10%",而《理财子公司新规》明确,理财业

务和贷款业务分离后,不需再用类似贷款的大额风险管理。

(三)公募理财产品可直接投资股票

《理财子公司新规》明确"理财子公司发行的公募理财应主要投资于标准化债权类资产以及上市交易的股票",在《理财新规》已允许银行公募理财产品通过公募基金间接投资股票的基础上,进一步允许理财子公司的公募理财产品直接投资股票。

在放开股票投资的同时也加强了风险管控,进一步明确交易制度和相关人员从业要求。内控隔离与交易管控,包括将投资管理与交易执行职能分离,实行集中交易制度;建立公平交易制度与异常交易监控机制;对理财产品的同向和反向交易进行管控等。从业人员行为规范要求建立理财子公司相关人员证券投资的申报制度,防止侵害投资者利益。

此前,公募理财不允许直接进入股市,私募理财虽然被允许,但由于产品主体地位导致私募理财必须通过资管产品嵌套进入股市。过去,中国银行保险监督管理委员会允许私募理财投资股票,而中国证券登记结算有限责任公司规定银行理财可以开立账户但不能交易股票,因此,银行理财一般通过 SPV 或以委外等形式投资,至少存在一层嵌套。特别注意的是为配合《理财子公司新规》出台,2018 年 9 月中国证券登记结算有限责任公司还修订《中国证券登记结算有限责任公司特殊机构及产品证券账户业务指南》制度,统一券商定向资管、银行理财等六大类资管产品的投资范围,使得银行理财资金直接入股市制度障碍得以消除。

三、其他细节解读要点

(一)放松销售管理要求

首先,不设置公募理财产品的销售起点,但对于私募理财仍有合格投资者的要求。其次,宣传管理有所放松,公募理财可以通过公开渠道宣传。再者,非机构投资者首次购买理财产品不强制临柜,可通过商业银行理财子公司的营业场所和电子渠道进行风险承受能力评估。

(二)向国际资管机构看齐

允许自有资金跟投:一是要求 50% 以上的自有资金投资于高流动性资产;

二是规定自有资金可投资于自身发行的理财产品,但有额度限制,"不得超过其自有资金的20%,不得超过单只理财产品的10%,不得投资于分级理财产品",明确了商业银行理财子公司可以将自有资金跟投列为吸引投资者的手段。

(三)可以发行分级理财

不同于《理财新规》中规定商业银行不得发行理财产品,《理财子公司新规》中却明确商业银行理财子公司发行分级理财产品的,应当遵守《资管新规》中第二十一条相关规定,即封闭式私募产品可以进行份额分级。

(四)新增投资股票集中度要求

在《理财新规》对证券类集中度要求的基础上,规定"银行理财子公司全部开放式公募理财产品持有单一上市公司发行的股票,不得超过该上市公司可流通股票的15%",但集中度要求与《资管新规》完全一致。

(五)合作机构范围扩大至私募

公募理财产品所投资资产管理产品的受托机构应当为金融机构,其他理财投资合作机构应当是具有专业资质、依法依规受金融监督管理部门监管的,这说明理财子公司私募资产管理产品的受托机构可以为私募基金管理人。

(六)净资本监管

与信托、券商、基金子公司等资管机构一样,商业银行理财子公司应当遵守净资本监管要求,相关监管规定由国务院银行业监督管理机构另行制定。

四、商业银行理财子公司的设立对其他资管行业的影响

我国银行体系资管规模位居第一,理财子公司成立后,势必对资管行业产生深远影响。

(一)在固收类投资方面

银行凭借长期以来的固收投资经验、资源禀赋及政策红利,将与公募基金在债基、货基等产品上形成正面竞争。

(二)在非标投资领域

由于理财子公司投资范围拓宽,基本获得与其他资管产品相同的法律地位,通道需求进一步减弱,进一步冲击以通道业务为主的券商资管、基金子公司及信托公司。

（三）在股票投资领域

银行理财子公司在此类业务上与公募基金及券商资管等存在差距，仍有较长追赶过程。

（四）在直接融资市场

我国融资体系中的支柱，除贷款外，其他债务融资方式中的资金也大多来自银行。当前融资体系及政策对小微、民企、创新型企业的支持力度不断加强。理财资金入市正是监管层面在扩展直接融资资金来源方面的尝试：通过间接融资体系向股票市场导流，推动直接融资市场发展。一旦成功将资金引入股市，可以改善当前二级市场机构投资者结构，提高长期资金占比，提升资本市场的融资及价值发现功能，引导市场逐步走向更加理性和健康的方向。

五、结语

《理财子公司新规》中理财子公司的出现对资管行业的影响总结为：首先，《资管新规》框架下，银行以理财子公司开展业务旨在实现与母行的风险隔离；其次，非标限制放宽，公募理财可直接投资股票，放松销售管理要求；再次，开始向国际资管机构看齐，允许自有资金跟投、可以发行分级理财、新增了投资股票集中度要求，合作机构范围扩大至私募净资本监管。此外，商业银行理财子公司的设立对其他资管行业也有一定的影响。

"互联网+"平台下用工关系认定初探

孙 洁 张文妍[*]

[摘 要] 随着全球共享理念和互联网技术的快速发展,社会各经济部门的数字化程度日益提升,利用网络平台运营的新业态不断涌现,就业人员在工作内容、职业特色等方面逐渐体现出与传统标准劳动关系模式的重大差距。用工关系的日趋复杂化,导致劳动者和用人单位、用工平台之间的关系也在不断发生转变,对我国劳动法下传统劳动关系模式的认定提出新的挑战,目前理论界和司法实践中对此均存在着不同认识。本文旨在以用工平台为切入口,尝试对"互联网+"背景下用工关系的认定进行简要讨论和分析。

[关键词] "互联网+";用工关系;劳动法

一、"互联网+"用工平台发展现状及运作模式

(一)"互联网+"用工平台发展成因——企业用工困局

随着我国人口结构发生根本性变化,人口红利正在逐步消失,在社保入税、个人所得税改革等政策背景下,企业的各项费用和隐性成本增加,人力成本的大幅攀升已逐渐成为制约企业发展的瓶颈。加之年轻群体就业观念的转变,多元化、灵活化的用工方式已成为企业优化人力资源配置的必然选择。

---

[*] 孙洁,法学学士,上海融力天闻律师事务所高级合伙人。主要从事劳动法律纠纷、收并购及资产重组领域、房地产及物业管理行业的相关法律事务。自2009年执业以来凭借长期在大型律师事务所的工作经验,打下了扎实的执业基础。2020年入选上海市律师协会物业管理法律专业委员会委员、获得上海市律师协会劳动法律专家级评定、中级律师职称。

(二)"互联网+"用工平台的现状

2019年7月17日,国务院总理李克强主持召开国务院常务会议,确定支持平台经济健康发展的措施,认定其为优结构促升级增就业的新动能。

8月1日,国务院办公厅印发《关于促进平台经济规范健康发展的指导意见》(国办发〔2019〕38号),该意见中第五条第一点明确表示:"……抓紧研究完善平台企业用工和灵活就业等从业人员社保政策,开展职业伤害保障试点,积极推进全民参保计划,引导更多平台从业人员参保。"由此可知,平台经济参与者合法权益的保障需要逐步完善,相关法规的制定到实施尚待时日,但立法规制是必然趋势,因此,亟待劳动法学者和司法实践为后续立法进程摸索道路,为之提供切实可行的实践指引。

(三)"互联网+"用工平台运作方式

"互联网+"经营方式下,除垂直细化服务领域的O2O平台(如滴滴、美团、饿了么、闪送等)以外,更诞生了创新用工模式的平台企业(如兼职猫、蚂蚁技工、好活、灵工云、职由人等)。笔者将"互联网+"平台模式下的劳动关系,简要分为全职模式和兼职模式:

全职模式:指从业者专门担任公司单位中的某种职务,根据单位要求通常必须进行全日制工作的模式。如常见的网约车B2C模式中某些专车及其专车司机之间的关系,外卖配送平台中的第三方全职配送或平台全职配送模式等。一般而言,在全职工作中,服务提供者与用工主体之间普遍会签订书面的劳动合同。一旦劳动合同签订,则双方之间基本属于劳动法律明确管辖范畴,因此不在本文重点讨论的范围之内。

兼职模式:指从业者并非专门担任公司单位的某种职务,也并非必须进行全日制工作的模式。如网约车的C2C模式和兼职配送模式,此情形下,需求方将信息发布于平台上,平台仅提供大量的信息来源,服务提供者自主选择接单。在兼职工作中,服务提供者与用工单位之间可能达成书面劳动协议,但更多情形下往往是达成口头约定或签订合作协议、劳务协议等;因此,"互联网+"平台中从事兼职的服务提供者与用工单位之间的合意难以明确或认定,极易发生纠纷,相关权利义务关系也难以厘清,而这种关系也就是本文将要重点讨论的类型。

二、判定劳动关系成立与否的标准

（一）劳动关系认定的要素

从劳动法视角来看，互联网技术的发展催生了新业态商业模式，而新业态商业模式又催生了新型用工模式，区别于传统的劳动关系，"互联网＋"平台因立基于为减少人工成本和灵活性用工需求（例如劳动法律规定的员工法定福利、社会保险费用等），而将服务提供者定性为"合作方"，意图体现双方关系的平等，工作形式的自由（不受时间和地点的限制或受平台管控），从而试图将平台与服务提供者、用人单位和平台之间关系界定为平等民事主体之间的合作关系。因此，服务提供者是否与平台或用人单位建立有劳动关系成为此类争议的基础与焦点。

从司法理论和实践中来看，目前对劳动者和用人单位之间的劳动关系认定，仍然是根据劳动和社会保障部《关于确立劳动关系有关事项的通知》（劳社部发〔2005〕12号）中的"三要素"进行判断，即"劳动关系的成立需要同时具备下列情形：（一）用人单位和劳动者符合法律、法规规定的主体资格；（二）用人单位依法制定的各项劳动规章制度适用于劳动者，劳动者受用人单位的劳动管理，从事用人单位安排的有报酬的劳动；（三）劳动者提供的劳动是用人单位业务的组成部分"。换言之，三个劳动关系认定要素可归结为"主体适格、合意、从属性"。

从主体适格上看，用人单位应为依法登记成立的经济实体，具有独立用工主体资格；从劳动者而言，是符合法律规定的适龄劳动者，具有劳动能力，即为具有劳动主体资格。

就"合意"而言，劳动者和用人单位达成的合意，可分为明示、默示。明示合意主要包括劳动者和用人单位之间签订劳动合同；默示的合意，一般指事实上的劳动关系。

从属性，一般可分为人身从属性、经济从属性和业务从属性三个方面。人身从属性，主要侧重于用人单位对劳动者的管理，劳动者对用人单位下达的命令或工作任务的服从，尤其是接受用人单位规章制度的约束；经济从属性，侧重指用人单位为劳动者提供工作条件，劳动者从用人单位处获得报酬，并依赖此为生活的经济来源；业务从属性是指劳动者提供的劳动是用人单位业务的组成部分，员工的工作是公司整体工作的一部分。

（二）"互联网＋"用工平台模式下劳动关系的法律困境

就主体适格而言，平台用工与传统行业的劳动关系并无太大区别，因此不对主体资格做过多探讨，判断的难点主要在于：一是合意含糊不清。服务提供者与用人单位之间就是否达成劳动关系的合意不清晰，即便双方书面明示不属于劳动关系，也不能排除双方存在法律认定上的事实劳动关系的可能；二是从属性的不确定性。一方面服务提供者通常会接受用人单位或平台企业规章制度和劳动纪律的管理，如网约车司机对接单数量和反应时间的要求、配送员的好评考核会影响其服务收入等，由此认定服务提供者与用人单位或者平台企业之间存在从属性也并无不妥；但从另一方面来看，服务提供者不会严格受到工作条件或工作场地的限制，用人单位以信息服务费名目支付给平台费用而平台抽成后将费用支付给服务提供者，按单计收，服务提供者没有固定薪酬的保障，且服务提供者对于是否提供服务，乃至于为谁提供服务，又有自己的自主选择权，从而给从属性的判断增加了很多不稳定因素。

因此，"主体适格、合意、从属性"这三个劳动关系认定要素，显然已经不能适应新业态商业模式下劳动关系认定，即对于完整定义"互联网＋"用工平台下劳动关系整体灵活化的状态，国家需要出台法律法规进行明确界定。

三、司法实践中的认定情况

（一）认定为劳动关系的判例

判例一[①]：原告张三为某外卖平台配送，其主张于被告A公司处担任网上订餐外卖平台配送的送餐员。在工作期间，被告未与原告签订劳动合同，也没有为原告缴纳社会保险，仅为原告办理了团体人身险，双方签订有《队员工作制度协议》。原告工资为无底薪绩效工资。被告发放原告工资的形式包括支付宝转账、微信转账、银行转账、现金发放等。被告辩称其为原告张三提供的是APP链接服务，原告可以为外卖平台送单，也可以为其他APP送单；原告可以

---

① 上海市闵行区人民法院(2017)沪0112民初8441号民事判决书。

选择送单或不送单,即工作内容可由原告自己决定,双方之间不存在劳动关系。

法院观点:《队员工作制度协议》对原告应遵守的规章制度作出了明确约定,结合被告为原告购买商业保险事实,原告从事的外卖平台配送工作,被告的规章制度适用于原告,原告受被告的劳动管理,从事被告安排的有报酬的劳动,原告从事的配送工作亦是被告业务的组成部分。因此,认定原被告之间存在劳动关系。

判例二[1]:B公司运营一款APP,可在线预约厨师上门提供烹饪服务。张某与B公司签订有商务合作协议,约定张某需要提供客户通过平台点名预约的上门烹饪服务,B公司为张某提供专业的烹饪服务工具和计时租赁服务,双方各自分配服务费的50%。B公司代收消费者的服务款后向张某支付的超单奖励、办卡奖励等合作费用,按月或按周结算。

法院观点:双方签订的合作协议规定双方之间不直接或间接构成劳动关系,劳动关系的建立固然要尊重双方当事人的意思自治,但劳动法律关系不同于一般的民商事法律关系,劳动关系认定与否是由强制性规范予以决定的,不能仅凭当事人的书面约定就排除劳动关系,要结合双方的"合作"模式和劳动者的具体工作内容予以确定。

本案中,1. 张某接受B公司的劳动管理,B公司对张某进行指派、调度及奖惩等,按月发放较为固定的报酬,工作地点由B公司安排;2. 张某代表B公司从事该公司安排的有报酬的劳动;3. 双方符合有关法律法规规定的用人单位和劳动者的主体资格;4. B公司仅经营厨师类业务平台,张某主要提供厨师技能,劳动者提供的劳动与用人单位业务性质相匹配,综合以上因素考虑,应当认定双方具有较强的从属关系,而从属关系正是认定劳动关系的本质特征。因此,双方建立的关系符合劳动关系的特点。

(二)认定为非劳动关系的判例

判例一[2]:原告李四应聘进入被告C公司从事空调安装、维修工作,双方未签订书面劳动合同。工作模式为:客户发单给C公司,C公司将工作发布于APP上,劳动者从手机应用客户端接单后到客户处完成工作,收取款项后交给

---

[1] 北京市第三中级人民法院(2017)京03民终11768号民事判决书。
[2] 上海市闵行区人民法院(2017)沪0112民初8441号民事判决书。

C公司。劳动报酬按照接单数额比例结算,被告承诺熟练工人每月不低于8 000元。C公司辩称,原、被告之间并非劳动关系,而是一种不固定的合作关系,类似于美团外卖的运作模式。原告根据时间和地点,可以选择是否接单,原、被告之间没有人身依附性的管理,原告没有基本工资,双方根据原告工作量按约定比例分成。

法院观点:本案中原被告双方未签订书面劳动合同,被告未为原告缴纳社保;原告在被告处无基本工资,双方完全根据业务量分成;被告未为原告提供固定的工作场所,且原告工作运用的交通工具及部分劳动工具系原告自有;原告有接收手机客户端平台派单与否的选择权。综上可知,原被告之间未形成人身依附关系。本院认为,原、被告之间应当是互联网经济时代的新型合作关系,原告通过网络信息平台与被告建立工作联系,被告通过网络平台提供服务信息,原告依附该平台获得工作信息,双方对工作所得根据一定比例分成。原告不受用人单位依法制定的各项劳动规章制度约束,不受用人单位的劳动管理,双方之间不存在人身依附性,故原、被告之间不存在劳动关系。

判例二[1]:孟某通过某代驾网络平台注册后成为代驾司机。管理该软件的D公司仅要求孟某在一个月内登录必须超过两个小时,否则账号将被冻结并限制接单。孟某与D公司之间未签订劳动合同,D公司未为其缴纳社会保险。D公司辩称双方之间签订的是《劳务服务协议》,孟某的工作内容具有完全的自由性,在工作场所和工作工具上,孟某可以自由决定工作场所,其无需在被告指定的工作场所工作,且被告亦不提供劳动工具。

法院观点:虽然D公司委托第三人面试并代替被告对司机进行业务培训,代驾司机的工作内容在一定程度上也受代驾网络平台相关规定的约束,但在孟某注册成为"代驾司机"后,其仍有相当大的个人自由,其可以决定自己登录平台的时间、工作的时间、接单与否、下线时间,也可以自行决定是否兼职从事其他职业;代驾网络平台对"代驾司机"的面试、相关培训及约束体现的是服务合同的应有之义,并不能体现出孟某与被告之间具有人身隶属性,孟某不定期从自己的账户中支取代驾赚取的费用,并非固定收入,足以证明其报酬获取方式呈现不定期支取、数额不稳定的特点,不符合劳动合同的一般特征。综上,原、

---

[1] 山东省潍坊市潍城区人民法院(2018)鲁0702民初2505号民事判决书。

被告之间不符合劳动关系成立的全部要件。

总结前述判例,"互联网+"用工平台模式下,认定劳动关系标的本质特征应以"从属性"标准为核心。"从属性"是现行法律框架体系内劳动关系区别于其他包含劳动给付内容的法律关系(例如"帮佣关系""外包关系"等)最主要的特征之一。传统法律意义上的"从属性"是指劳动者在用人单位的指挥、监督下为用人单位劳动,劳动者在劳动过程中,其义务履行与用人单位管理、指挥、监督具有密切不可分割性,而在新型用工模式下,这种传统意义上的"从属性"概念正在被逐步淡化,甚至变得难以辨别。因此,重构"从属性"标准是正确梳理用工关系的重点和关键。

四、现行法律规范缺失下的"互联网+"用工平台关注点

(一)企业采用"互联网+"平台用工的风险和挑战

虽然目前看来,采用"互联网+"平台灵活用工是企业在人力成本上降本增效的更优选择(可以节省社会保险、公积金、带薪年休假等各项费用),部分司法判例也似乎向"互联网+"灵活用工模式传递出宽松化的信号,但这不能代表目前全国范围内的司法审判口径。这种新型用工模式尚处于探索与磨合阶段,相关的保障和监管措施还没有完全跟进,目前不同地区的法院对高度相似的案情可能得出不同的结论,甚至同一省份的不同市区对于同一案情也会做出不同的判决,这导致现阶段法律的指引性和规范性功能降低,企业对采用"互联网+"的灵活用工方式产生了困惑和矛盾。

比如,采用合作协议的"平台+服务者"模式,名义上写着"合作协议"或"劳务合同",实际则约定具有劳动关系特征的条款,很有可能被法院认定为存在劳动关系,当事人的书面约定并不能排除劳动关系的认定;虽然传统的"三要素"标准已无法准确适用于这一新型商业模式,但法院在裁判中,往往会结合用工模式以及具体工作内容判断是否具备劳动关系的本质特征:如薪资支付是否固定、是否有效管理、工作内容是否受到限制、工作时间及场所是否固定、劳动内容是否为业务组成部分等,用人单位仍存在潜在用工风险。

在履行协议阶段,如采用平台合作关系,企业应按照协议履行义务,摆正"合作者"的角色位置,在平台系统的设计和应用层面给予服务者充分的选择权

和灵活度,切忌变相支配服务者的个人自由。

(二)劳动者合法权益无法受到保护

从表面上看,将"互联网+"用工平台中的服务人员定义为独立合作个体等适应了当前对灵活用工的需求,劳动者也可以更为灵活地为自己定制工作时间和地点,但这同时也导致了劳动者之间的权利分层,一部分正规职工享受到的劳动法律上的各项权利和福利,"互联网+"用工平台中的劳动者或服务人员都无法享有。

但更为重要的是,"互联网+"用工平台中的劳动者或服务人员无法享有现有劳动法律规定各项权利和福利,导致出现"工伤或工亡""女职工怀孕待产""退休养老"等各项社会保险涵盖范围的待遇和福利时,原本自认为与各互联网平台公司无劳动关系的劳动者或服务人员,却会因为这些权利和待遇的缺失而不断地起诉互联网平台公司,甚至造成聚众闹事等更大的社会矛盾。

因此,我们呼吁立法机关尽快对现有不断涌现的"互联网+"灵活用工模式进行规范和立法,这有利于解决现行新用工环境产生的各种困境,也有利于国家司法机关摆脱同案不同判、司法权威丧失的窘况,更有利于避免各方在经济发展过程中因无法可循而利益受损,促进国家经济健康有序发展。

新冠肺炎疫情下与复工有关的劳动人事管理问题和应对

朱素宝[*]

[摘 要] 2020年初,突如其来的新冠肺炎疫情打乱了社会的正常秩序,社区封闭,企业停工,生产生活按下了暂停键。在国家和上海市延期复工决定规定的期限届满后,企业在复工过程中仍然面临许多从未遇到过的问题。例如员工被要求居家隔离,工资如何支付?上班员工缺乏口罩、消毒液等防疫物资,能否拒绝工作?等等。这些问题如何处理?用人单位亟待这方面的指导。为此,我们整理编写了《新冠肺炎疫情下与复工有关的劳动人事管理问题和应对建议》,从居家隔离、工资支付、劳动关系处理、社保减负等方面提出处理建议,供用人单位参考。

[关键词] 新冠肺炎疫情;隔离;复工;减负

一、上海市有关居家隔离观察14天是如何规定的?

(一)《上海市新型冠状病毒感染的肺炎疫情防控工作领导小组办公室通告》(2020年2月4日)

第二条 来自或途经湖北等重点地区的来沪、返沪人员,应按照相关规定,自抵沪之日起,严格落实居家隔离或集中隔离观察14天的要求,自觉向社区报告并接受管理,无异常情况的,到期后正常上班。

第三条 从其他地区来沪、返沪的人员,自抵沪之日起,做好自我体温检测,如实填写健康状况信息登记表,如有异常及时向单位或社区报告。

---

[*] 朱素宝,法学硕士,上海融力天闻律师事务所律师,合伙人。

(二)《上海市卫生健康委员会来沪(返沪)人员健康管理告知书》(2020年2月4日)

第三条 有相关流行病学史(包括湖北等重点地区旅居史,曾与重点地区发热或呼吸道症状人员有接触史、曾与新型冠状病毒感染的肺炎病例有接触史)的,必须居家或集中隔离观察14天。

(三)《上海市新型冠状病毒感染的肺炎疫情防控工作领导小组办公室发布通告》(2020年1月27日)

第一条 本市行政区域内各机关、企事业单位、社会团体和公共场所经营者应配置体温检测设备,对进入公共场所的人员(含从业人员)进行检测,并要求其佩戴口罩。

第二条 请广大市民尽量避免前往人流密集的公共场所。

第三条 请2020年1月12日(含当日)后从湖北省来沪的人员,应主动向本人所在社区、单位或酒店等居住场所报备,保留来沪机票、车船票等,并做好自我体温检测,如实填写健康状况信息登记表,从抵沪之日起14天内居家隔离或集中隔离观察。如出现发热、咳嗽等症状,应主动佩戴口罩,并立即到就近的发热门诊就诊。

二、对其他地区返沪的员工是否都要居家隔离14天?单位是否可以要求返沪的员工都居家隔离14天?

采取居家或集中隔离医学观察不少于14天的措施应该是针对来自或途经湖北等重点地区的,有相关流行病学史(包括湖北等重点地区旅居史,曾与重点地区发热或呼吸道症状人员有接触史、曾与新型冠状病毒感染的肺炎病例有接触史)的回沪人员。

对于从其他地区来沪、返沪的人员,本市仅要求他们自抵沪之日起,做好自我体温检测,如实填写健康状况信息登记表,如有异常及时向单位或社区报告,没有要求居家隔离14天。

至于单位如果要求所有返沪的人员全部居家隔离14天,这是单位的管理自主权,单位可以自行决定。

三、园区、楼宇等要求返沪人员一律隔离 14 天,比政府要求更严格的,如何处理?

园区、楼宇等要求返沪人员一律隔离 14 天,比政府要求更严格,没有法律或者政策依据。但鉴于目前疫情防控的严峻形势,处于园区、楼宇的单位恐难以突破园区、楼宇等的自行管理规定,建议可参照本意见七灵活用工方式处理。

四、其他地区返沪员工个人主动要求居家隔离的,怎么处理?

在单位没有要求从其他地区返沪人员居家隔离的情况下,而员工个人主动要求居家隔离 14 天以内的,在当前新冠肺炎疫情严防的关键时期,可以理解。为避免纠纷,可以要求员工通过微信、短信、邮件提交自我居家隔离的书面申请,内容包括"本人要求自行居家隔离天,隔离期间使用未休年休假、调剂使用年度内休息日或者按事假处理"。

五、新型冠状病毒感染者、疑似病人、密切接触者,其隔离治疗期间、医学观察期间或因政府实施隔离措施、采取其他紧急措施导致不能提供正常劳动,其所在企业是否应支付工资?

根据《传染病防治法》第四十一条第二款及人力资源和社会保障部办公厅《关于妥善处理新型冠状病毒感染的肺炎疫情防控期间劳动关系问题的通知》(人社厅发明电〔2020〕5 号)第一条,在政府要求的治疗期间或医学观察隔离期间,及因政府实施隔离措施或采取其他紧急措施导致不能提供正常劳动期间,企业应当支付职工在此期间的工作报酬。

六、如何把握是否属于第五条的人员情况?

可以要求员工提交当地政府实施隔离措施或采取其他紧急措施的公告,或者政府有关部门出具的"隔离治疗期间或医学观察期间"的证明。能够提交的,支付职工在此期间的工作报酬,不能提交的,按事假处理(作旷工处理的要慎重)。

七、单位自行决定第二条的其他地区返沪人员居家隔离 14 天,工资是否支付?

单位自行决定第二条范围的返沪的人员居家隔离 14 天,一般应该支付工资,也可以采取以下灵活用工方式处理:(1)安排在家办公;(2)优先安排休年休假;(3)调剂使用年度内休息日,即提前调休,复工后再以休息日上班归还;(4)与员工协商,安排待岗,发放基本生活费。

八、对企业 2 月 10 日起复工后仍然不能正常到岗的人员是否支付工资?

属于第五条范围的人员,企业应当支付职工在此期间的工作报酬。不属于第五条范围的人员,可以不支付工资。

九、复工日后,员工不按照要求复工,或者拒绝上班的怎么处理?

人力资源和社会保障部、全国总工会、中国企业联合会/中国企业家协会、全国工商联合会《关于做好新型冠状病毒感染肺炎疫情防控期间稳定劳动关系支持企业复工复产的意见》(人社部发〔2020〕8号)第二条第(三)项,对不愿复工的职工,要指导企业工会及时宣讲疫情防控政策要求和企业复工的重要性,主动劝导职工及时返岗。对经劝导无效或以其他非正当理由拒绝返岗的,指导企业依法予以处理。

根据上述政府规章,员工不按照要求复工或者拒绝上班的,单位可以通过微信、短信、邮件等方式劝说或者催告返岗,经 2~3 次劝导或者催告无效,或以其他非正当理由拒绝返岗的,可以依照规章制度处理,直至解除劳动合同。

十、政府规定可复工日后企业仍不能正常复工的，怎么处理？

企业因受疫情影响导致生产经营困难的，不能正常复工的，可以采取以下自救措施：

1. 停工停产。在一个工资支付周期内的，应当按约定支付劳动者工资。超过一个工资支付周期的，可根据劳动者提供的劳动，按双方新的约定支付工资，但不得低于本市规定的最低工资标准。职工没有提供正常劳动的，企业应当发放生活费，生活费标准按各省、自治区、直辖市规定的办法执行。目前上海生活费执行最低工资标准。

2. 轮岗轮休、缩短工时等。

十一、能否与职工协商延迟企业复工期间、未返岗期间、停工停产期间、居家隔离期间等的工资待遇、工资支付方式及其执行时间？

可以协商。最高人民法院《关于审理劳动争议案件适用法律问题的解释（一）》（法释〔2020〕26号）第三十五条规定："劳动者与用人单位就解除或者终止劳动合同办理相关手续、支付工资报酬、加班费、经济补偿或者赔偿金等达成的协议，不违反法律、行政法规的强制性规定，且不存在欺诈、胁迫或者乘人之危情形的，应当认定有效。前款协议存在重大误解或者显失公平情形，当事人请求撤销的，人民法院应予支持。"可见，平等自愿、协商一致，且不违反法律、行政法规的强制性规定，是处理劳动关系的基本原则。这里的与职工协商一致包括与单个职工的个别协商一致和集体协商一致。协商的内容可以包括工资待遇、工资支付方式及其执行时间等。

十二、对通过电话、网络等灵活的工作方式在家上班完成工作任务的如何管理？

可以从以下几个方面提出要求进行管理：

1. 如果有钉钉考勤的,可以采取钉钉考勤打卡;
2. 如果有具体工作要求或者工作量的,可以布置工作要求、工作量和完成时间;
3. 每天统计上报当天的工作完成情况,包括工作内容、工作量、完成情况、完成时间;
4. 如果与客户是电子邮件联系的,可以要求抄送领导或者管理人,以便领导可以及时了解工作进程和工作情况;
5. 如果是销售岗位,可以报告并统计每天的销售业绩;
6. 要求确保上传领导的信息准确有效,并承担违反的责任。

十三、员工能否以企业不能提供口罩或消毒措施而按《劳动合同法》第三十八条解除劳动合同并索要补偿金?

鉴于提供口罩或消毒措施不是劳动合同约定的劳动保护或者劳动条件,也不是企业劳动保护的法定义务,故员工不能以企业不能提供口罩或消毒措施为由按《劳动合同法》第三十八条解除劳动合同并索要补偿金。

十四、隔离治疗期间、医学观察期间或因政府实施隔离措施、采取其他紧急措施期间劳动合同到期的怎么处理?

根据人力资源和社会保障部办公厅《关于妥善处理新型冠状病毒感染的肺炎疫情防控期间劳动关系问题的通知》(人社厅发明电〔2020〕5号)规定:"一、……在此期间,劳动合同到期的,分别顺延至职工医疗期期满、医学观察期期满、隔离期期满或者政府采取的紧急措施结束。"

十五、已发录用通知,但因疫情至今未签合同未上班的,怎么处理?

1. 企业可通知拿到录用通知的人员,疫情属于不可抗力,报到日期顺延至疫情解除后的单位通知报到日,自上班之日起签订劳动合同、发放工资和缴纳社保。

2. 对于一些拿到录用通知而辞职,而社保因购房、落户或子女入学等不能断缴的人员,可以联系人社局是否可以补缴?如果可以补缴的,入职后补缴。如果不能补缴,可以征求协商由该人员自行承担社保的企业缴费部分。

3. 对于坚持要求按录用通知的原定时间建立劳动关系,主张工资报酬的,可以按照《劳动合同法》第十条第三款"用人单位与劳动者在用工前订立劳动合同的,劳动关系自用工之日起建立"的规定,以尚未用工、劳动关系尚未建立为由拒绝支付工资报酬。

十六、员工向单位反映现在大巴停运,无法从农村到城市,所以目前无法确定返沪日期。扣除14天隔离观察的时间后其他晚回来的时间可否算事假?

这不是政府采取紧急措施导致不能提供正常劳动的情况,笔者认为可以按照调剂使用年休假、休息日或者事假的方式处理。

十七、复工期巧遇试用期,试用期能否中止计算?

因复工期巧遇试用期,可以与职工协商试用期中止顺延的方式处理。员工同意并协商一致的,最好让员工出具确认书。但顺延时间不应超过员工无法提供正常劳动的时间。

十八、单位受派遣员工实行计件制,基本工资约定为最低工资标准2 480元。2020年2月份因受疫情影响,没有复工,所以绩效工资为0元,这样的话,员工到手的工资减去个人社保和公积金后,实际低于2 480元,这样合规吗?

如果不是派遣人员个人原因导致2月份没有上岗的,2月9日前按照政府要求,要按照约定支付基本工资。2月10日后,属于停工停产,第一个工资支付周期仍然要按照约定支付工资,故2月份员工的工资减去个人承担的社保和公积金后,到手工资不能低于最低工资2 480元。

十九、受疫情影响，公司所服务的客户迟迟没有恢复经营，导致公司为客户提供现场服务的员工无法上班，公司亦没有任何收入。在此情况下，公司对不能上班的员工是否可以仅发基本工资，不发绩效工资？

公司所服务的客户受新冠肺炎疫情影响，迟迟没有恢复经营，公司员工无法提供现场服务，公司没有任何收入，从共渡难关角度考虑，员工的当月工资，可以仅发劳动合同约定的基本工资，不发绩效工资。

二十、受疫情影响，国家阶段性减免企业社保费。减免企业社保费，个人部分是否仍然要缴？此次阶段性减免企业社保缴费，会不会影响职工个人养老权益？

2020年2月20日，人力资源和社会保障部、财政部、国家税务总局《关于阶段性减免企业社会保险费的通知》（人社部发〔2020〕11号）规定："一、自2020年2月起，各省、自治区、直辖市（除湖北省外）及新疆生产建设兵团（以下统称省）可根据受疫情影响情况和基金承受能力，免征中小微企业三项社会保险单位缴费部分，免征期限不超过5个月；对大型企业等其他参保单位（不含机关事业单位）三项社会保险单位缴费部分可减半征收，减征期限不超过3个月。""五、要确保参保人员社会保险权益不受影响，企业要依法履行好代扣代缴职工个人缴费的义务，社保经办机构要做好个人权益记录工作。"

2020年3月6日，人力资源和社会保障部就支持保障服务疫情防控和做好稳就业等工作举行发布会。会上养老保险司司长聂明隽答记者问时说，这次阶段性减免企业社保费，主要是为了缓解企业经营困难，支持稳定和扩大就业，促进企业更快复工复产。2020年2月20日，人力资源和社会保障部会同财政部、国家税务总局印发《关于阶段性减免企业社会保险费的通知》，对企业缴纳养老、失业、工伤三项社会保险费明确了"免、减、缓"三项措施。免，就是自2020年2月起，各省份可以对中小微企业三项社会保险的单位缴费部分实行免征，免征期最长不超过5个月。湖北省可以将免征范围扩大到各类参保企业。减，就是湖北以外的其他省份,可以对大型企业等其他参保单位三项社会保险单位缴费减半征收,最长不超过3个月。

这次因特殊情况出台的减免政策,特别规定了减免单位缴费部分,只要职工个人足额缴费,就不会减损个人权益。因此文件特别明确要求,企业要履行好代扣代缴职工个人缴费的义务,社保经办机构要做好个人权益记录工作,确保参保人员的社会保险权益不受影响。

根据人社部发〔2020〕11号文件规定和人社部养老保险司司长聂明隽答记者问,本次国家阶段性减免企业社保费,减免的是单位缴费部分,职工个人部分仍然要代扣代缴。

二十一、结语

新冠肺炎疫情不仅来势汹汹,而且随着外部世界疫情失控,国内疫情防控趋于严峻,转入常态化管理状态后,单位用工也将面临许多从未遇过的新问题。企业和员工同心协力,共渡难关,是企业尽快复工、恢复生产,在非常情况下求生存的唯一出路。为此,我们会在后续继续关注疫情对企业的影响,关注政府可能出台的减负政策,从合法合规的角度为企业用工和劳动关系处理提供参考建议。

浅析破产案件中债权人维护合法权益的救济途径

任玉萍 贝杰功 王建龙 吴子瑨[*]

[摘 要] 尽管破产法及其解释试图充分维护债权人利益,但在具体的规定上还有很多不明确,使债权人维护合法权益时面临各种挑战。这些挑战至少包括知情权困境、证据收集难题、诉讼时间和案由选择挑战,尤其是在面对虚假债权或债务人伙同他人虚构债权,而破产管理人无法提供实质性帮助时,这些挑战就更为严峻,需要债权人在实务中加倍防范,在管理人不予理会正当诉求时,应及时提起诉讼解决。

[关键词] 破产法;管理人;虚假债权;债权确认之诉

根据《企业破产法》第四十五条[①]的规定,为公平的保障破产企业债权人的合法权益,债权人应当在法律规定的期限内向破产管理人申报债权数额并提交债权证明材料。然而,有的破产企业却利用此规定,在明知企业已资不抵债的情况下,提前布局,伙同关联企业(关联人员)实施虚构债权、扩大债务范围、提前设定抵押或对外担保等损害债权人合法权益的行为;更有甚者,为将该行为合法化,通过诉讼和解方式取得生效法律文书。通常,这种行为具有一定的隐

---

[*] 任玉萍,中共上海市闵行区律师行业党委委员。上海融力天闻律师事务所高级合伙人。上海市闵行区优秀律师、优秀女律师。上海市闵行区女律师联谊会副会长。贝杰功,上海融力天闻律师事务所合伙人、专职律师。长期为银行、资产管理公司提供法律服务。王建龙,博士,华东政法大学副教授、硕士生导师,上海融力天闻律师事务所兼职律师。主要研究方向:法律哲学、文化法学。著有《长治久安:理念、制度及其推进》《试论严复宪政思想的终极目标》《论自由、民主与平等理念的张力及其在近代中国的被误读》等。吴子瑨,法学学士,华东政法大学毕业,上海融力天闻律师事务所专职律师。主要业务领域:银行、民商事、企业破产。

① 《企业破产法》第四十五条:人民法院受理破产申请后,应当确定债权人申报债权的期限。债权申报期限自人民法院发布受理破产申请公告之日起计算,最短不得少于三十日,最长不得超过三个月。

蔽性,合法债权人难以在违法行为实施时及时发现,往往在相关企业进入破产程序时,才有可能发现些端倪。

根据《企业破产法》第五十八条第三款①、《关于适用〈中华人民共和国企业破产法〉若干问题的规定(三)》(以下简称"《破产法司法解释(三)》")第八条②以及《上海市高级人民法院破产审判工作规范指引(试行)》(以下简称"《上海高院破产工作指引》")第六部分第 9 条③规定,债权人在对其他债权人的债权有异议时,应当以书面形式向管理人提出复核,管理人认为异议成立的,应当对债权表作相应调整。管理人认为异议不成立的,应当将反馈意见以书面形式及时通知异议人,并在通知中再次确定合理期限(一般不低于 15 日),敦促异议人就债权异议提起相关诉讼。债权人未在该合理期限内提起诉讼的,视为同意,管理人应当将债权表提交债权人会议表决。

一、实务案例

某金融机构的债务人 A 公司进入破产重整程序,某金融机构为 A 公司主要资产的抵押权人。笔者作为律师在代理某金融机构进入 A 公司破产案件过程中,发现与 A 公司有关联的 B 公司、C 公司均申报了建设工程价款债权。经过笔者调查发现:B、C 公司提交的债权申报资料中均未有建设工程价款优先权的证明材料,然而,管理人出具的《关于提请债权人会议书面核查债权(第四

---

① 《企业破产法》第五十八条第三款:债务人、债权人对债权表记载的债权有异议的,可以向受理破产申请的人民法院提起诉讼。
② 《关于适用〈中华人民共和国企业破产法〉若干问题的规定(三)》第八条:债务人、债权人对债权表记载的债权有异议的,应当说明理由和法律依据。经管理人解释或调整后,异议人仍然不服的,或者管理人不予解释或调整的,异议人应当在债权人会议核查结束后十五日内向人民法院提起债权确认的诉讼。当事人之间在破产申请受理前订立有仲裁条款或仲裁协议的,应当向选定的仲裁机构申请确认债权债务关系。
③ 《上海市高级人民法院破产审判工作规范指引(试行)》第六部分"债权申报"第 9 条"债权异议":管理人编制完成债权表后,应当以书面形式及时通知债权人和债务人。管理人应在上述通知中确定合理期限(一般不低于 30 日)征求债权人和债务人意见。债权人和债务人收到上述债权表未按通知确定的合理期限答复的,视为同意。债权人和债务人如对债权表有异议的,应当在上述合理期限内以书面方式向管理人提出异议,要求复核。也可以就债权异议直接向法院起诉。 管理人收悉债权异议后,应当与异议人及时沟通并复核。异议成立的,管理人应当对债权表作相应调整。管理人认为异议不成立的,应当将反馈意见以书面形式及时通知异议人,并在通知中再次确定合理期限(一般不低于 15 日),敦促异议人就债权异议提起相关诉讼。债权人未在该合理期限内提起诉讼的,视为同意,管理人应当将债权表提交债权人会议表决。 债权人会议就行权期间、逾期失权事项及债权表等依法作出决议,债权人仍有异议的,应当按《企业破产法》第六十四条的规定及时提起诉讼,无正当理由逾期行权的,人民法院不予支持。

批)的报告》中却将B、C公司申报的债权列入建设工程价款债权优先权范围,涉案债权达人民币7.3亿多元。一旦B、C公司债权被确认为建设工程价款优先债权,则某金融机构将有1亿多元抵押债权受到影响。笔者首先向管理人提出异议,其次向管理人申请再次查阅B、C公司债权申报资料。在再次查阅B、C公司债权申报资料后,发现了B、C公司后续补交的建设工程价款优先债权主张的证明材料。笔者组织团队进行多轮研究和分析,考虑到A公司与B、C公司的特殊关联关系,就B、C公司后续补交证明工程价款优先权主张的相关证明材料,向管理人提出核查的书面申请,要求管理人对B、C公司的该部分资料进一步重点、详细核查。然而,管理人给予的《复函》却就事论事地说已向B、C公司相关管理人员进行了调查和了解,并未对笔者的异议作出明确答复,更未对B、C的债权排位进行调整,并径行向破产案件受理法院申请裁定确认。

根据《破产法司法解释(三)》第八条规定:债务人、债权人对债权表记载的债权有异议的,应当说明理由和法律依据。经管理人解释或调整后,异议人仍然不服的,或者管理人不予解释或调整的,异议人应当在债权人会议核查结束后十五日内向人民法院提起债权确认的诉讼。当事人之间在破产申请受理前订立有仲裁条款或仲裁协议的,应当向选定的仲裁机构申请确认债权债务关系。鉴于债权人会议核查结束后的时间点无法确定,笔者迅速向某金融机构汇报,当即代理某金融机构向破产案件受理法院提起债权确认之诉,请求法院确认B、C公司对A公司不享有建设工程优先债权。

诉讼过程中,笔者进一步调查A、B、C公司的相关资料,提供重要证据并围绕查明案件事实向法院提出调查申请,并进一步提出就A公司与B公司达成的民事调解书将提起第三人撤销之诉。案件进入博弈,此时正值A公司破产重整的关键阶段,一方面亟须引进重整投资人,某金融机构提起确认之诉并随之将提起的第三人撤销之诉,对A公司引进重整投资人、重整草案的拟定造成重大影响;另一方面如果确认之诉最终支持某金融机构的诉请,那等于法院确认A公司与B、C公司虚构债权,这种虚假诉讼的行为不仅会给A公司破产重整带来巨大的负面影响,而且还会给主要责任人带来虚假诉讼的刑事责任风险。故A公司与B、C公司迫于压力,主动向法院寻求和解,B公司向管理人撤回工程款优先权主张,C公司撤回债权申报,某金融机构圆满达到诉讼目的,确保了抵押债权不受影响。

二、分享与感悟

法律规定了债权人对提交债权人会议审核的债权表有异议时的救济程序，但相关法律法规对救济过程中的一些细节仍规定不完整。

第一，根据《企业破产法》第二十七条规定："管理人应当勤勉尽责，忠实执行职务。"又根据《企业破产法》第五十七条[①]规定，管理人有对债权的审查义务。但实务中管理人应当如何勤勉尽责却没有具体的操作规范，现有法律法规要求管理人在统计债权时的职责是对债权人申报的债权登记造册以及编制债权表，所以会出现管理人对有生效法律文书申报的债权只做形式审查。而本案中，重整程序是由重整企业提起，为了快速通过重整草案，管理人对重整企业的关联企业的债权审核相对宽松，同时对其他债权人行驶知情权设置了一定障碍，债权人会议对其他债权人审核的债权了解甚少，增加了债权人的维权难度。

第二，债权人向管理人提出书面异议后，管理人要求债权人在15日内向相关法院提起诉讼，根据《破产法司法解释（三）》规定为"异议人应当在债权人会议核查结束后十五日内向人民法院提起债权确认的诉讼"。然而，关于债权人会议核查结束的时间节点，无论是破产法抑或司法解释均未有明确的规定。实务中出现"债权人会议核查结束"的时间节点，管理人通常也不作告知，给债权人提起确权之诉造成障碍，这要求债权人在收集证据相对困难的前提下，还要在短暂的时间里组织起有效的诉讼方案和策略。

第三，对于已经有生效法律文书的债权，是否直接提起第三人撤销之诉，债权人作为提起第三人撤销之诉的主体是否适格，债权人对于其他债权人债权只有部分虚假时，应当以全部债权还是部分债权为诉讼标的，甚至诉讼费的收费标准在不同法院都不尽相同。在本案中，笔者的策略分为两步，首先提起针对建筑工程款优先受偿权的确认之诉，阻断破产案件受理法院对异议债权的确认；再根据确权之诉诉讼情况决定是否提起第三人撤销之诉，这是基于时间的紧迫性和证据的侧重点做出的决定，对于律师而言，维护抵押权人优先受偿权

---

① 《企业破产法》第五十七条：管理人收到债权申报材料后，应当登记造册，对申报的债权进行审查，并编制债权表。 债权表和债权申报材料由管理人保存，供利害关系人查阅。

为第一要务。

第四,根据《企业破产法》第三十一条至第三十六条的规定,管理人在执行职务时有权撤销债务人的违法行为,或对任何损害债权人利益的行为进行反制,可以说破产法及其解释赋予管理人各种保护债权人利益的手段。然而,在本案中,债权人向管理人提供的证据已足以证明B、C公司债权可能存在虚假,但管理人仍只进行书面审查,依据A公司与B公司间达成的民事调解书和A公司与C公司之间签署的协议、工程结算表认定债权数额。就本案来说,无论是基于为了让A公司配合管理人工作,还是快速推进破产重整,笔者认为管理人的工作是亟须改进的。

不动产与建设工程

《民法典》建设工程合同新规变化及实务分析

李 炜*

[摘 要] 《合同法》经调整修订列入《民法典》中合同编,建设工程合同作为典型合同之一设第十八章独立进行规定,从《合同法》到《民法典》,建设工程合同规范有哪些变与不变?本文分析了《民法典》直接吸收的条款、新增变化条款并进行解读,包括新增第七百九十三条建设工程施工合同无效处理、新增第八百零六条建设工程施工合同解除,及《民法典》非实质性变更,包括违法转包的"工程肢解"到"工程支解""承包人原因造成的人身损害和财产损失赔偿责任"等,并提出实务建议。本文曾发表于《建筑时报》(2020年7月16日)。

[关键词] 民法典;建设工程;变化;实务建议

2020年5月28日《民法典》正式通过,迎来了中国的民法典时代,《民法典》共有七编1260条,是对我国现行的、制定于不同时期的《民法总则》《民法通则》《物权法》《合同法》等民事法律规范进行全面系统的编订纂修。建设工程合同原系《合同法》分则单独章节第十六章,《合同法》经调整修订列入《民法典》中第三编,建设工程合同作为典型合同之一设第十八章独立进行规定。从《合同法》到《民法典》,建设工程合同规范有哪些变与不变?回应变化实务中应注意什么?本文拟探讨之。

---

* 李炜,上海融力天闻律师事务所合伙人,建设工程房地专业委员会执委,上海市律师协会银行业研究委员会委员,上海闵行区律工委民法典讲师团讲师。

一、《民法典》直接吸收的法条

原《合同法》建设工程合同分则中规定的建设工程合同定义、合同形式和招投标倡导性条款、国家重大工程合同的报批、发包人作业检查、隐蔽工程检查、竣工验收、发包人原因造成工程停建缓建、发包人原因造成勘察设计的返工停工、适用承揽合同的兜底条款等，《民法典》进行了直接承继，未做变动。《民法典》未发生变化的建设工程合同法条占比较大，沿袭了原《合同法》的规定。

二、《民法典》新增变化法条及解读

与原《合同法》比较，《民法典》建设工程合同章节主要新增了第七百九十三条建设工程施工合同无效处理和第八百零六条建设工程施工合同解除条款，源于2004年最高人民法院《关于审理建设工程施工合同纠纷案件适用法律问题的解释》（以下简称"《建设工程司法解释一》"），在《建设工程司法解释一》中可以找到踪影，但同时又存在较大差异。

（一）《民法典》新增第七百九十三条建设工程施工合同无效处理

《民法典》第七百九十三条规定："建设工程施工合同无效，但是建设工程经验收合格的，可以参照合同关于工程价款的约定折价补偿承包人。

建设工程施工合同无效，且建设工程经验收不合格的，按照以下情形处理：（一）修复后的建设工程经验收合格的，发包人可以请求承包人承担修复费用；（二）修复后的建设工程经验收不合格的，承包人无权请求参照合同关于工程价款的约定折价补偿。

发包人对因建设工程不合格造成的损失有过错的，应当承担相应的责任。"

《民法典》第七百九十三条对应《建设工程司法解释一》第二条、第三条，后者规定是：

第二条："建设工程施工合同无效，但建设工程经竣工验收合格，承包人请求参照合同约定支付工程价款的，应予支持。"

第三条："建设工程施工合同无效，且建设工程经竣工验收不合格的，按照以下情形分别处理：

（一）修复后的建设工程经竣工验收合格，发包人请求承包人承担修复费用的，应予支持；

（二）修复后的建设工程经竣工验收不合格，承包人请求支付工程价款的，不予支持。

因建设工程不合格造成的损失，发包人有过错的，也应承担相应的民事责任。"

上述条款主要规定了建设工程合同无效的处理。对于建设工程施工合同无效分为建设工程经验收合格与经验收不合格，验收合格与否意味着建设工程质量是否合格。在建设工程施工合同中，发包人的主要义务是支付工程款，承包人的主要义务是完成交付质量合格的建设工程，承包人取得工程款的前提与对价是建设工程合格，也就是必须通过发包人组织的竣工验收，如果经验收合格的，可以参照建设工程施工合同关于工程价款的约定折价补偿。建设工程施工合同虽然无效，但也是当事人真实意思，能够比较客观地反映工程款，因此《民法典》采纳了《建设工程司法解释一》的观点，结算可以参照无效合同关于工程款的约定。

但与《建设工程司法解释一》比较，这里有变化需要关注，《建设工程司法解释一》规定承包人可以请求参照合同约定支付工程价款，限定了主体为承包人，《民法典》则规定可以参照合同关于工程价款的约定折价补偿承包人，并未限定主体，应理解为承包人与发包人都有权提出要求参照无效合同处理。

关于《民法典》第七百九十三条第二款、第三款，主要规定了建设工程施工合同无效且工程经验收不合格的处理情形，区分了修复后是否通过验收合格，如修复后合格的，承包人可以按照约定主张工程款，但要承担修复费用；如修复后不合格，承包人不得按照约定主张工程款。并对工程不合格发包人责任也做了相应规定。与《建设工程司法解释一》第三条规定基本一致。

（二）《民法典》新增第八百零六条建设工程施工合同解除规定

《民法典》第八百零六条建设工程施工合同解除规定，原《合同法》未作相应规定，源于《建设工程司法解释一》第八条、第九条、第十一条第一款。

《民法典》第八百零六条规定："承包人将建设工程转包、违法分包的，发包人可以解除合同。

发包人提供的主要建筑材料、建筑构配件和设备不符合强制性标准或者不履行协助义务,致使承包人无法施工,经催告后在合理期限内仍未履行相应义务的,承包人可以解除合同。

合同解除后,已经完成的建设工程质量合格的,发包人应当按照约定支付相应的工程价款;已经完成的建设工程质量不合格的,参照本法第七百九十三条的规定处理。"

《建设工程司法解释一》规定:

第八条:"承包人具有下列情形之一,发包人请求解除建设工程施工合同的,应予支持:

(一)明确表示或者以行为表明不履行合同主要义务的;

(二)合同约定的期限内没有完工,且在发包人催告的合理期限内仍未完工的;

(三)已经完成的建设工程质量不合格,并拒绝修复的;

(四)将承包的建设工程非法转包、违法分包的。"

第九条:"发包人具有下列情形之一,致使承包人无法施工,且在催告的合理期限内仍未履行相应义务,承包人请求解除建设工程施工合同的,应予支持:

(一)未按约定支付工程价款的;

(二)提供的主要建筑材料、建筑构配件和设备不符合强制性标准的;

(三)不履行合同约定的协助义务的。"

第十条第一款:"建设工程施工合同解除后,已经完成的建设工程质量合格的,发包人应当按照约定支付相应的工程价款;已经完成的建设工程质量不合格的,参照本解释第三条规定处理。"

《建设工程司法解释一》第八条和第九条规定了发包人的法定解除权与承包人的法定解除权,发包人法定解除权包括四项:(一)明确表示或者以行为表明不履行合同主要义务的;(二)合同约定的期限内没有完工,且在发包人催告的合理期限内仍未完工的;(三)已经完成的建设工程质量不合格,并拒绝修复的;(四)将承包的建设工程非法转包、违法分包的。这次的《民法典》发包人法定解除权采纳了将承包的建设工程非法转包、违法分包的情形,明确了承包的建设工程非法转包、违法分包属于发包人法定解除情形。对于其他情形并未规定。明确表示或者以行为表明不履行合同主要义务的及同约定的期限内没有完工,且在发包人催告的合理期限内仍未完工等前述情形,在合同编第七章合同权利义务终止章节法定解除中应该已有规定,对于已经完成的建设工程质量不合格,并拒绝修复的也要看是否符合合同法定解除的情形,存在一定的判断。

《民法典》第八百零六条第二款源于《建设工程司法解释一》第九条第一款第二、三项,但是也有较大变化。《民法典》规定了发包人提供的主要建筑材料、建筑构配件和设备不符合强制性标准的,承包人可以解除合同。对于发包人的未履行协助义务法定解除权,增加了发包人未履行协助义务必须达到致使承包人无法施工的程度,并非所有的协助义务不履行都会导致合同解除的效果,另又增加了承包人的催告义务,在催告后合理期限内仍未履行,承包人才有权解除合同。《民法典》的承包人解除权未采纳《建设工程司法解释一》发包人未按约定支付工程价款的情形,本身该条款规定也有点绝对,并未规定工程款拖欠多少拖欠多长时间承包人可以解除合同,实务中发包人拖延支付工程价款时有发生,本条规定实务中就比较难以掌握,而且也可能导致承包人权利滥用。

三、《民法典》非实质性变化的法条

除了实质性变化内容外,对于部分内容,《民法典》基本沿用了《合同法》原规定,为法律表述上更准确或词义上更符合逻辑,进行了非实质性的修订。

(一)违法转包的"工程肢解"到"工程支解"

《民法典》第七百九十一条共计三款,规定勘察、设计、施工合同一般规则及专业分包、违法转包分包,对应原《合同法》第二百七十二条,原《合同法》第二百七十二条第二款规定:"……承包人不得将其承包的全部建设工程转包给第三人或者将其承包的全部建设工程肢解以后以分包的名义分别转包给第三人。"《民法典》对于"肢解"变更为"支解",主要是文字进行修订。本条款描述了承包人将其承包的全部建设工程分割后以分包名义给第三人的转包行为,专业术语确定为"支解"。

(二)勘察设计合同工内容提交"基础资料和概预算等文件"

《民法典》第七百九十四条规定:"勘察、设计合同的内容一般包括提交有关基础资料和概预算等文件的期限、质量要求、费用以及其他协作条件等条款。"与原《合同法》第二百七十四条相对应,之前规定是"提交有关基础资料和文件(包括概预算)",基础材料与概预算都属于文件,因此表述为有关基础资料和概预算等文件更合适。

（三）施工合同内容除了列举式外，增加了"一般"

《民法典》第七百九十五条规定："施工合同的内容一般包括工程范围、建设工期、中间交工工程的开工和竣工时间、工程质量、工程造价、技术资料交付时间、材料和设备供应责任、拨款和结算、竣工验收、质量保修范围和质量保证期、相互协作等条款。"与原《合同法》第二百七十五条比较，除了同样常规内容列举式以外，增加了"一般"。由于施工合同法律关系比较复杂，列举式内容往往无法涵盖，因此增加了一般，这样更具有内容的自由度与扩展性。

（四）承包人原因造成的人身损害和财产损失赔偿责任

承包人的原因致使建设工程造成他人损失的责任承担。《民法典》第八百零二条规定："因承包人的原因致使建设工程在合理使用期限内造成人身损害和财产损失的，承包人应当承担赔偿责任。"对应原《合同法》第二百八十二条，将承包人原因"造成人身和财产损害"调整为"人身损害和财产损失赔偿责任"。

（五）工程款优先受偿权条款"申请法院依法拍卖"调整为"请求法院依法拍卖"

优先受偿权条款基本承继了原《合同法》的规定，《民法典》第八百零七条规定："发包人未按照约定支付价款的，承包人可以催告发包人在合理期限内支付价款。发包人逾期不支付的，除根据建设工程的性质不宜折价、拍卖外，承包人可以与发包人协议将该工程折价，也可以请求人民法院将该工程依法拍卖。建设工程的价款就该工程折价或者拍卖的价款优先受偿。"对应原《合同法》第二百八十六条，"申请法院依法拍卖"调整为请求法院依法拍卖。

从非实质性变化的条款可以得出，《民法典》对于建设工程合同的基本规则、施工合同的内容、优先受偿权等基本条款与原《合同法》规定一脉相承，文义措辞进行了完善。

四、工程实务法律建议

回应针对《民法典》关于建设工程合同规定的变化，建设工程实务中需要重点关注以下问题：

第一，承包人对建设工程质量承担主要义务。建设工程施工合同无效，但建设工程通过竣工验收,质量合格的,承包人与发包人均有权提出要求参照无效合同的工程款进行结算。对于合同无效建设工程未通过竣工验收的,需要进行一定修复,通过修复达到质量要求,仍可以按照合同约定结算工程款。

第二,建设工程施工合同履行过程中,发包人提供的主要建筑材料、建筑构配件和设备应符合强制性标准,如果不符合强制性标准,承包人可以依法解除合同。对于建设工程合同约定甲供材料的,承包人应予查验、核对建筑材料质量证书,对质量问题及时甄别并提出异议。

第三,建设工程项目施工中,承包人是工程项目的实施主体,但作为发包人也有项目配合义务,包括资料移交、设计变更等,发包人如不予配合,应考量是否导致工程无法施工。如果导致工程无法继续施工,承包人应及时发出催告函,在合理期限发包人仍未履行配合义务,承包人可以单方解除合同。

第四,支付工程款是发包人的合同主要义务,实务中经常发生工程款延期事项,如果延期付款时间不长、金额不大,前期承包人应积极与发包人进行协商解决,对于工程款拖欠额度大时间长,严重影响工程进展与合同履行,构成《民法典》第三编规定的解除合同的,承包人仍有权利提起合同解除。

固定总价合同条款不能成为发包人"捆绑"承包人的结算枷锁

潘定春

[摘 要] 发包人和承包人在工程结算时产生争议,不少情况是对合同"固定总价"的理解存在偏差。发包人往往以合同约定是"固定总价",对于施工过程中的增项部分、材料价差、人工费率、工期延误责任等不予认可或者部分认可。但是,承包人因为投标时报价偏低,出现工期延长、材料和人工费上涨以及设计变更增项时,会要求发包人弥补投标低价,这往往导致结算久拖不决,甚至施工人停工撤场,出现工程僵局。本文从公平、均衡利益角度,阐述在施工过程中各方如何理解"固定总价",避免出现项目建设僵局。

[关键词] 固定总价合同;设计变更;工程结算;工程审计

一、施工单位全部承担风险,工程结算难产

固定总价合同,俗称"闭口合同""包死合同"。所谓"固定",是指施工合同价款一经约定,除业主增减工程量和设计变更外,一律不调整。所谓"总价",是指完成合同约定范围内工程量以及为完成该工程量而实施的全部工作的总价款。在签订《建设工程施工合同》条款时,业主通常喜欢自己制定合同文本,增加"本合同价款不因任何条件、任何情况而增加,施工单位不能以任何理由请求增加工程价款、提出工程索赔"等条款,对自己实施盔甲保护,固若金汤;相反,对施工单位的工程质量,尤其是工期延误,采用严格甚至苛刻的违约条款进行限制。施工企业工期一旦延误数月,施工单位不仅白白给业主干活,不能结算工程款,甚至还要倒赔工期逾期违约金。

作为固定总价合同条款,并不是适用于所有建设工程,也不是对施工单位

"捆绑"得越紧越好。对于涉及公共安全建筑以及重大市政工程,作为政府部门授权的业主,签订《建设工程施工合同》时,首先应该遵循公平、共赢的原则,考虑工程的社会意义和使用价值。业主利用优势单位,要求施工单位承担全部风险,甚至实行低于成本中标,不仅套牢了施工单位,业主和建设工程本身也会受其影响。

笔者曾代理这样一起以固定总价为名"捆绑"施工单位的案例。A施工单位联合体通过投标总包了S市滩涂促淤圈围的勘探、设计和施工工程,施工合同采用固定总价形式,合同总价款为2亿元,约定工期为20个月,工程质量标准为优良。由于业主招标文件中的提供的地下水文、河道地质等勘探资料不详,加之招标时间又短,施工总包联合体的勘探单位无法进行详细勘探,就匆匆编制标书投标。

中标后,业主和A施工单位签订了一份非常苛刻的《工程施工总包合同》,对施工单位的工期和费用签证以及施工索赔进行了严格的"捆绑"限制。

施工过程中,河道、地质、水文、海浪和气候等都超出了勘探设计的难度。坝堤附近有天然河道需填充;用于筑坝的河底砂源枯竭,必须使用外来砂;暴雨和风浪严重影响坝堤,造成沟槽封堵和二次填充等。这些因素既大大增加了A施工单位的工程量,增加了巨额的施工费用,又拖延了工期。至工程竣工验收时,A施工单位施工工期延误了5个月,工程总造价达人民币3.4亿元,因为赶工期也影响了工程质量,工程验收仅为合格,未达到优良的约定标准。

在工程结算时,施工单位要求按工程造价人民币3.4亿元结算工程款。业主虽然对于A施工单位遭遇的上述客观事实均予以确认,施工监理对施工增加的工程量均予以签证,但坚持按固定总价合同约定的人民币2亿元结算工程款,并要求A施工单位承担合同约定的各个节点工期延期和工程质量未达标的违约金人民币4 000万元。因投资监理对增加的工程量价款结算不予认可,理由是缺乏合同依据,双方在《工程施工总包合同》明确约定:A施工单位系勘测、设计、施工联合体总承包,除因政府规划变更而工程设计增加以外,不因任何因素和理由调整或增加工程结算价款。A施工单位的施工风险应全部由总包联合体承担。

该滩涂促淤圈围工程预算造价,实际上确实达到人民币3亿多元。而业主在工程结算时,也曾考虑给予工程价款补偿。因业主、施工监理和投资监理均认识到,如果造价达 3.4 亿元的工程按照 1.5 亿元结算,施工单位将产生近 2 亿元的巨额亏损,还将产生一系列的连锁纠纷,进而增加社会不安定因素。但是,业主是国有公司,代表市政府部门发包工程,所有结算工程款都必须经过投资监理的审价,以及政府财政部门的审计。如果《工程施工总包合同》中没有追加工程价款和索赔的约定条款,即使业主有意追加工程结算价款,也因涉及国有资产的审批程序和决算审计而无权作出追加工程款的决定。

业主、施工单位、施工监理和投资监理等经多次协商,均未能找到解决工程结算的良策。双方对工程款的结算争议不下,久拖不决,已经影响到政府部门对该市政工程的财政决算审计,进而引起市政府相关部门的关注。

笔者认为,业主和 A 施工单位之所以陷入这样的工程结算僵局,关键在于签订《工程施工总包合同》时,业主选择固定总价合同,将自己打造成金刚之身,百分之百地保护了自身权益,而将施工单位严格"捆绑",承担了全部风险,形成零和博弈,而非双赢结果。

任何事物都是绝对性和相对性的统一。如果施工单位的风险过大,对业主来说未必是有利事情,业主的风险也会增大。

二、施工单位风险太大,业主风险也相应增加

(一)工程工期风险

大型工程投资规模大、建设周期长、技术复杂、受自然条件的影响大,同时由于工程规模大,工程本身需要大量的水泥、砂石、钢材、油料等材料,如果业主方采用固定总价合同,将相关的风险都约定由施工单位承担,那么,施工企业往往会将这些风险转嫁给业主方,从而影响工程的进度。例如,施工企业在施工中,发现自然条件恶劣,工程量要增加、施工材料也相应增加,最终导致工程的费用大幅增加,会产生较大亏损;那么,施工企业就会要求业主增加工程价款,如不能满足,往往会停工或怠工,拖延工期。有的甚至故意停止支付材料供应商的货款,与材料供应商联手阻挠工程施工;有的提起诉讼,要求解除承包合同,这些都会影响工程的按期完工。

(二)工程质量风险

固定总价合同中,业主对施工企业的工期都有明确的要求,施工企业不能

按期完工,一般都要承担相应的违约责任。如前所述,大型工程的技术复杂、受自然条件的影响大,施工企业既要克服各种技术难题,又要赶施工进度,业主如不能给予理解支持,一味督促施工进程,施工企业往往会顾此失彼,使工程质量难以得到有效保障。上述施工案例中,施工企业承建的是水利工程,临海作业,施工环境恶劣,时常遭大风浪的侵袭,水下作业面还有暗流河道,施工技术难度大,作业人员工作艰辛,如业主不能给予理解支持,很难保障工程质量。

(三)工程结算和交付风险

由于固定总价,施工企业承担了较多的风险,几年辛苦,如果将工程完工后,不但没有利润,甚至还产生巨额亏损,这是施工企业难以接受的结果,所以会想方设法要求业主增加工程结算价款,造成结算和交付困难。

三、公平、均衡保护双方利益具有法律依据

正是因为固定总价合同对业主、施工企业都存在风险,为了公平地保护双方的合法权益,维护建筑市场的和谐稳定,国家及各地都相应出台了一系列的政策来防范风险的产生。

住房和城乡建设部、国家质量监督检验检疫总局于 2008 年 7 月 9 日联合发布的《建设工程工程量清单计价规范》(GB50500-2008)第 4.1.9 条规定:"采用工程量清单计价的工程建设项目,应在招标文件或合同中明确风险内容及其范围(幅度),不得采用无限风险、所有风险或类似语句规定风险内容及其范围(幅度)。"第 4.7.6 条规定:"若施工期间市场价格变动超过一定幅度时,应按合同约定调整工程价款;合同没有约定或约定不明确的,应按省级或行业建设主管部门或其授权的工程造价管理机构的规定调整。"

许多地方也针对固定总价合同的风险防范出台了一系列的规定,如:天津市住房和城乡建设委员会要求"工期超过 12 个月的建设项目一般应采用可调价格合同方式","工期在 12 个月以内的建设项目可采取固定价格合同。采用固定单价或固定总价合同方式的,发包人、承包人应当在合同中约定综合单价包含的风险范围和幅度,超出风险范围和幅度的综合单价调整方法应当在合同中约定"。山东省住房和城乡建设厅于 2008 年 9 月份也出台了《关于加强工程建设材料价格风险控制的意见》(鲁建标字〔2008〕27 号)。另外,浙江省宁波

市、四川省成都市等市都对固定价格合同中的风险范围、风险范围之外的材料价格波动超过一定幅度如何调整都进行了详细的要求。这些规定都体现了同样的政策方向,即兼顾业主、施工企业双方利益,维持双方利益的均衡。

因此,业主在采用固定总价合同时,必须注意合同内容的完备性,合同条件的合理性,特别是合同风险分配的合理性、合同范围的明确性,在维护自身利益的同时,充分考虑施工企业的利益,保证双方利益的相对均衡、公平,特别是涉及公共利益的大型工程、重点工程,应把工程建成后所发挥的经济和社会效益放在首位,而不能把在工程上的投资节约放在首位,兼顾施工单位合理的经济利益,确保工程质量、进度,进而确保工程目标的实现和工程的整体效益。

如何认定承包人可以顺延工期

——从某建设工程合同纠纷案分析

王云超[*]

[摘　要]　对于建设工程工期延误责任承担以及工期顺延条件认定,应依据法律规定、合同约定以及法律事实依据进行判定。承包人请求顺延工期,应同时满足三个条件:一是存在顺延工期的事由,二是存在工期延误的事实,三是工期延误的事实与工期顺延的事由存在因果关系。

[关键词]　工期;工期延误责任;工期顺延条件

一、案件概况

2012年10月15日,A公司与B公司签订《工程劳务扩大分包协议》(以下简称"《分包协议》")约定,A公司承建的C公司投资的青海格尔木小灶火一期风电厂49.5兆瓦工程风机设备基础及场内道路工程,委托B公司施工。工程施工内容为招标图纸及招投标文件中的全部工作,即33台风机基础开挖、回填、钢筋制安、混凝土浇筑、场内道路修筑26.14公里等。施工工期自2012年8月1日至2012年10月31日。工程承包方式:1.风机设备基础45万元/台,合价14 850 007.96元,场内道路修筑30万元/公里,合价7 842 000元,合同措施费233.08万元;2.实物工程量以实际发生工程量计量;3.合同内项目税费由B公司承担,其中措施费项目、税费及管理费另计。工程费用和工期索赔条件:(1)由设计、地质及施工条件超出招标文件提供的范围,导致合同价款的增减及损失,由A公司承担,延误的工期相应顺延;(2)由B公司自身原因导致的返

---

[*]　王云超,上海融力天闻律师事务所合伙人。

工和损失,费用由B公司自行承担;(3)由A公司原因造成工程误工、返工、材料不到位、资金不到位、工程量签证及赶工费等由A公司承担;(4)由自然环境引起的工程停工、工期顺延等。

2012年7月27日,设计单位、监理单位形成《风机基础变更会议纪要》(工程联系单),对风机基础施工进行了设计变更。2012年10月至12月,建设单位C公司五次组织施工、监理、设计等相关单位对工程存在的问题进行部署和整改,其中包括风机基础、箱变基础等施工内容。2012年11月12日,建设单位组织监理、施工、设计单位召开例会,形成《会议纪要》,载明"对于400T主吊进场困难,路肩可拓宽2米,路宽共9米,履带吊可进入"等内容。2012年7月至2013年1月,A公司与监理单位签认了12份《工程签认单》,对发生的合同内变更的工程量、合同外工程量及机械设备停窝工损失进行了确认。2012年12月3日,建设单位组织设计、监理、施工单位等召开现场会,形成《会议纪要》,载明"道路工程、风机基础工程、吊装平台工程已全面竣工,后期将进行养护,箱变基础工程已全部完工,上部槽钢安装反向,由施工单位尽快解决"等。2012年12月20日,A公司与B公司签订《补充协议》约定,B公司保证于2012年12月28日完成锚板调平工程和高强灌浆料的浇灌工程,并且不影响业主吊带工作,因工期延误造成经济损失由B公司负责等。2012年12月7日,C公司向A公司送达《关于要求土建施工单位撤场的通知》,载明"因小灶火风电场一期49.5兆瓦项目土建工程收尾工作已基本结束,现已进入吊装阶段,为保证人身、财产安全,请A公司组织安排下属项目部及施工人员于2012年12月11日前全部撤离施工现场等内容"。2013年6月28日,B公司向A公司报送了进度工程量结算报表。

2013年6月6日,B公司向A公司送达《律师函》,载明"《分包协议》明确约定工程进度款的支付方式,经初步核算,截至2013年6月5日,B公司承担的一期工程已完工工程量对应的工程款合计32 359 496.82元(工程量及工程款额已经监理方签字确认),依照合同约定应支付95%,即30 741 521.98元。截至2013年6月5日,B公司实际收到A公司支付的工程款仅21 733 602.5元,尚有9 007 919.48元未付。在A公司未依合同约定支付工程款的情况下,双方的合同尚未履行完毕。因此,A公司有关双方已经不存在建设合同关系的说法不能成立。B公司不能退场的局面由A公司造成的,作为违约方,A公司无权以延迟退场为由对 B 公司进行处罚。如果 A 公司接到本函后,及时履行决算及付款义务,B 公司将及时退场,否则 B 公司不会退场。A 公司拖欠工程款,导致 B 公司被迫拖欠工人工资、机械设备租赁费、材料费等相关费用。即使其同意此时退场,也会被众多债主阻拦,产生意想不到的后果。请 A 公司在收到本函后 7 日之内及时按照约定履行决算义务,支付相应款项,并将支付计划及时函告 B 公司及本律师。逾期不付,B 公司有权依法追究 A 公司的违约责任"等内容。

2013 年 6 月 10 日,A 公司向 B 公司送达《要求退还多支付工程款的函》,载明"B 公司承包的风机基础、箱变基础各 33 座、场内道路 26.1 公里,合计造价 22 692 007.96 元,按 95% 的付款比例,应付 21 557 407.56 元。现已付 21 733 602.50 元,已超合同约定。目前工程还没有完工和验收,存在较多的工程质量问题,工程不符合验收条件。工程产生的变更签证,业主至今还没有确认签字,工程量及价款已经监理方签字确认的材料是不能作为决算的。目前因工程质量问题不能验收,而 B 公司实际于 2013 年 1 月 28 日完成高强灌浆工作,工期推迟了 28 天,严重影响了业主风机塔筒的吊装,A 公司为此赔偿了业主 200 万元的经济损失,要求 B 公司承担经济损失 500 万元,限期完成扫尾、整改、修补工作,将现场遗留的机械设备全部退场,退还多付的工程款及赔偿款,并在 15 天内做好竣工验收工作"等内容。

在协商无果的情况下,B 公司向法院起诉[①],诉请 A 公司支付拖欠的工程款 15 228 496 元及利息损失等。A 公司提起反诉,反诉请求:1. B 公司偿还未完成工程量价款 1 871 942.5 元及返还多支付的工程款 176 194.94 元,共计 2 048 137.44 元;2. B 公司支付质量缺陷整改费用 389 970 元;3. B 公司支付因施工违规、工期延误的费用 5 290 268.60 元;4. B 公司支付工程应缴纳管理费、税金 2 562 335.51 元;5. B 公司实际完成场内道路减少 2.14 公里的价款应从总工程价款中予以扣除。

诉讼中,B 公司向法院提出请求对案涉工程交付使用情况进行调查取证的申请,法院依法到青海省电力公司进行了调查,该公司出具的《关于力腾小灶火那林格 49.5 兆瓦风电场并网运行的通知》《力腾新能源风力电站(小灶火)发电

---

① 青海省高级人民法院(2014)青民一初字第 12 号民事判决书。

统计》中载明：案涉青海格尔木小灶火一期风电场49.5兆瓦整体工程于2013年11月19日经竣工验收合格,同日交付建设单位投入使用,并网发电。

二、争议焦点

本案的核心争议焦点有两个：一是A公司应否向B公司支付剩余工程款15 228 496元及相应利息问题；二是B公司应否向A公司返还未完成的工程款1 871 942.5元、支付质量缺陷整改费用389 970元、工期延误费用5 290 268元、管理费、税金2 562 335.51元以及场内道路减少工程款问题。

在此,笔者只对争议焦点中工期延误责任承担以及承包人工期顺延条件进行分析。

三、裁判要旨

对于工期是否顺延、延误及其责任承担,青海省高级人民法院认为,依照双方签订的《分包协议》第二条"工程施工期限为2012年8月1日至2012年10月31日"以及第四.1条"因设计、地质及施工条件（水泥、施工用水、生活用水、砂石料及燃料运距）超出招标文件提供的范围,导致的合同价款的增减及造成的B公司的损失,由A公司承担,延误的工期相应顺延"的约定,案涉风机基础工程及场内道路的完工时间为2012年10月31日,B公司于2012年12月3日基本完工,并进行整改维修至2013年3月7日交付下道工序施工。但根据数份《工程签证单》记载的因建设单位未及时办理采砂手续等非因B公司原因产生的停窝工事实、2012年7月27日《风机基础变更会议纪要》确认对风机基础工程进行设计变更以及2012年11月12日《会议纪要》确认对场内道路宽度进行设计变更的事实,案涉工程工期应当进行相应顺延；其次,由于箱变基础工程系风机基础工程之后约定增加的工程,双方并没有约定工期,故整个工程工期亦应当做相应顺延；再次,双方虽然约定了箱变基础和场内道路工程的完工时间,但在施工中因施工需要对场内道路宽度进行了设计变更,设计变更的时间为2012年11月12日,系在合同约定的完工时间（即2012年10月31日）之后,故案涉工程的完工时间亦应当做相应调整；最后,A公司主张该请求的证据是C

公司等出具的数份《罚款通知单》等证据,认为因 B 公司存在施工违规以及工期延误问题,被天虹公司及 C 公司等罚款 5 290 268 元,本案中由于双方对工期延误等情况没有约定明确的违约责任,且案涉风机基础、场内道路以及箱变基础变更增加工程量较大,在 A 公司无法证明 B 公司存在工期延误的情况下,建设单位、总承包单位对 A 公司的罚款措施对 B 公司不产生约束力。因此,A 公司的该项反诉请求无事实依据,法院不予支持。[①]

根据 2021 年 1 月 1 日施行的最高人民法院《关于审理建设工程施工合同纠纷案件适用法律问题的解释(一)》(以下简称"《司法解释一》")规定,发包人在履行合同过程中变更设计、造成承包人停工、缓建、返工、改建,或者因发包人的要求而增加工程量,承包人可以顺延工期。根据本案相关证据,A 公司做出过设计变更要求,有双方多份《工程签证单》及《风机基础变更会议纪要》在案佐证。因此,诉争工程的风机基础、场内道路及箱变基础工程变更增量较大,依双方《分包协议》约定的工期应相应顺延,故 A 公司反诉 B 公司支付工期延误费等理据欠缺,与实际情况不符。

四、案例评析

(一)工期延误定义

根据《建设工程施工合同(示范文本)》(GF-2017-0201)通用条款 1.1.4.3 工期的词语定义:"工期,是指在合同协议书约定的承包人完成工程所需要的期限,包括按照合同约定所作的期限变更。"工期延误可分为可谅解的工期延误和不可谅解的工期延误。可谅解的工期延误,是指非承包人原因引起的工期延误,对此类工期延误,承包人可以主张顺延工期。不可谅解的工期延误,是指承包人自身原因造成的工期延误,比如承包人组织管理不善或承包人一方违约导致的工期延误,对此类工期延误,承包人不仅不能顺延工期,还应承担延期竣工的违约责任。承包人是否承担延期竣工的违约责任,取决于造成工期延误的原因及是否符合顺延工期的事由。

(二)工期延误责任界定

工期延误原因,可能是发包人引起的,也可能是承包人引起的,还可能是第

---

① 青海省高级人民法院(2014)青民一初字第 12 号民事判决书。

三人或者不可抗力原因造成的。工期延误责任界定是一个比较复杂的专业问题,法院可以委托专业的鉴定机构进行鉴定,也可以根据双方举证情况直接进行认定。如果是承包人原因造成的工期延误,工期不能顺延;如果是发包人原因造成的或者非因承包人原因造成的工期延误,工期可以顺延。即便是由于发包人设计变更或工程量增加,法院或鉴定机构也应查明是否增加了关键线路上的工程量,若是属于关键项目增加的,顺延可以工期;反之,工期不能顺延。

因此,工期延误责任认定,不仅仅是专业技术问题,也是证据和法律问题。

(三) 承包人工期顺延的条件

建设工程工期延误后,承包人请求顺延工期,应满足三个条件:一是存在顺延工期的事由,二是存在工期延误的事实,三是工期延误的事实与工期顺延的事由存在因果关系。

1. 承包人顺延工期必须具有法定事由和约定事由

《民法典》第七百九十八条规定:"隐蔽工程在隐蔽以前,承包人应通知发包人检查。发包人没有及时检查的,承包人可以顺延工程日期,并有权请求赔偿停工、窝工等损失。"《民法典》第八百零三条规定:"发包人未按照约定时间和要求提供原材料、设备、场地、资金、技术资料的,承包人可以顺延工程日期,并有权请求赔偿停工、窝工等损失。"《民法典》第五百九十条第一款规定:"因不可抗力不能履行合同的,根据不可抗力的影响,部分或全部免除责任,但法律另有规定的除外。"《司法解释一》第十一条规定:"建设工程竣工前,当事人对工程质量发生争议,工程质量经鉴定合格的,鉴定期间为顺延工期期间。"等等。以上是承包人顺延工期的法定事由。另外,发包人与承包人可以约定顺延工期的事由,如《建设工程施工合同(示范文本)》(GF-2017-0201)通用条款 7.5 条、7.7 条、7.8 条,专用条款 7.5 条等相关条款对顺延工期的约定。本案中,工期延误具有工期顺延的约定事由和法定事由,包括工程量大幅增加 1 800 万元、气温过低不宜施工、甲供材不及时、专业分包队伍进场延迟、延期支付进度款等。

2. 存在工期延误的事实

本案《分包协议》约定施工工期为 2012 年 8 月 1 日至 10 月 31 日,《补充协议》约定工期顺延至 2012 年 12 月 28 日,但实际上,案涉工程直到 2013 年 3 月 7 日才完成分项工程验收交付。整个工期延误多达 90 余天,存在工期延误的事实。

3. 工期延误的事实与工期顺延的事由存在因果关系

如前所述,本案工期延误的事实与发包人设计变更,大幅度增加了工程量、气温过低不宜施工、甲供材不及时、专业分包队伍进场延迟、延期支付进度款等法定和约定事由之间均具有因果关系。

因此,本案青海省高级人民法院最终支持了承包人顺延工期的主张。

另外,承包人工期延误后发生不可抗力是否可以顺延工期,《民法典》第五百九十条第二款规定:"当事人迟延履行后发生不可抗力的,不免除其违约责任。"笔者认为,根据建设工程施工合同持续履行的特点,承包人工期延误后发生不可抗力的,如果不可抗力发生在合同约定的工期之后,承包人不能顺延工期;如果不可抗力发生在合同约定的工期之内,承包人仍可相应顺延工期。这也是工期顺延的法定事由之一。

融资租赁之转租赁业务探究

王永刚

[摘　要]　随着社会经济和融资租赁行业的发展,传统的直租赁和回租赁产品已无法满足各类融资主体的需求,转租赁产品作为中小融资租赁公司的融资渠道受到了重视。但对于转租赁产品的交易结构、出租人和承租人的权利义务等,无论是在法律界,还是在融资租赁行业内,均尚未形成普遍性的认定以及适用共识。本文以融资租赁法律关系中"物权"+"债权"为基础,分析了三种类型的转租赁产品,并就转租赁产品的行业监管和对行业发展的意义进行了分析。

[关键词]　融资租赁;转租赁;监管;再融资

伴随着融资租赁行业的快速发展,融资租赁产品也在不断推陈出新,在不同的经济发展阶段,融资租赁公司根据自身的资源禀赋,不断调整着自己的目标客户,并且针对不同客户的不同需求相匹配与其相适的产品,从最开始服务于小型企业的直租赁产品,到服务于大中型企业的回租赁产品,再到服务中小型融资租赁企业的转租赁产品,多元化融资租赁产品见证了融资租赁行业的成长。

直租赁产品和回租赁产品作为最常见的融资租赁业务模式已被社会广泛接受,有关直租赁产品和回租赁产品中出租人和承租人的权利义务、融资租赁法律关系的认定等也已被法律和司法解释加以规范。但对于转租赁产品的交易结构、出租人和承租人的权利义务等在法律界尚未形成共识。在转租赁业务中,融资租赁公司对外转让的究竟是出租人的资产还是出租人享有的权利？本文拟结合融资租赁业务实践,对转租赁业务进行探究。

一、与"物权"转让有关的转租赁

所谓"物权",就是出租人对租赁物享有的所有权。在融资租赁公司业务实践中,与"物权"转让有关的转租赁就是融资租赁公司以其享有所有权的租赁物为载体与其他融资租赁公司进行回租赁交易。在这种模式中,租赁物被交易两次,租赁物第一次交易的出租人是租赁物第二次交易的承租人。通过租赁物二次交易,实现了出租人资产盘活,加大了融资杠杆,拓宽了融资渠道,这是融资租赁行业最理想的转租赁模式。

最早对转租赁业务进行明确规定的部门规章是中国人民银行在 2000 年 6 月 30 日发布实施的《金融租赁公司管理办法》,虽然该办法已经失效,但通过该办法可以分析监管部门对转租赁业务的认识和要求。该办法第四十八条规定:"本办法中所称转租赁业务是指以同一物件为标的物的多次融资租赁业务。在转租赁业务中,上一租赁合同的承租人同时又是下一租赁合同的出租人,称为转租人。转租人从其他出租人处租入租赁物件再转租给第三人,转租人以收取租金差为目的的租赁形式。租赁物品的所有权归第一出租人。"该办法明确转租赁业务是以同一物件为标的物的多次融资租赁业务,说明监管部门认为转租赁是围绕着物权展开,是租赁物多次转让和租赁形成的多次融资租赁业务。但是该办法又认为转租人通过从其他出租人处租入租赁物件再转租给第三人以收取租金差。在融资租赁业务实践中,鲜见将租赁物转租给第三人以收取租金差为目的的转租赁,因为这种转租赁的底层商业逻辑是不通的。而且转租人将租赁物转租给第三人,在绝大多数情况下构成经营性租赁法律关系,而不是融资租赁法律关系。依据该办法对转租赁业务的定义,应当是第一出租人通过直租赁或回租赁从卖方或第一承租人处购买租赁物并取得租赁物的所有权,第一出租人再以第二承租人的身份将租赁物出卖给第二出租人,并从第二出租人处租回,以确保第一承租人对租赁物的使用权。只有这样,才能实现以同一物件为标的物的多次融资租赁业务。2020 年 5 月,中国银行保险监督管理委员会颁布实施的《融资租赁公司监督管理暂行办法》也对转租赁作出规定,融资租赁公司在营业范围方面,可以从事"转让与受让融资租赁或租赁资产",同时要求"融资租赁公司对转租赁等形式的融资租赁资产应当分别管理,单独建账。转租赁应当经出租人同意"。笔者认为这里的"转租赁应当经出租人同意"与上述中国人民银行对转租赁业务的规定是一脉相承的,这里需要出租人同意的转租赁,主要应用在融资租赁+经营性租赁的业务场景下。在融资租赁公司业务实践中,一般情况,出租人对承租人使用租赁物都作出一些限制性的要求,包括未经出租人同意,不得转租租赁物。但如果承租人从事经营性租赁业务,如工程机械租赁、汽车租赁等,承租人会要求出租人给其出具《转租同意函》,以保证其通过融资租赁方式购入的工程机械、汽车等可以转租给第三人。

二、与"债权"转让有关的转租赁

所谓"债权",就是出租人对承租人享有的收取租金的权利。与"债权"转让有关的转租赁是指出让方融资租赁公司将租金债权转让给受让方融资租赁公司,出让方融资租赁公司将未来的租金按照约定比例一次性收回,实现了未来的现金流快速变现。在融资租赁公司业务实践中,一般情况下,承租人并不向受让租金债权的受让方融资租赁公司直接支付租金,仍向出让方融资租赁公司支付租金,出让方融资租赁公司在收到承租人的租金后转付至受让方融资租赁公司,通常受让方融资租赁公司还要求出让方融资租赁公司承担有关承租人租金支付的差额补足义务。

三、与"物权+债权"转让有关的转租赁

所谓与"物权+债权"转让有关的转租赁是指出让方融资租赁公司将租赁物的物权和租金债权一并转让给受让方融资租赁公司。笔者认为这才是《融资租赁公司监督管理暂行办法》中规定"转让融资租赁资产"的应有之义,这也是监管部门对融资租赁公司转租赁业务窗口指导所要求的"洁净转让"。这种模式的法律实质是变更出租人,即受让租赁物物件和租金债权的受让方融资租赁公司承担出让方融资租赁公司在原融资租赁合同项下全部的权利和义务,承租人向受让方融资租赁公司直接支付租金,出让方融资租赁公司不对承租人偿还租金的义务承担任何责任。在监管部门明确要求转租赁业务必须"洁净转让"后,在融资租赁行业内,转租赁业务规模出现大幅下滑,这说明"洁净转让"的转

租赁业务不符合融资租赁公司的需求,对于受让方融资租赁公司来说,他看中的是出让方融资租赁公司的信用,无论是围绕着"物权"的转租赁,还是围绕着"债权"转租赁,都是完成交易搭的融资结构,至于租赁物是什么、底层承租人的还款能力,受让方融资租赁公司均不会做严格的审核。另一方面,出让方融资租赁公司只是想通过转租赁方式融资,他也不愿意把自己开发的客户(承租人)完全交给受让方融租赁公司。

通过对融资租赁行业转租赁业务实践的分析,无论是与"物权"转让有关的转租赁,还是与"债权"转让有关的转租赁,都是融资租赁公司再融资的一种方式。纵观整个融资租赁行业,股东背景好、融资能力强的大型融资租赁公司资金投放的领域聚焦在政府融资平台、大型国企及上市公司等,平均单体融资租赁项目金额过亿元,其产品和服务难以到达中小微企业。而中小融资租赁公司由于不具有资金优势,往往会选择客户群下沉,与大型融资租赁公司差异化经营,专注服务于小微客户,平均单体融资租赁项目金额从几万到几十万不等。笔者认为,转租赁业务作为中小融资租赁公司再融资的一种方式,有其存在的合理性和价值,监管部门不应把融资租赁公司同业之间转租赁等同于拆借,大多数中小融资租赁公司专注于传统银行和大型融资租赁公司不太关注的细分市场,应当讲中小融资租赁公司对缓解小微企业融资难的问题发挥着重要作用。只有打开中小融资租赁公司的融资渠道,发挥市场在资源配置中的决定作用,才能使得中小融资租赁公司的产品和服务惠及更多的小微企业。

施工合同承包人的合同解除权及其行使的现实考量

王志勇　纪　墨[*]

[摘　要]　施工合同承包人根据《民法典》的规定以及施工合同文本的约定,基于发包人的违约行为,可取得施工合同的法定解除权和约定解除权;承包人取得合同解除权并不意味必然解除施工合同,需要对行使权利的后果进行现实考量;在承包人行使合同解除权之前及过程中,需对相关风险作出判断并正确、恰当行使权利。

[关键词]　法定解除权;约定解除权;现实利益考量

近年来,随着我国经济结构转型、金融和房地产行业政策调整和固定资产投资增速减缓,发包人违约情况愈演愈烈,承包人在施工合同履行过程中发生合同解除的风险呈加大趋势。然而,由于建筑市场竞争激烈,合同金额及履行利益较大,在施工合同签订后,除非不得已,承包人即使因对方违约而取得合同解除权,也并不意味着一定行使该权利,必须对施工合同解除后的相关利益及行使权利的风险作出现实考量。

一、施工合同承包人的法定解除权

《民法典》第三编第一分编第五百二十八条、第五百三十三条分别规定了行使不安抗辩权和发生情势变更情形下的合同解除权,第五百六十三条第一款第

---

[*]　王志勇,法律硕士,上海融力天闻律师事务所高级合伙人,第五届"闵行区优秀律师",华东政法大学法律硕士专业实训指导教师。纪墨,法学硕士,上海融力天闻律师事务所律师。

(一)、(二)项分别规定了因不可抗力、预期违约而产生的合同解除权。上述法定解除权在施工实践中虽时有发生,但并不普遍,因此本文仅以因发包人违约而产生的承包人解除权为分析对象。

关于施工合同发包人违约情形下承包人的合同解除权,主要体现为如下几条规定:

(一)发包人迟延履行主要债务,经承包人催告后,发包人在合理期限内仍未履行,则承包人产生合同解除权

《民法典》第五百六十三条第一款第(三)项就当事人一方迟延履行主要债务而产生的另一方解除合同的权利作出规定。就施工合同而言,法律并未明确规定发包人的主要债务。但是根据《民法典》第七百八十八条对建设工程合同的定义,即"建设工程合同是承包人进行工程建设,发包人支付价款的合同",可以认为,施工合同发包人的主要债务应为支付价款,即按照合同约定的期限和金额支付工程价款的义务。

对于该条规定需要注意的是,发包人迟延履行主要债务后,承包人需要催告对方在合理期限内履行,未经催告则不能产生合同解除权。

(二)发包人迟延履行债务或者有其他违约行为,致使承包人不能实现合同目的,则承包人产生合同解除权

《民法典》第五百六十三条第一款第(四)项就当事人一方迟延履行债务或者有其他违约行为致使不能实现合同目的而产生的另一方解除合同的权利作出规定。该项规定中的"债务或者有其他违约行为"并未排除"主要债务",只要该债务或违约行为"致使不能实现合同目的",对方即产生合同解除权。

该项规定在适用中较易产生争议的是"致使不能实现合同目的"这一判断。合同目的看似是一个无法确定的主观性概念,但"法律行为的本质不是行为人的内在意思,而是行为人'表示的意思'"。[1] 如果将主观性的动机作为合同目的,需要做到:1. 合同目的应是当事人双方在合同中通过一致的意思表示而确定的目的;2. 当事人双方内心所欲达到的目的不一致时,以双方均已知或应知的表示于外部的目的为准。[2] 因此,合同目的并非当事人隐藏于心的动机,而

---

[1] 董安生:《民事法律行为》,中国人民大学出版社2002年版,第173页。
[2] 崔建远:《论合同目的及其不能实现》,《吉林大学社会科学学报》2015年第3期。

应当是合同文本所体现的、为双方当事人共同认可的合同订立原因及拟实现效果。具体到施工合同,承包人的合同目的应当是通过履行施工义务而按照合同约定的期限和金额取得工程价款、履行合同、进行施工等方面。一旦发包人的违约行为致使承包人无法实现该目的,则承包人有权解除施工合同。

（三）法律就施工合同承包人合同解除权的专门性规定

《民法典》建设工程合同专章第八百零六条第二款规定,"发包人提供的主要建筑材料、建筑构配件和设备不符合强制性标准或者不履行协助义务,致使承包人无法施工,经催告后在合理期限内仍未履行相应义务的,承包人可以解除合同。"这是法律对于建设工程合同的专门性规定。

甲供材料设备的合同履行中,发包人所供应材料设备应符合强制性标准,否则按照最高人民法院《关于审理建设工程施工合同纠纷案件适用法律问题的解释（一）》第十三条规定,如造成建设工程质量缺陷,应当承担过错责任,但同时,由于承包人在建设工程中承担严格的质量责任,对于发包人提供的设备、材料也应严格进行质量控制,承包人负有质量检验义务,否则承包人也会承担相应的过错责任。因而,对于发包人提供的不合格材料、设备,承包人有权拒绝并可要求发包人更换,如导致承包人无法施工,承包人有权解除合同。

根据相关法律规定和合同约定,发包人负有提供施工图纸、办理相应审批手续、提供适于施工的施工场地、防止承包人施工受到干扰等协助义务,否则导致承包人无法施工,承包人仍有权解除合同。

二、施工合同承包人的约定解除权

鉴于施工合同履行时间长、双方的权利义务复杂,为指导合同当事人的签约行为,住房和城乡建设部、国家市场监督管理总局自1991年开始,先后推出1991版、1999版、2013版和2017版《建设工程施工合同（示范文本）》（以下简称"《2017版示范文本》"）。由于示范文本被广泛地使用或引用,示范文本逐渐成为建设工程领域内的行业惯例。示范合同文本一旦经合同当事人采纳、订立,如未在专用条款中进行特别约定,则通用条款中的约定即成为双方的权利义务。

通常认为,合同解除的类型除前述法定解除,还包括约定解除、合意解除。[①]《民法典》第五百六十二条第一款和第二款即分别规定了合意解除、约定解除。合意解除是通过双方的意思表示而使合同归于消灭,不以解除权的存在为必要,而约定解除则需在合同中约定解除合同的事由。

《2017版示范文本》(GF-2017-0201)通用条款第16.1款〔发包人违约〕及其他条款中约定了发包人违约情形下的承包人合同解除权,具体包括:

(一)通用条款第16.1款〔发包人违约〕约定的承包人解除权

第16.1.1项〔发包人违约的情形〕虽仅列举了包括因发包人原因未能按合同约定支付合同价款等8目发包人违约的情形,但其中第(8)目为"发包人未能按照合同约定履行其他义务的",这就等于涵盖了发包人全部违约情形。发包人发生除第(7)目"发包人明确表示或者以其行为表明不履行合同主要义务的"以外的违约情况时,"承包人可向发包人发出通知,要求发包人采取有效措施纠正违约行为。发包人收到承包人通知后28天内仍不纠正违约行为的,承包人有权暂停相应部位工程施工,并通知监理人"。

第16.1.3项〔因发包人违约解除合同〕约定:"除专用合同条款另有约定外,承包人按第16.1.1项〔发包人违约的情形〕约定暂停施工满28天后,发包人仍不纠正其违约行为并致使合同目的不能实现的,或出现第16.1.1项〔发包人违约的情形〕第(7)目约定的违约情况,承包人有权解除合同。"由此可见,从发包人违约到产生承包人的合同解除权,除发包人明确表示或者以其行为表明不履行合同主要义务可以直接产生合同解除权,其他违约行为要经过通知发包人纠正违约——发包人收到通知后28天仍不纠正——承包人暂停相应部位工程施工并通知监理人——暂停施工满28天仍不纠正,且要符合"致使合同目的不能实现"的条件。经过这一至少56天的过程,承包人才能产生合同解除权。

(二)《2017版示范文本》约定的其他承包人解除权

通用条款第7.3.2项〔开工通知〕约定:"除专用合同条款另有约定外,因发包人原因造成监理人未能在计划开工日期之日起90天内发出开工通知的,承包人有权提出价格调整要求,或者解除合同。"

[①] 韩世远:《合同法总论(第二版)》,法律出版社2008年版,第447页。

通用条款第 7.8.6 项〔暂停施工持续 56 天以上〕约定："暂停施工持续 84 天以上不复工的,且不属于第 7.8.2 项〔承包人原因引起的暂停施工〕及第 17 条〔不可抗力〕约定的情形,并影响到整个工程以及合同目的实现的,承包人有权提出价格调整要求,或者解除合同。解除合同的,按照第 16.1.3 项〔因发包人违约解除合同〕执行。"

该两项约定均是基于非归因于承包人的长期不能开工或复工而导致的工期顺延,承包人或者提出价格调整要求,或者解除合同。所不同的是,前者可立即产生解除权,后者则要按照第 16.1.3 项〔因发包人违约解除合同〕执行,即再停工 28 天且致使合同目的不能实现,方可产生解除权。

《2017 版示范文本》的约定解除与《民法典》的法定解除条款相比较,同样是致使合同目的不能实现的违约行为,《2017 版示范文本》规定的解除权产生条件更为复杂。例如因发包人原因未能按合同约定支付合同价款的违约行为,《民法典》第五百六十三条第一款第(四)项规定一旦出现即可解除合同,即使按照该条款第(三)项,也是经催告后在合理期限内仍未履行即可解除合同,而《2017 版示范文本》则要求催告、停工两个 28 天后方可解除。

同时,第 7.3.2 项〔开工通知〕的约定又较之《民法典》扩大了承包人解除权的范围,因为毕竟"监理人未能在计划开工日期之日起 90 天内发出开工通知"既不能认为属于迟延履行主要债务,认定为"致使不能实现合同目的"也会在司法实践中存在争议。

对于发包人的同一违约行为,承包人是适用《民法典》解除合同,还是按照《2017 版示范文本》的约定执行？《2017 版示范文本》作为双方意思表示,只要不存在其他无效和可撤销的情形,其约定虽与法律规定不一致,但并未违反效力性规定,承包人仍应按照合同约定的条件主张解除权,这与理论界的权威观点是一致的。[①]

三、承包人行使合同解除权的现实利益考量

承包人无论依据《民法典》的规定取得法定解除权,还是根据施工合同的约

---

① 崔建远:《合同法(第四版)》,法律出版社 2007 年版,第 238 页。

定取得约定解除权,都不意味施工合同自然解除,需要承包人通知发包人解除或提起诉讼请求解除,即作出行使合同解除权的行为。

虽然承包人取得解除权以发包人违约为条件,但发包人不履行主要义务或不履行合同义务致使不能实现合同目的,并不意味着丧失施工合同继续履行的现实可能性,承包人当然可以选择在不放弃要求发包人承担违约责任的前提下,继续完成施工合同约定的全部承包施工内容。就是否决定行使合同解除权,承包人需要对其现实利益作出相应考量。

(一)合同动机能否实现

承包人签订施工合同,其动机往往是通过从事施工行为取得盈利,也可能是增加企业的产值(业绩)或扩大行业影响力。但是盈利也好,业绩也罢,其动机并不会表现于合同条款,因为发包人只能依照合同约定支付工程价款,不会保障承包人是否盈利,毕竟承包人能否盈利取决于承包人的工程管理、成本控制等综合因素,也不会因承包人的业绩而增加合同价款。

然而,如果承包人盈利等合同动机不能实现,同时又存在发包人致使不能实现合同目的的违约行为,承包人就会利用发包人的违约行为而解除合同。此时的"合同目的",则更像承包人合同动机不能实现后解除合同的"借口"。但如果以增加企业业绩作为合同动机,承包人即使不能盈利(当然不能出现较大亏损),也会对发包人的违约行为抱有更大的"容忍度",尽量完成施工合同而实现合同产值。

(二)发包人是否具备偿债能力

在发包人不具备偿债能力的情况下,解除合同意味着往后的权利义务消灭,发包人除延期付款责任不再增加新的工程价款,承包人也可以达到"止损"的效果。

但如果发包人具备充足的偿债能力,即使发包人明确表示不支付工程款,承包人只要具备继续履行合同的能力,也一般不会考虑解除合同。因为继续履行合同,即使增加发包人的债务金额及违约责任,承包人在竣工后也可以全部得到清偿,不会降低自身的实际收益,承包人没必要解除合同。

(三)考虑已完成的施工形象进度

如果处于工程施工初期,当出现发包人违约行为,则承包人及时解除合同,可以起到止损的效果。但是,如果处于工程施工后期,甚至即将竣工,那么此时解除合同就显得不够明智。

因为一旦解除合同，对于一个资金实力较差的发包人，极可能造成工程烂尾。那么，即使承包人通过诉讼取得强制执行依据，由于烂尾工程难以拍卖变现，也使承包人经司法确认的权益难以得到实现。如果将工程竣工验收，在主张工程款的同时确认工程价款优先受偿权，虽然看似因继续施工而损失增加，但竣工工程易于拍卖变现，反而使承包人的权益更易实现。

（四）合同解除后的可得利益

《民法典》第五百八十四条规定："当事人一方不履行合同义务或者履行合同义务不符合约定，造成对方损失的，损失赔偿额应当相当于因违约所造成的损失，包括合同履行后可以获得的利益；但是，不得超过违约一方订立合同时预见到或者应当预见到的因违约可能造成的损失。"该条规定肯定了合同履行后可以获得的利益属于因违约造成的损失。如果承包人在合同解除后可获得合同预期利益，等于未履行后续合同义务即可获得全部合同的收益，承包人当然选择行使合同解除权。

但《2017版示范文本》第16.1.4项〔因发包人违约解除合同后的付款〕约定："承包人按照本款约定解除合同的，发包人应在解除合同后28天内支付下列款项，并解除履约担保：（1）合同解除前所完成工作的价款；（2）承包人为工程施工订购并已付款的材料、工程设备和其他物品的价款；（3）承包人撤离施工现场以及遣散承包人人员的款项；（4）按照合同约定在合同解除前应支付的违约金；（5）按照合同约定应当支付给承包人的其他款项；（6）按照合同约定应退还的质量保证金；（7）因解除合同给承包人造成的损失。"即如未在专用条款作出其他关于预期利益的约定，该约定所确定的就是工程价款及直接损失，无法弥补合同解除后的可得利益损失。

通过对于相关案例的检索和研究，笔者发现，绝大多数承包人解除合同的案例，其预期利益均未得到保护，得到保护的均有较为明确的约定。如山东省高级人民法院作出的判决中[①]，施工合同约定"如因非承包方原因造成承包人合同不能全部履行，发包人要承担实际完成造价和合同价之间差额部分4%的预期利润，并承担承包人因过大投入造成的损失"，法院在认定解除合同原因在

---

① 山东省高级人民法院（2015）鲁民一终字第189号民事判决书。

于发包人的基础上，便依据该比例认定了承包人的预期利润损失。因此，建议承包人在施工合同的专用条款中就此作出明确约定。

四、承包人行使合同解除权的实际问题

承包人行使合同解除权，并非基于发包人对于承包人权利的认可，而是承包人的单方判断，因而在行使解除权之前应慎之又慎，必须对相关问题作出准确判断和充分准备，对于合同解除权的取得、行使解除权的后果进行综合评估，避免因决策失误、操作失当，造成更大法律和经济风险。

（一）判断施工合同的效力

合同的有效性是合同解除的前提，无效合同自始无效，无须解除。如果合同无效，则承包人行使解除权也不会得到解除的效果。

（二）审查发包人违约的证据

承包人解除合同，一般会立即提起工程款、违约责任诉讼。那么，发包人违约的证据将非常关键，如果不能证明发包人违约，承包人解除合同的行为则可能被认定为承包人明确表示或者以其行为表明不履行合同主要义务的违约行为。

（三）审查承包人解除权的条件是否成就

根据《2017版示范文本》的约定，发包人违约，除非其明确表示或者以其行为表明不履行合同主要义务，其他违约行为均要经过承包人通知、停工至少56天的过程，承包人才能产生合同解除权。如果这一过程没有进行或没有证据进行，则承包人行使解除权的条件不能成就。

（四）审查自身是否存在违约行为

因解除合同提起诉讼后，发包人往往以承包人拖延工期、质量缺陷或存在其他违约等事由进行抗辩或提起反诉。如果发包人确实存在工期延误、质量缺陷或其他违约行为，则可能面临反索赔，造成被动。

（五）做好解除合同的准备

《民法典》第八百零六条第三款规定："合同解除后，已经完成的建设工程质量合格的，发包人应当按照约定支付相应的工程价款；已经完成的建设工程质量不合格的，参照本法第七百九十三条的规定处理。"因此，已经完成的建设工

程质量合格非常重要,最好停工前由监理人确认质量合格,或者做好质量自检,保证将来诉讼中在质量鉴定时质量合格,这也是承包人获得工程价款的前提条件。

另外,合同解除后,承包人需要向发包人交付施工资料,应利用合同尚未解除、监理人尚能配合工作的时机,完善所有施工资料,避免无法交付。

(六)把握停工时机

承包人应避免仓促停工,提前做好停工预案,停工时机选择界面完整、便于计量、便于维护的施工形象节点,对人员、机械、材料等做好安排,避免损失的发生和扩大。

(七)行使解除权不要超过除斥期间

以前法律没有对合同解除期限的规定,《民法典》实施后则应注意行权期限。《民法典》第五百六十四条规定:"法律规定或者当事人约定解除权行使期限,期限届满当事人不行使的,该权利消灭。法律没有规定或者当事人没有约定解除权行使期限,自解除权人知道或者应当知道解除事由之日起一年内不行使,或者经对方催告后在合理期限内不行使的,该权利消灭。"由于《2017版示范文本》通用条款并无该期限约定,因此应适用该条一年的规定,承包人应注意防止超期失权。

(八)送达解除施工合同的通知

施工合同的解除权属于形成权,承包人必须将解除合同的通知送达发包人。承包人解除合同的意思表示一经通知发包人即产生合同解除的效力,承包人应注意保存解除合同通知签收的相关凭证。

(九)承包人的照管义务

承包人的照管义务既是合同义务,也是法律规定的附随义务。在承包人解除合同后至退场和现场移交前,承包人应妥善保护好已完工程和已购材料、设备。否则,因承包人的没尽到照管责任而造成工程损害、材料设备的损失,承包人应承担相应赔偿责任。

(十)工程质量和施工界面的确认

如在停工前未取得工程质量确认,在合同解除后,也要争取监理人或发包人确认工程质量。对于已完工程,应做好工程量的测量和施工界面的确认,即使对方不予确认,也应自己做好相关记录或留存视频资料,最好进行相关公证。

物业管理过程中侵权责任的探讨

孙 洁[*]

[摘 要] 本文意在通过一则案例,分析何为安全保障义务,以及安全保障义务的边界范围,以期作为公共场所管理者、经营者、组织者的物业公司,合理采取措施,避免承担因未尽安全保障义务而导致的过错责任赔偿。

[关键词] 物业管理;安全保障义务;侵权责任;过错责任赔偿

一、案情简介

李某是上海某高档小区住户,该小区配有会所、健身房、游泳池等设施设备,按照小区业主公约和物业合同的约定,正常缴纳物业费的住户均可免费使用小区内的前述配套设施设备。小区内的物业管理、维护保养、保洁、绿化等由物业公司J公司负责(以下简称"J公司"),而物业公司J公司出于精细化管理和平衡成本的考虑,将小区内(含前述配套设施设备)的保洁工作转包给了保洁公司Z公司(以下简称"Z公司")。

2016年3月,李某前往该小区配套的健身房内健身,与此同时,Z公司的保洁员正开启着三台跑步机,以便在机器运转中擦拭跑步机的履带,由于李某一直低着头在看手机,导致李某踏上了误以为静止但其实却一直处在启动状态中的跑步机,李某被弹起导致意外摔倒受伤。

事后,李某将J物业公司、Z保洁公司起诉至法院,要求赔偿李某医疗费4 657元、误工费155 321.3元、交通费3 534.42元、护理费5 500元、营养费2 400

---

[*] 孙洁,法学学士,上海融力天闻律师事务所高级合伙人。主要从事劳动法律纠纷、收并购及资产重组领域、房地产及物业管理行业。2020年入选上海市律师协会物业管理法律专业委员会委员、获得上海市律师协会劳动法律专家级评定、中级律师职称。

元、精神损失费 1 950 元、律师费 20 000 元。

李某认为：三台开启着的跑步机旁并未有其他任何警示标志，且 J 公司作为健身场地的管理方，未尽到安全保障义务，而 Z 公司工作人员则违规开启跑步机进行清洁，故要求两公司共同承担 100% 的侵权赔偿责任。

J 公司答辩称：李某摔倒时拍摄的监控录像并不能反映受伤时的具体情况，且究竟是何原因摔倒也不能确定。同时李某在摔倒前一直在低头看手机，没有尽到合理注意义务，李某自身的过错是本次事故发生的主要和直接原因，李某应当承担主要责任；若确因开启着的跑步机受到伤害，也应当由 Z 公司承担赔偿责任，J 公司承担补充赔偿责任。

Z 公司答辩称：Z 公司工作人员不存在直接侵权行为，李某摔倒受伤原因不明，李某受伤和跑步机开启之间无直接因果关系的证据证明，若跑步机确实处于开启状态中，李某应当可以通过声音进行分辨，且李某受伤前注意力一直集中在手机上，导致其疏忽了跑步机正处于开启的状态。这是李某受伤的主要原因，故 Z 公司不愿意承担主要责任。

二、法院观点

法院认为：公民享有生命健康权。行为人因过错侵害他人民事权益，应当承担侵权责任。在本案中，Z 公司的责任在于，根据李某和 J 公司的陈述，Z 公司的工作人员事发时将健身场所内三台跑步机出于清洁需要而同时开启，虽然监控视频并未记录李某受伤倒地的全过程，但从现有的监控中可以做出李某在跑步机上受伤的合理推测，且 Z 公司工作人员在对开启的跑步机进行清洁时，并未设置任何的警示标志和提醒标志，因此存在过错。而 J 公司，则是作为健身场所的管理方，对健身场所的保洁人员仍然具有管理责任。本案中 Z 公司的工作人员在开启跑步机的状态下清洗跑步机，J 公司的工作人员显然并未尽到管理责任，也未排除安全隐患，具有未尽管理职责的过错，与李某的摔倒之间存在一定的因果关系。而李某作为完全民事行为能力人，对于健身场所的环境和器具应当予以充分注意，但李某在行走过程中一直低头查看手机，疏于注意，亦存在过错。因此本案的伤害结果是李某、J 公司、Z 公司的上述原因共同造成的，应按份承担相应责任。最后法院酌定，J 公司承担 24% 的侵权损失赔偿责任、Z公司承担36％的侵权损害赔偿责任,李某自负40％的责任。

三、律师说法

本案是一起典型的、由于"未尽到安保义务"引起的侵权案件,本案中三方均存在相应的过错,故由法院酌定判处了相应的承担比例。对于"未尽到安保义务"的规定,在原《侵权责任法》体系中第三十七条进行了规定,即"宾馆、商场、银行、车站、娱乐场所等公共场所的管理人或者群众性活动的组织者,未尽到安全保障义务,造成他人损害的,应当承担侵权责任。因第三人的行为造成他人损害的,由第三人承担侵权责任,管理人或者组织者未尽到安保义务的,承担相应的补充责任"。现《民法典》将此条列为第一千一百九十八条,并调整修改为:"宾馆、商场、银行、车站、<u>机场</u>、<u>体育场馆</u>、娱乐场所等<u>经营场所</u>、公共场所的<u>经营者</u>、管理者或者群众性活动的组织者,未尽到安全保障义务,造成他人损害的,应当承担侵权责任。因第三人的行为造成他人损害的,由第三人承担侵权责任;<u>经营者、管理者或者组织者未尽到安全保障义务的,承担相应的补充责任。经营者、管理者或者组织者承担补充责任后,可以向第三人追偿。</u>"

本次《民法典》的修改,在原《侵权责任法》第三十七条的基础上增加了"机场和体育场馆"两个公共场所,以及经营场所和经营者的规定,同时增加了对于承担补充责任之后的追偿权规定。但对于何为安全保障义务、安全保障义务的边界范围又在哪里并没有进行明确定义。本文意图通过前述判例,对于公共场所管理者的责任边界进行分析探讨:

(一)何为安全保障义务

安全保障义务的目的是保护他人的人身和财产安全,其主要内容是作为,即要求义务人必须采取一定的行为来维护他人的人身或财产安全免受伤害。[1]通俗地来说,就是安全保障义务人未采取一定的措施,导致他人人身或财产遭受损伤或损失的,即为未履行安全保障义务。结合本案可以看出,法院认为作为健身房的管理人J公司具有安全保障义务,而J公司将健身房的保洁业务转

---

[1] 中国审判理论研究会民事审判理论专业委员会:《民法典侵权责任编条文理解与司法适用》,法律出版社2020年版,第133页。

包给Z公司,这个安全保障义务也自然延伸到了Z公司。Z公司的工作人员在开启状态下擦拭跑步机,而未设立警示牌或者安排工作人员做出相应的警示义务,即为未采取必要安全保障措施。那么我们很自然地引出了第二个问题,安全保障义务的边界又在哪里?

(二)安全保障义务的边界范围

通常理解,安全保障义务的边界范围在于安全保障义务人有无提供必要措施或行为,防止或预防他人人身或财产遭受损伤或损失。但就这个必要措施的理解,以笔者的观点不应当做扩大解释,以免引发过多的社会矛盾和纠纷。例如,带有儿童的家长在商场内活动,应当有义务看管自己的小孩,若将此义务转嫁给商场的管理者明显是不恰当的。但若商场管理者明知在开放式的公共场所内,正常情况下一定会有小孩进出的情形下,仍然同意宠物进入且未对宠物或宠物主人提出必要管控措施的,则我们认为此商场管理者没有尽到安全保障义务。又比如,不擅长游泳的初学者在游泳馆进行学习游泳时应当知晓自身的能力,避免在深水区进行活动或学习游泳,但若游泳馆的管理者没有安排救生人员待岗看护,则我们也可以认为此游泳馆的管理者未尽到安全保障义务。

结合到本案中,无论是J公司还会Z公司,都应当预料到前来健身的租户会使用跑步机进行健身,所以在开启跑步机进行清洁时,应当竖立警示牌或工作围栏,这与一些商场中就湿滑区域竖立围栏是一样的道理。但涉及地铁运营公司时,比如游客在地铁站上下自动扶梯摔倒后向地铁运营公司索赔,法院认为,地铁运营公司已通过广播和张贴海报等方式反复告知上下电梯注意安全事项,因此地铁运营公司已经尽到了合理限度范围内的安全保障义务,故而驳回受伤者所有诉请。①

可以看出,实践中判断是否未尽到安全保障义务,不仅需要借助法定注意义务和理性人常规的判断标准,还应以类似环境下管理者惯行的、通用的注意义务和安保手段为衡量尺度。大体而言,笔者认为判断行为人是否履行安全保障义务,可以从以下几个方面把握:

第一,法定标准,即法律法规对安全保障内容有明确规定的,往往涉及特殊行业、特殊场所。如《消防法》对机关单位消防安全职责的规定,或者《商业银行

---

① 上海铁路运输法院(2016)沪7101民初365号民事判决书。

法》及《电子银行业务管理办法》,对专业金融机构保障账户资金安全的规定等。

第二,特别标准。如前述诸多判例表明,对于未成年人等无民事行为能力及限制民事行为能力人的安全保障义务应当采用更为严格的特别标准。特别是在管理人的经营活动领域,存在对儿童具有诱惑力的危险时(如高空、高危游乐设施),经营者、管理人或组织者必须履行最高标准的安全保障义务,其措施标准应达到消除危险使之不能发生、使未成年人与之隔绝或不能受其损害等。

第三,善良管理人的标准。即参考行业规范或通常做法,判断是否能够达到同类经营活动在当下的环境内所能达到的通常程度,是否达到一个理性、审慎、善良的人所应达到的合理注意程度。

第四,一般标准。如公共场所管理人对于进入其经营活动领域的人,负有的告知、注意和帮助义务,以及隐蔽性危险的告知义务等。

综上,笔者认为安全保障义务的边界范围,应当是管理者、经营者、组织者对在该场所内正常活动的行为进行预判后,采取措施或行动预防或避免可预料到的意外事件发生为界限。否则盲目扩大安全保障义务人的责任范围,不但增加了管理者、经营者、组织者的压力,同时也变相地减轻了行为人自身的安全注意义务。

四、结语

安全保障义务在我国已经经历了十多年司法审判实践的洗礼,但各地法院对于安全保障义务的理解以及责任比例分摊依然差异巨大,这一方面是由于现实生活具有复杂性,另一方面也和审判人员自身的认知和生活经历有关。物业公司作为公共场所的管理者、经营者、组织者,在没有第三人侵害的情况下,应当尽可能做到管理者的安全保障义务,以避免在后期过错责任比例分摊时被判令承担赔偿责任。当然我们也期待司法机关不要因为物业公司有履行能力,或较有利于执行,便肆意扩大物业公司的安全保障义务范围。缺乏合理依据的裁判口径会直接导致公平正义被破坏,法院应当提倡的是社会秩序的建立而不是社会价值优先。

建设工程领域多人侵权责任承担的实务研究

潘定春　程文理

[摘　要]　建设工程施工参与主体涉及业主、施工单位以及勘察、设计、监理、检测等多方主体。建设工程投资大、周期长、主体多,一旦发生工程坍塌、倾斜等质量事故,不仅会给建设工程参与主体带来重大经济损失,而且会对社会产生严重危害性。建设工程领域存在挂靠、转包、违法分包等违法违规情形,也增加了建设工程事故行政责任和民事赔偿责任认定的复杂性。

[关键词]　建设工程施工合同;侵权责任;责任竞合;共同侵权

在笔者代理的一起建设工程质量纠纷中,业主建设的某综合楼项目发生基坑坍塌事故,导致周边路面塌陷、相邻第三方建筑物倾斜等重大损失。经当地城乡建设和交通委员会委托专家调查出具《案件终结报告》,认定该起事故是由多方参与主体失职所引发,属于多重因素叠加的人为责任质量事故,业主、施工单位以及违法承包人、勘察、设计、监理、检测等七方主体对事故发生负有责任。这是较为典型的由混合、叠加原因导致损害结果的建筑工程侵权责任纠纷。笔者结合该案例以及相关判例,对建设工程施工领域多人侵权纠纷的责任形态、赔偿责任、保险理赔与侵权责任衔接等疑难点问题提供一些实务观点。

一、建设工程质量事故纠纷违约责任和侵权责任的选择

(一)违约责任与侵权责任的竞合

针对同一事实,如符合多个法定的请求权构成要件,则当事人可择一行使,

此即为请求权竞合①。违约责任与侵权责任的竞合是民事诉讼领域常见的请求权竞合情形。就建设工程施工领域而言,在责任主体相对明确和单一的纠纷中,受损方(本文指业主)通常可直接依据合同,提起合同违约之诉主张损害赔偿或违约责任。但由于建设工程行业的特殊性、复杂性,施工工程涉及施工单位、专业分包人或违法分包人以及勘察、设计、监理等多方主体,一旦发生建设工程质量事故,责任主体通常是多人。此时,受损方有权根据《民法典》第一百八十六条之规定,选择请求违约方承担违约责任或侵权责任。

(二)违约责任与侵权责任的评价

在违约责任和侵权责任请求权竞合的情形下,二者的主要差异在于:其一,二者归责原则不同,违约责任适用严格责任原则为主、过错责任为辅的归责原则,侵权责任则适用过错责任原则;其二,二者赔偿范围不同,违约责任可以适用预期利益损失,但不能适用精神损害赔偿,而侵权责任不适用预期利益损失原则,但可以主张精神损害赔偿;其三,二者构成要件不同,违约责任中,如行为人不能提供违约行为的有效抗辩理由,则必须承担违约责任,责任性质的认定不受损害结果的影响,而侵权责任中,构成要件严格以侵权损害事实发生为前提,如果没有损害结果,则没有侵权责任;其四,二者适用条件不同,违约责任需严格遵循合同相对性,以"一案一合同"为原则,侵权责任存在多人共同侵权和多人分别侵权的形态,且无需严格遵循合同相对性,而是以损害事实为基础。

建设工程质量事故如何选择合适的请求权,将直接影响后续维权路径、法律依据、赔偿范围、责任主体等相关认定,直接影响权利保护的效率。在发生多因一果的建设工程质量事故时,受损方若严格依据合同相对性主张损害赔偿或违约责任,一方面将面临同时向多名主体提起诉讼的情形,且原则上多起案件无法合并审理解决;另一方面,部分主体如缺乏合同关系,将面临无法追究其责任的情形。因此,无论何种情况,均极大地增加了受损方的诉讼成本。

(三)混合因果的建设工程质量纠纷请求权基础的选择

基于上述分析,笔者认为,在混合因果关系的建设工程质量纠纷中,选择以侵权损害赔偿为请求权基础提起诉讼为宜。选择侵权责任提起诉讼,一方面有利于在一起诉讼中对多名侵权主体主张损害赔偿,减轻受损方的诉累,提高司

---

① 王利明:《民商法研究(第4辑)》,法律出版社2014年版,第536页。

法效率;另一方面,所有涉案主体在同一案件中,也有利于法官充分查明案件事实,必要时候启动工程审价和鉴定程序,确定各侵权主体的过错程度和责任划分。

二、建设工程领域多人侵权情况下的侵权形态和法律责任

(一)多人侵权形态区分为共同侵权和数人分别侵权

《民法典》第一千一百六十八条、一千一百七十条、一千一百七十一条、一千一百七十二条对两种侵权形态原则上课以连带责任或按份责任。故对多人侵权行为的侵权形态认定,将直接影响最终的责任承担形态,是最终确定法律责任的先决条件。

1. 共同侵权行为责任

共同侵权行为,是指数人共同不法侵害他人权益造成损害的行为[①]。《民法典》第一千一百六十八条规定:"二人以上共同实施侵权行为,造成他人损害的,应当承担连带责任。"这是关于共同侵权连带责任的规定。对于共同侵权行为,其责任承担分为外部责任和内部责任。

共同侵权行为的特征主要有四点:其一,侵权主体的复数性。其二,主观过错的共同性。主观共同性分为有意思联络和无意思联络两种类型。所谓"无意思联络"是指各侵权主体在无意思联络的前提下,本应预见某种损害结果发生但因疏忽大意或过于自信没有预见,即"共同过失"的情形。最高人民法院《关于审理人身损害赔偿案件适用若干法律问题的解释》和《民法典》第七编均确立了我国立法领域对于共同侵权之主观范围,其既包括有意思联络的共同故意,也包括无意思联络的共同过失。其三,侵权行为的共同性。行为共同性是指数个侵权主体的行为相互联系,密不可分,共同造成了同一损害结果,这是共同侵权行为的最本质特征。[②] 与主观过错的共同性相同,侵权行为的共同性同样不严格要求侵权行为人具有意思联络,而采用客观上各侵权行为相互结合造成同一损害结果。从因果关系的认定而言,通常采取相当因果关系理论,即便

[①] 王胜明主编:《〈中华人民共和国侵权责任法〉条文解释与立法背景》,人民法院出版社2010年版,第42页。
[②] 黄鹏:《我国共同侵权责任制度的分析与完善》,《法制与社会》2021年第5期(上)。

某一侵权主体的侵权行为与损害结果间不具有直接因果关系,但只要该侵权行为与其他侵权主体的侵权行为结合构成一个整体,同样应当认定具有相当因果关系。其四,损害结果的共同性。结果共同性是指损害结果是一个独立存在的整体,每一个侵权行为与损害结果之间无法形成一一对应的关系。

2. 数人分别侵权行为责任

数人分别侵权行为,是指数个行为人之间没有共同故意,也没有共同过失,只是由于他们各自的行为与损害后果之间客观上的联系,造成了同一个损害结果的侵权行为类型。《民法典》第一千一百七十一条规定:"二人以上分别实施侵害行为造成同一损害,每个人的侵权行为都足以造成全部损害的,行为人承担连带责任。"第一千一百七十二条规定:"二人以上分别实施侵权行为造成同一损害,能够确定责任大小的,各自承担相应的责任;难以确定责任大小的,平均承担赔偿责任。"上述两个条款共同规定了数人分别侵权行为的法律责任。

《民法典》第一千一百七十二条与第一千一百七十一条应属一般法条与特殊法条的关系[①]。换言之,第一千一百七十一条规定的数人分别侵权承担连带责任是数人分别侵权的特殊情形,仅在符合本条规定的特殊构成要件前提下才能适用。否则,都应纳入第一千一百七十二条的涵摄范围承担按份责任。显而易见,《民法典》第一千一百七十一条与第一千一百七十二条相比,在行为后果上,前者强调每一个行为都"足以"造成损害后果的发生,后者强调的仅是数个行为造成"同一"损害后果。

与共同侵权相比,数人分别侵权的基本特征有两点。其一,不具备主观上的共同过错或共同过失;其二,不具备因果关系上的不可分性。比较而言,数人分别侵权在构成要件上与无意思联络的共同侵权较为相近,司法实践中极易产生混淆。二者在客观要件上的主要不同点在于因果关系,无意思联络的共同侵权要求加害行为与损害结果之间存在共同因果关系,而数人分别侵权要求的因果关系并不具备结果上的不可分性。对于不可分的共同因果关系的理解,最高人民法院《关于审理人身损害赔偿案件适用法律若干问题的解释》第三条第一款规定侵害行为"直接结合"发生同一损害后果的,构成共同侵权承担连带责

[①] 最高人民法院民法典贯彻实施工作领导小组主编:《中华人民共和国民法典侵权责任编理解与适用》,人民法院出版社2020年版,第84页。

任,第二款规定侵害行为"间接结合"发生同一损害后果的,构成分别侵权承担按份责任。但是,司法实践中对于因果关系不可分性的不同理解,导致在适用共同侵权还是数人分别侵权问题上,的确存在一定混乱。

共同侵权行为的责任承担形态是连带责任,对外而言,受害人仍有权要求任意主体承担全部责任,当然,这一责任承担方式在司法实践中会有所变通,任意主体承担连带责任后对内享有追偿权;数人分别侵权行为的责任承担形态是按份责任或平均责任,各侵权人的赔偿份额是固定的。

(二)建设工程领域多人侵权的侵权形态和法律责任

《建筑法》《建设工程质量管理条例》等行业法律法规没有规定建设工程领域多人侵权的侵权形态和法律责任。实践中存在两种不同观点:一种观点认为,建设工程多人侵权应视为分别侵权,各侵权主体虽造成同一损害后果,但其各自对损害结果产生的原因力是相互独立且可以区分的,应按照过错大小和原因力大小按份承担责任;另一种观点认为,损害结果是多个侵权主体的数个侵权行为在同一时空下直接结合、密不可分地导致损害结果发生,应承担连带责任。

笔者认同第一种观点。其一,结合《民法典》第一千一百七十一条规定,二人以上承担侵权连带责任的前提条件是"每个人的侵权行为都足以造成全部损害的",其中"足以"是理解整个条文的"法眼"。在笔者代理的建设工程基坑坍塌侵权案件中,当地城乡建设和交通委员会组织专家出具《案件终结报告》认定七方参与主体均负有责任,但并不能确定七方的每一方失职行为都"足以"导致基坑坍塌事故,混合、叠加的共同失职行为才是构成"足以造成全部损害"的结果。其二,建设工程施工虽然涉及业主、施工单位、勘探、设计、监理等多方主体,但每个参与主体在整个施工过程中的主导地位、专业要求、所取得的对价是明显不同的,义务和责任也是可以区分的。其中施工单位承担着最重要的施工义务,也承担着最重要的法定责任。在混合、叠加的侵权行为下,法院可以委托第三方就建设工程质量侵权责任进行鉴定,也可以根据审理情况来依法、合理、公平区分参与主体过错大小和原因力大小,判决参与主体按份承担民事责任。其三,法院审理建设工程质量多人侵权案件,基于同一事实、同一诉请完全可以同案解决,受害人及时获得救济。若是判决承担连带责任,势必导致参与主体提起多个追偿权之诉,引起诉累,消耗宝贵的司法资源。

三、建设工程质量多人侵权民事责任要件

《民法典》第七编在原《侵权责任法》的基础上,对侵权责任形式和归责原则进行了一定的继承和完善,确立了以损害赔偿为中心,以其他责任承担方式为辅助的侵权责任承担方式体系,丰富了损害赔偿的方式,进一步完善损害赔偿的规则设计,使得侵权责任编体系化程度进一步加强,强化了对受害人的救济和保护,使救济更加精细、全面。[①]

（一）过错责任是判定侵权责任的核心要件

归责原则,顾名思义,是关于侵权责任"归责"的基本规则。《民法典》第一千一百六十五条第一款规定："行为人因过错侵害他人民事权益造成损害的,应当承担侵权责任。"这是关于过错责任原则的具体规定。过错责任是《民法典》第七编确认的基本归责原则,是侵权责任的核心构成要件。只有在行为人具有过错时,受害人才能请求赔偿,无过错则不应承担赔偿责任。

在建设工程施工领域,侵权责任仍以过错责任为归责原则。建设工程各主体的过错在认定侵权责任时起到极为关键的作用。通常而言,受损方需证明各侵权方就损害结果的发生存在过错,方能主张损害赔偿责任。在前述基坑坍塌案件中,作为基坑围护的施工主体,总包方对损害结果的发生存在过错通常较为容易证明,但其他相关侵权方如监理、设计、勘察等,如受损方主张侵权损害赔偿,则同样需证明存在过错。

（二）造成损害是判定侵权责任的前提要件

《民法典》第一千一百六十五条第一款较之于原《侵权责任法》增加了"造成损害"的表述,这一改动确立了以损害事实为中心的赔偿原则。"造成损害"具有两个方面的内涵：其一,必须存在损害事实,对于损害事实的认定往往是侵权责任是否成立的逻辑起点,而损害结果如何承担则作为最终侵权责任认定的逻辑终点。从这个意义上说,"造成损害"贯穿了侵权责任的始终。侵权损害赔偿请求权的行使以实际损害的存在为前提,没有损害就没有赔偿。这就意味着,受害人如果想要获得赔偿,就必须举证遭受了实际的损害。其二,损害结果

---

① 王利明：《我国〈民法典〉侵权责任编损害赔偿制度的亮点》,《政法论丛》2021年10月第5期。

必须是侵权行为"造成",也即"损害"与侵权行为具有因果关系。即使侵权人具有过错,也实施了侵权行为,受害人存在损害结果,但若是侵权人行为与受害人损害结果之间没有必然因果关系,也无需判决侵权人对于损害结果按责承担赔偿。

（三）原因力是判定侵权责任的主要依据

《民法典》侵权责任编第一千一百六十八条至一千一百七十二条确立了连带责任和按份责任的责任承担方式。就建设工程质量多人侵权纠纷而言,不论受损方以共同侵权还是以多人分别侵权作为请求权基础起诉,法官通常会根据过错程度和原因力确定各侵权主体的责任份额,判决多人侵权主体按责承担赔偿责任。法院依法可以委托第三方对建设工程质量事故责任进行鉴定,以明确整体损失情况和各方主体责任承担;也可以结合案情,依职权对各方过错大小和责任承担比例予以认定。例如,在苏州A建设集团有限公司（以下简称"A公司"）与中国核工业B基础工程公司、江苏南通C股份有限公司、青岛D建筑设计有限公司等侵权责任纠纷案中①,A公司虽然以连带责任作为诉请,要求各被告承担连带侵权责任,但一审及二审法院仍在庭审过程中对各主体是否应该承担责任、责任过错大小、原因力大小等进行查明,其中二审法院明确"结合涉案事故发生的经过、关联性大小、各方主体的进场时间和施工过程,对于责任分担作出如下认定"。可见,上述因素在司法实践中对于各方责任比例的确定均在法院的考察范围之内,法院在判决书主文中直接明确各侵权主体按责承担民事赔偿。

（四）直接损失是判定侵权责任的合理标准

《民法典》第七编确立了侵犯人身权利和财产权利两类赔偿范围。就侵犯财产权利范围,《民法典》只有原则性规定:"侵害他人财产的,财产损失按照损失发生时的市场价格或者其他合理方式计算。"

建设工程质量侵权责任纠纷受损方的损失范围,法院可以委托第三方进行司法鉴定。《民法典》第七编并未规定损失范围是否包含间接损失。在建设工程施工纠纷中,受损方需要承担因工程质量事故而导致工期延误、融资成本增加、向第三方承担逾期履行违约责任等多重损失,对于该部分损失是否有权在

---

① 江苏省高级人民法院(2017)苏民终1672号民事判决书。

侵权损害赔偿中一并主张,司法实践中仍存在争议。根据笔者对相关判例的检索,不同个案中法官的处理方式也不尽相同。

本质而言,直接损失与间接损失是就因果关系作出的区分。直接损失是侵权行为对受损方本身造成的损害,例如基坑坍塌造成的直接财产损失、重建费用均在此列。而间接损失与侵权行为之间不具备直接因果关系,而是由于受损方权益遭受侵害后进一步遭受的后续损失,与侵权行为间具有相当的关联性。例如在赵某华诉沈阳E酒店管理有限公司、沈阳F物业管理有限公司财产损害赔偿纠纷案[1]中,法院对于受损方因遭受火灾导致逾期偿还房屋银行贷款而产生的贷款利息、违约金损失以"与火灾不具有直接的因果关系"为由,未予支持。

司法实践中对于建设工程侵权责任纠纷的损失赔偿范围采取较为保守的态度,法院一般遵循"直接因果关系"原则判断是否属于直接损失。但笔者认为,上述损失赔偿范围有些过于狭隘,建设工程案件通常投资总额较大,损失程度通常较为严重,给受损方带来巨大的资金压力,也会导致多重损失。鉴于这种情况,法院对于建设工程案件的损害赔偿范围仅限定于直接损失范畴,受损方很难获得较为公允的赔偿。

四、建设工程质量多人侵权司法实践的其他问题法律分析

笔者对建设工程质量多人侵权案件和相关判例进行检索分析,发现以下问题也值得关注。

（一）行政责任与民事赔偿责任的交叉区分

建设工程施工责任与普通民事责任不同,除具有私法属性外,更具有一定公法性质。《建筑法》第五十五条规定:"建筑工程实行总承包的,工程质量由工程总承包单位负责,……"这既是总承包单位基于合同约定应向建设单位承诺的一项约定义务,也是国家基于工程安全、公共利益对施工单位提出的一项法定义务。与此同时,国家也通过各项技术规范,约束并监督各施工单位按照国家规定的标准履行施工职责。因此,在发生工程质量问题,尤其是造成第三方

---

[1] 最高人民法院(2018)最高法民再206号民事判决书。

财产或生命安全和健康损失时,项目各责任主体通常会受到政府的行政处罚。而政府基于行政处罚,通常会进行一系列调查和鉴定工作,最终出具事故责任报告书,明确事故责任和各方行政处罚措施。

在烟台某房地产开发有限公司诉中铁十四局集团有限公司建设工程施工合同纠纷案[①]中,烟台市牟平区建设局于事故发生后出具了"烟牟建字(2007)××号《关于某高层商住楼"8.10"基坑局部坍塌事故情况的报告》"。笔者代理的上述基坑坍塌事故侵权案件,当地城乡建设和交通委员会也出具了《案件终结报告》,对事故发生的原因进行了认定,对各方主体的行政责任和行政处罚措施予以明确。

建设工程质量侵权责任纠纷案件如何评价及适用具有行政性质的"事故报告",是建设工程领域侵权责任诉讼的特有问题。笔者认为,相关"事故报告"是案件中有关责任认定的关键证据材料,也是法官审查各方主体责任比例时裁判标准之一。从诉讼角度出发,笔者认为既不能让法官全盘接受报告的责任认定方式,从而将其作为划分各方责任比例的直接依据,也不可全盘否定报告的证据效力,否定报告对于案件重要事实的指导意义。因此,引导法官正确看待"事故报告"的地位,正确处理行政责任与民事责任的关系,是案件诉讼过程中的重要工作。

1. 行政责任和民事责任认定的法律依据和归责原则不同

一方面,具有行政性质的"事故报告"是行政管理机关依据行政法律法规对各方主体行政责任的确认,其法律基础与普通民事侵权责任存在根本区别。诚然,事故报告会对事故的基本情况、各方主体情况和资质、事故发生经过和抢险救援情况、事故发生原因、事故性质和各主体行政责任进行认定,但其最终落脚点为各责任主体最终应为事故承担的行政责任。其处罚的法律依据主要根据是《建筑法》《建设工程安全生产管理条例》《建设工程质量管理条例》,更加强调主体责任,具有明显的管理机关向被管理主体进行行政处罚目的。而普通民事侵权的请求权行使,则主要以《民法典》及其相应的归责原则为依据,是平等民事主体间因一方被侵权而向另一方追究责任的过程,更加注重对于损害结果的认定和对造成损害结果的各项原因间比重的判断。因此,二者从法律依据、归

---

① 烟台市牟平区人民法院(2019)鲁0612民初1626号判决书。

责原则等方面存在基础性区别。

另一方面,从"事故报告"的实际内容内容看,也未对各主体民事责任比例划分作出直接认定。报告确定的仅是行政管理视角下应该承担行政责任的主体,即哪些主体应该为案涉事故承担行政处罚责任,但其既未对案件的具体损失进行认定,也未对各主体应对事故及其损失承担何种份额的责任作出认定。究其原因,这是由于行政处罚的外部性决定的,行政管理机关仅需确定应该为本次事故负责的各主体并根据行政法规对各主体进行处罚即可,无需深究各主体间的过错比例问题,而这也是"事故报告"无法作为责任比例划分直接依据的根本原因。例如,在笔者代理的案件中,行政机关认定业主方对工程设计变更并未尽到及时申报义务,这是基于业主方行政主体责任作出的行政处罚认定。但对于为何没有进行申报,具体责任方为谁,则在所不问。但在民事侵权责任的划分中,对于具体过错大小的查明,是最终确定责任比例的重要因素。

2."事故报告"是确定侵权关键事实的重要参考依据

建设工程质量侵权事实发生后,第一手资料往往会随着时间经过而不断遗失,且随着修复工程的推进,发生事故当时的第一现场往往已经无法实地勘察。加之建设工程类案件维权周期漫长,一般情况看下起诉阶段,对事故原始资料和原始现场进行查看已不太现实。而"事故报告"作为行政机关会同大量专家在事故发生第一时间前往现场调查汇总并研究出的第一手结论,能够相对全面、真实、客观地还原事故本来面貌,理清事故发生原因,确定工程各主体的基本责任。在前述基坑坍塌案件中,当地城乡建设和交通委员会组织专家对事故进行调查,并对事故发生的原因做了较为全面和权威的分析,最终形成了事故成因的结论,在案件审理过程中,事故成因的结论成为笔者主张界定各方主体过错程度的重要依据。

(二)保险合同纠纷与侵权责任的衔接适用

发生建设工程质量事故后,建设工程保险合同纠纷与侵权责任纠纷如何衔接适用,成为实务中较为突出的问题。

1.保险合同纠纷与侵权责任纠纷的诉讼顺位

关于建设工程领域保险合同纠纷与侵权责任纠纷诉讼顺位,法律并无明文规定。在保险合同纠纷较为集中的交通事故领域,最高人民法院《关于审理道路交通事故损害赔偿案件适用法律若干问题的解释》第十六条明确了理赔的顺位,但理赔顺位不代表诉讼顺位。建设工程质量侵权案件,被保险人(通常为建设单位)提起保险合同理赔诉讼后若获得法院支持,保险人赔偿后取得追偿权,可以向建设工程质量侵权人提起追偿权诉讼。另外,若被保险人的保险理赔诉讼没有获得法院支持,或者保险公司赔偿不足,则被保险人可以继续向建设工程质量侵权人提起侵权诉讼。从法理上看,作为建设单位和被保险人不能就同一损害事实分别提起保险理赔之诉和侵权赔偿之诉,而应将侵权主体和保险赔偿义务主体于一案中一并主张赔偿。保险赔偿为优先,其他侵权人的损害赔偿劣后,既符合法理也符合现实状况。

2. 保险合同之诉能否中断侵权赔偿案件诉讼时效

司法实践中,受损方有时会单独提起保险理赔,又因保险理赔审理时间过长,导致侵权方主张诉讼时效经过的抗辩权。《民法典》第一百八十八条规定:"向人民法院请求保护民事权利的诉讼时效期间为三年。法律另有规定的,依照其规定。诉讼时效期间自权利人知道或者应当知道权利受到损害以及义务人之日起计算。"就自然时效而言,因工程投保了工程一切险,故受损方有理由相信其可以通过保险理赔的方式完全填平损失。此时,受损方认定的赔偿义务人为保险公司而非各侵权方。如最终因种种原因受损方并未获得保险赔偿,受损方于确定无法获得保险赔偿之日,方才得知赔偿义务人应为各侵权方,诉讼时效自此开始计算。从立法本意角度,诉讼时效制度的立法本意在于督促权利人积极行使权利,而受损方在保险事故发生后积极向保险公司主张理赔,在确定无法获得理赔后又立即向侵权方主张损害赔偿,从未息于行使权利,不应为时效制度所否认。

另外,建设工程事故发生后,受损方的损失(主要是间接损失)并非于事故发生之时便完全固定,而是一个动态的、不断累积的过程。因此,以事故发生之日作为诉讼时效的起算点,欠缺合理性和公平性,也与实际情况不符。笔者代理的建设工程质量侵权案件,对建设单位所造成的损失至今仍在持续,从这个意义上说,对于侵权行为本身是否仍在持续,同样是一个具有争议的问题。

五、结语

建设工程质量安全,不仅事关建设工程参与主体之间的权利义务,更关系到社会公众的人身和财产安全。《民法典》第七编脱胎于原《侵权责任法》的相关规定,虽有部分修订,但仍未妥善解决侵权责任领域诸如侵权形态区分、赔偿范围认定等法律适用问题。这些问题有待于立法及司法的进一步完善,以更好地实现对受损方的救济,对社会公众生命、健康和财产权益的保护。

解析工程价款拟制结算制度的适用条件

黄天君[*]

[摘　要]　工程价款、工期和工程质量纠纷是建设工程施工合同纠纷中发生争议最多的三项事由,而工程价款结算又当属三项争议事由之首。发包人在建设工程竣工验收合格且收到承包人的结算文件后,故意拖延不予答复以达到拖欠工程款的目的,客观上损害了承包人的利益。拟制结算制度的形成,有助于督促发包人尽快履行工程款结算义务,消除纠纷。本文主要从承包人的角度,以案解析拟制结算制度适用条件。

[关键词]　工程竣工;拟制结算条件;协议变更

一、案例简介

2011年5月30日,营口A置业有限公司(以下简称"A公司")与浙江B建设集团有限公司(以下简称"B公司")就位于辽宁省营口市沿海产业基地的某小商品城第一、二、三期工程签订《建设工程协议书》(以下简称"《协议书》"),主要施工内容:第一期工程总建筑主体面积约为8.8万平方米内所有工程施工图内的土建工程、装饰装修工程、设计和现场的工程变更通知内容(不包括桩基工程和基坑支护深搅拌桩工程及地下室开挖土方工程)、签证工程及室外附属工程等,第二期、第三期等总体建筑面积约40万平方米;包工包料等。《协议书》特别约定了拟制结算条件:"结算审核时间为A公司收到B公司递交的决算书后3个月内完成,否则视B公司送审价为最终结算价。"

后因A公司要求该项目暂时停建,双方于2013年6月9日签订了一份《补

---

[*]　黄天君,上海融力天闻律师事务所合伙人。

充协议》。《补充协议》第四条对于工程款结算条件作出如下约定：按照A公司下发的工程联系单，B公司完成A公司下达的节点任务后3个工作日内，由B公司将完成的所有实际发生工程量总造价结算向A公司提出工程决算单，并附相关的结算依据，由A公司对于B公司的决算予以审核，A公司应在收到B公司提供决算后10日内委托具有造价资质的造价机构予以审核，并要求造价机构在30日内审核完成(造价机构认为需要B公司提供补充材料一次性提交，双方并跟踪配合，该审定金额双方应予以确认)。

B公司完成了节点任务后，于2013年9月25日形成《营口某小商品城1♯楼、2♯楼结算书》，并于9月26日递交A公司，该结算书中涉案工程造价为82 027 008.07元。A公司收到《营口某小商品城1♯楼、2♯楼结算书》，并未及时有效地进行答复。

2014年，B公司根据《协议书》"结算审核时间为A公司收到B公司递交的决算书后3个月内完成，否则视B公司送审价为最终结算价"约定，将A公司诉至辽宁省高级人民法院，诉请A公司向B公司支付工程款82 027 008.07元、退还保证金等。

二、本案争议焦点

本案核心争议焦点之一：《补充协议》约定的结算条件是否变更了《建设工程协议书》约定的拟制结算条款？即《协议书》约定的"结算审核时间为A公司收到B公司递交的决算书后3个月内完成，否则视B公司送审价为最终结算价"是否应当适用本案所涉工程结算价款。

三、本案裁判要旨

对于上述争议焦点，本案历经两次一审和两次上诉，两级法院对此认定均不相同。2016年3月4日，辽宁省高级人民法院作出一审判决[①]，以《补充协议》变更了《协议书》关于"结算审核时间为A公司收到B公司递交的决算书后

---

① 辽宁省高级人民法院(2014)辽民一初字第13号民事判决书。

3个月内完成,否则视 A 公司送审价为最终结算价"的约定,不应再适用《协议书》结算条件为由,判决驳回了 B 公司的全部诉讼请求。B 公司不服辽宁省高级人民法院一审判决,向最高人民法院提起上诉。2017 年 4 月 26 日,最高人民法院作出二审裁定①,裁定原判决事实不清,发回重审。2019 年 5 月 23 日,辽宁省高级人民法院依法重审后作出判决②,依然认定《补充协议》变更了《协议书》的结算条款,认为"结算审核时间为 A 公司收到 B 公司递交的决算书后 3 个月内完成,否则视 B 公司送审价为最终结算价"的约定不再适用。2019 年 8 月 15 日,B 公司不服辽宁省高级人民法院一审判决,再次向最高人民法院提起上诉。2019 年 12 月 23 日,最高人民法院作出判决,认为根据《合同法》第七十八条规定:"当事人对合同变更的内容约定不明确的,推定为未变更。"《补充协议》关于结算审核约定了"甲方应在收到乙方提供决算后 10 日内委托具有造价资质的造价机构予以审核,并要求造价机构在 30 日内审核完成",变更了《协议书》关于"结算审核时间为甲方收到乙方递交的决算书后三个月内完成"的约定,即由 A 公司自收到决算书后 3 个月内完成结算,变更为 10 日内委托审核,并要求在 30 日审核完成,但未变更关于 A 公司在收到决算书后不履行结算义务法律后果的约定,即 A 公司视 B 公司的送审价为最终结算价。一审判决认定《补充协议》变更了《协议书》的上述约定,属于认定事实错误予以纠正。至此,B 公司关于本案中仍应适用《协议书》的拟制结算条款的意见被最高人民法院采纳。

四、拟制结算制度解析

（一）拟制结算制度的确立

所谓拟制结算,是指发包人收到承包人竣工结算文件后,在约定期限内不予答复,视为认可承包人竣工结算文件,发包人应按承包人竣工结算文件的数额支付相应的工程价款。

建筑行业因为市场供给关系,承包人多数处于市场的弱势地位;同时,承包

---

① 最高人民法院(2017)最高法民终 5 号民事裁定书。
② 辽宁省高级人民法院(2017)辽民初 65 号民事判决书。

人又属于劳动密集型企业,工程款能否及时、足额结算,也涉及人数众多的建筑工人(农民工)利益。从实践中看,发包人因资金紧张等多种因素,拖欠工程款已属普遍现象。发包人往往在建设工程竣工验收合格且收到承包人的结算文件后,故意拖延不予答复,也不进行建设工程的造价审核,客观上直接损害了承包人的利益,也间接损害了建筑工人的利益。在2000年前后,发包人拖欠工程款,损害建筑工人利益已经成为社会重大问题。国务院、住房和城乡建设部等出台一系列政策文件,指导解决农民工工作问题。2004年9月29日,最高人民法院颁布《关于审理建设工程施工合同纠纷案件适用法律问题的解释》(法释〔2004〕14号,以下简称"《建设工程司法解释2004年版》"),该司法解释第二十条规定:"当事人约定,发包人收到竣工结算文件后,在约定期限内不予答复,视为认可竣工结算文件的,按照约定处理。承包人请求按照竣工结算文件结算工程价款的,应予支持。"从立法层面确立了工程款拟制结算制度。2006年4月25日,最高人民法院民事审判庭《关于发包人收到承包人竣工结算文件后,在约定期限内不予答复,是否视为认可竣工结算文件的复函》(〔2005〕民一他字第23号,以下简称"《23号复函》")规定:"适用该司法解释第二十条的前提条件是当事人之间约定了发包人收到竣工结算文件后,在约定期限内不予答复,则视为认可竣工结算文件。承包人提交的竣工结算文件可以作为工程款结算的依据。"《建设工程司法解释2004年版》和《23号复函》是最早确立拟制结算制度的法律文件。

2021年1月1日,最高人民法院《关于审理建设工程施工合同纠纷案件适用法律问题的解释(一)》(以下简称"《建设工程司法解释一》")实施,《建设工程司法解释一》第二十一条规定:"当事人约定,发包人收到竣工结算文件后,在约定期限内不予答复,视为认可竣工结算文件的,按照约定处理。承包人请求按照竣工结算文件结算工程价款的,人民法院应予支持。"该条文继承了《建设工程司法解释2004年版》的内容。

(二)拟制结算的适用条件

拟制结算制度的确立有助于督促发包人尽快履行结算义务,客观上能够适度解决工程款结算问题。但是,拟制结算制度在司法实践中的适用,也存在各种各样的难题。若对拟制结算制度适用不设置合理条件,承包人在编制结算文件时故意抬高工程结算价,致使工程结算价远远高于真实的工程造价,也将损害发包人利益。"

拟制结算制度在司法实践中如何适用？最高人民法院在本案判决中确立的法律价值和法律适用等，对于解决该类拟制结算纠纷案件具有指导意义。根据《建设工程司法解释 2004 年版》和司法裁判规则，适用拟制结算应满足以下条件：

1. 承发包人之间必须有特别约定

最高人民法院民事审判庭在《23 号复函》明确了适用该司法解释第二十条的前提条件。即"当事人之间约定了发包人收到竣工结算文件后，在约定期限内不予答复，则视为认可竣工结算文件。承包人提交的竣工结算文件可以作为工程款结算的依据。"同时，该复函还提出："建设部制定的建设工程施工合同格式文本中的通用条款第 33 条第 3 款的规定……，不能简单地推论出，双方当事人具有发包人收到竣工结算文件一定期限内不予答复，则视为认可承包人提交的竣工结算文件的一致意思表示，承包人提交的竣工结算文件不能作为工程款结算的依据。"所以，该拟制结算的有效成立的首要条件是在施工合同中双方当事人的特别约定，排除了类似通用条款中的建议性条款的默示推定成立。

本案《协议书》关于"结算审核时间为 A 公司收到 B 公司递交的决算书后 3 个月内完成，否则视 B 公司送审价为最终结算价"的约定，即为有效的特别约定，对双方均有约束力，可以作为工程款结算依据。

2. 承包人必须将完整的书面结算资料有效送达发包人

这里包含着两个条件。一是书面结算资料具有完整性。收到完整的书面结算资料是发包人审核的前提和基础，如果发包人能证明承包人提交的结算报告资料不完整导致无法审核等情况，就会对承包人使用该拟制结算产生重大障碍。二是关于书面结算资料的有效送达问题。需要注意的是，承包人将结算报告送达发包人应采用直接送达，不适用留置送达。本案例中，B 公司采取了直接向发包人送达并由发包人的项目经理亲自签收的方式，保证了送达的有效性。

3. 必须存在发包人在约定期限内不予答复的事实

发包人在约定期限内不予答复应当理解为发包人在收到结算文件后没有提出异议或回应。一般认为，只要发包人能证明在期限内提出关于结算的异议或答复的（包括发包人对结算报告进行审核工作或委托审计），则不管该异议或答复是否成立,都将不产生承包人提交的结算报告直接适用拟制结算的法律后果。本案例中,A公司就主张在收到结算报告后就组织审计公司进行了审计工作,但一方面其不能举证事实上委托了审计,另一方面其举证的审计报告的结案时间在本案起诉以后,因此,最高人民法院对A公司的抗辩理由不予采信。

五、结语

笔者作为B公司的代理人参与了案件的一审、发回重审和二审阶段诉讼活动。辽宁省高级人民法院的两次一审均认定《补充协议》变更了《协议书》的结算条款,否定了拟制结算在本案中的适用。对于承包人而言,本案的经验教训值得吸取,具有较大的现实借鉴意义。作为工程承包人,在工程实务中既要积极谈判争取到拟制结算的合同条款,也要避免在后续签订《补充协议》《会议纪要》等文件中变更或否定拟制结算条款,更要通过依靠专业人员参与,稳妥适用好拟制结算制度,充分保护合法权益,增强在建筑行业的市场竞争力。

补充协议变更支付方式与施工合同实质性变更

李 炜[*]

[摘 要] 在招投标领域禁止建设工程施工合同实质性条款变更,是为了防止当事人通过签订"阴阳合同""黑白合同",损害其他投标人的利益,破坏招投标公平的市场竞争环境。司法实践中,关于什么是建设工程施工合同的实质性内容变更、实质性内容的界定,一直是争议探讨的法律问题。民法典建设工程司法解释将"工程价款"规定为实质性内容,但对工程价款如何界定并未细化,当事人通过补充协议对于工程价款支付方式等条款变更,不一定会导致合同实质性变更。

[关键词] 工程价款;实质性变更;变更支付方式

一、案件概况

(一)案情简介

安徽蚌埠 A 安装工程集团有限公司与蚌埠 B 公司建设工程施工合同纠纷一案。2014 年 1 月 25 日,蚌埠 B 公司(以下简称"B 公司")与安徽蚌埠 A 安装工程集团有限公司(以下简称"A 公司")签订《项目合作意向协议》,协议约定:"一、工程概况 工程名称:吴湾路安置房建设工程项目……二、工程造价:本工程造价以甲方项目法人的合同约定,最终以审计为准。三、付款方式:1. 若甲方有资金对该项目进行建设投入,则按照蚌埠市招标局招标文件中的付款方式

---

[*] 李炜,上海融力天闻律师事务所合伙人,建设工程与房地专业委员会执委,上海市律师协会银行业务研究委员会委员,上海闵行区律工委民法典讲师团讲师。

进行。2.若甲方暂无资金对该项目进行建设投入,则由乙方先行垫资建设,垫资回报率参照但不超过甲方项目法人合同约定的回报率,具体由甲、乙双方另行协商等。"2014年8月1日,B公司(甲方)与A公司(乙方)就合作完成吴湾路安置房建设工作签订《吴湾路安置房建设工程总承包协议》一份。2014年8月25日,B公司通过招投标方式与A公司签订《建设工程施工合同》一份,将吴湾路安置房1#、5#～12#楼等工程发包给A公司施工,签约合同价为353 739 435元。2015年1月10日,B公司通过招投标方式与A公司签订《建设工程施工合同》一份,将吴湾路安置房2～4#楼、农贸市场及5#地下车库工程发包给A公司施工。2014年10月20日,B公司(甲方)与A公司(乙方)签订《吴湾路安置房项目〈建设工程施工合同〉补充协议》一份,就2014年10月14日经市招标局备案的吴湾路安置房项目《建设工程施工合同》(备案合同)作如下修改与补充。2015年2月21日,B公司(甲方)与A公司(乙方)又签订《吴湾路安置房项目〈建设工程施工合同〉补充协议》一份,就2015年2月15日经市招标局备案的吴湾路安置房2～4#楼、农贸市场及5#地下车库工程项目《建设工程施工合同》(备案合同)作修改和补充。

上述四份协议中,《项目合作意向协议》约定:"若甲方暂无资金对该项目进行建设投入,则由乙方先行垫资建设……"《吴湾路安置房建设工程总承包协议》约定:"乙方自愿将施工总承包中标价的3%作为项目法人服务费,在工程款拨付的同时缴纳给甲方……"案涉两份《吴湾路安置房项目〈建设工程施工合同〉补充协议》约定不执行专用条款中7.5工期延误条款。后双方因为工程款发生争议纠纷。再审申请人A公司申请再审认为,其他四份协议内容与依法备案的两份有效《建设工程施工合同》中关于工程价款、支付条件、工程期限等实质性条款相背离,应认定无效。

(二)争议焦点

本案的核心争议焦点:关于案涉建设工程施工合同及四份协议的效力如何认定?是否构成实质性内容变更?

(三)裁判要旨

安徽省高级人民法院认为:该四份协议主要涉及资金投入方式、工程款拨付方式及工期延误责任等内容,并不涉及对备案合同约定的工程范围、工程价款、工程质量、工程期限等实质性内容的变更,因此一审认定该四份协议不违反法律和行政法规的禁止性规定,应属有效协议,并不违反法律规定。

最高人民法院认为:依据相关法律规定,中标合同实质性内容包括工程范围、建设工期、工程质量、工程价款等。上述四份协议主要涉及工期延误责任、工程款支付方式等内容,A公司虽主张工程款支付方式的变更变相降低了工程价款、改变了工程期限,但A公司在与B公司签订《项目合作意向协议》时应已预见到工程款支付方式存在不确定性,双方之间支付工程款亦大部分按照《吴湾路安置房建设工程总承包协议》以及相关补充协议执行,上述四份协议并不足以构成对双方当事人权利义务内容的实质性变更。原判决认定上述四份协议系对备案合同的变更与补充,且未支持A公司以四份协议与《建设工程施工合同》实质性条款相背离为由认为四份协议无效的主张,并无不当。因上述四份协议有效,且对备案合同的资金拨付方式、违约责任等内容进行了变更,原判决未支持A公司要求B公司依照《建设工程施工合同》付款节点承担迟延付款违约责任及停窝工损失,亦无不当。

二、案例评析

本案主要争议焦点在于是否存在建设工程施工合同条款的实质性变更,在招投标领域禁止实质性条款变更,是为了防止当事人通过签订"阴阳合同""黑白合同",损害其他投标人的利益,破坏招投标公平的市场竞争环境。司法实践中,关于建设工程施工合同的实质性内容变更、实质性内容的界定,一直是争议探讨的法律问题。

(一)招投标领域实质性内容不得变更制度

招投标机制是遵循市场经济的要求,使市场主体在平等条件下公平竞争,提高效率,实现资源优化配置的一种制度。作为市场竞争的一种重要方式,招投标方式最大优点是充分体现"公开、公平、公正"的市场竞争规则。基于招投标的公信力,一旦确定中标,中标通知书对招标人和中标人具有法律效力,双方应根据招投标文件内容一致的建设工程合同,招标人与投标人不得再另行签订有违招投标实质性内容的协议,这就是实质性内容不得变更制度。实质性内容不得变更制度的设立,是为了避免虚假招投标,规范招投标领域的秩序。

《招标投标法》与最高人民法院《关于审理建设工程施工合同纠纷案件适用

法律问题的解释(一)》(法释〔2020〕25号,以下简称"《建设工程司法解释一》")对此均有明确规定。《招标投标法》第四十六条第一款规定:"招标人和中标人应当自中标通知书发出之日起三十日内,按照招标文件和中标人的投标文件订立书面合同。招标人和中标人不得再行订立背离合同实质性内容的其他协议。"《建设工程司法解释一》第二条第一款规定:"招标人和中标人另行签订的建设工程施工合同约定的工程范围、建设工期、工程质量、工程价款等实质性内容,与中标合同不一致,一方当事人请求按照中标合同确定权利义务的,人民法院应予支持。"

(二)建设工程合同实质性内容的界定

由于建设工程项目的复杂性,建设工程施工合同在履行过程中也会出现变更情况。建设工程施工合同哪些内容属于实质性内容?

《招标投标法实施条例》第五十七条第一款规定:"招标人和中标人应当依照招标投标法和本条例的规定签订书面合同,合同的标的、价款、质量、履行期限等主要条款应当与招标文件和中标人的投标文件的内容一致。招标人和中标人不得再行订立背离合同实质性内容的其他协议。"《招标投标法实施条例》规定了合同的标的、价款、质量、履行期限等主要条款是合同实质性条款。

根据《建设工程司法解释一》第二条第一款的规定,"工程范围、建设工期、工程质量、工程价款"等系建设工程施工合同约定的实质性内容。基于招投标实务的复杂性、隐蔽性,该司法解释第二条第二款规定了变相降低工程价款的实质性内容变更:"招标人和中标人在中标合同之外就明显高于市场价格购买承建房产、无偿建设住房配套设施、让利、向建设单位捐赠财物等另行签订合同,变相降低工程价款,一方当事人以该合同背离中标合同实质性内容为由请求确认无效的,人民法院应予支持。"

关于实质性内容,《民法典》规定更加广泛,第四百八十八条规定:"承诺的内容应当与要约的内容一致。受要约人对要约的内容作出实质性变更的,为新要约。有关合同标的、数量、质量、价款或者报酬、履行期限、履行地点和方式、违约责任和解决争议方法等的变更,是对要约内容的实质性变更。"《民法典》将"履行期限、履行地点和方式、违约责任和解决争议方法"均纳入实质性变更范畴,但是要约承诺阶段应是签订合同之时,合同尚未正式成立生效,而招投标后已确定了正式的合同,因此笔者认为,招投标建设工程施工合同的实质性变更并非新要约,两者情形不同,不能直接参照适用。

（三）建设工程合同变更不一定导致"实质性内容变更"

建设工程施工合同由于工程复杂,履行不确定因素较多,客观上也存在施工合同需要调整的情况,《民法典》第五百四十三条规定:"当事人协商一致,可以变更合同。"如因工程客观需要,当事人通过补充协议或另行签订合同方式,对建设工程施工合同内容进行调整变更,并不违反招投标法律、行政法规强制性规定。

《第八次全国法院民事商事审判工作会议（民事部分）纪要》第31条规定:"招标人和中标人另行签订改变工期、工程价款、工程项目性质等影响中标结果实质性内容的协议,导致合同双方当事人就实质性内容享有的权利义务发生较大变化的,应认定为变更中标合同实质性内容。"因此对于合同变更情形是否构成"实质性内容变更",除了判定变更条款是否属于实质性内容外,应考量是否导致双方当事人的原来合同权利义务发生较大变化,如发生较大变化,应构成实质性变更,如对双方权利义务影响不大,则是一般的合同变更。

《建设工程司法解释一》将"工程价款"规定为实质性内容,但对于工程价款如何界定并未细化。工程价款的变更包括工程款数额、工程价款的结算、工程价支付方式等变更,当事人通过补充协议对于工程价款支付方式等条款变更,不一定会导致合同实质性变更。

（四）本案解析

B公司与A公司之间签订《建设工程施工合同》外,双方在签订合作意向协议时已经预见付款存在不确定性,且在后续的合同履行过程中,主要按照补充协议约定方式进行支付,系对合同的变更与补充,并不构成合同实质性内容变更。虽然四份协议涉及资金投入方式、工程款拨付方式等内容变更,但最高院从最初框架协议约定的不确定性、后续合同实际履行,及对当事人权利义务影响角度,遵循当事人的意思自治,认定不构成实质性变更。

文娱、知产与反垄断

出制作成本40％,则需要向所属协会(中广联制片委员会、电视剧制作产业协会或中国网络视听节目服务协会)及中广联演员委员会进行备案说明。

2018年6月,中央宣传部、文化和旅游部、国家税务总局、国家广播电视总局、国家电影局等联合印发《通知》,要求加强对影视行业天价片酬、"阴阳合同"、偷逃税等问题的治理,控制不合理片酬,推进依法纳税,促进影视业健康发展。《通知》明确要求每部电影、电视剧、网络视听节目全部演员、嘉宾的总片酬不得超过制作总成本的40％,主要演员片酬不得超过总片酬的70％。

2018年8月10日,爱奇艺、优酷、腾讯视频三家视频网站,正午阳光等六大影视制作公司联合声明,即日起将严格执行上述规定。并特别指出平台采购和制作的所有影视剧,演员的单集片酬(含税)不得超过100万元人民币,总片酬(含税)不得超过5 000万元人民币。

二、《通知》作为内部管理规范,无权对抗《民法典》的效力和执行

《民法典》第一百四十六条规定:"行为人与相对人以虚假的意思表示实施的民事法律行为无效。以虚假的意思表示隐藏的民事法律行为的效力,依照有关法律规定处理。"第一百五十三条规定:"违反法律、行政法规的强制性规定的民事法律行为无效。但是,该强制性规定不导致该民事法律行为无效的除外。违背公序良俗的民事法律行为无效。"第一百五十四条规定:"行为人与相对人恶意串通,损害他人合法权益的民事法律行为无效。"第五百零五条规定:"当事人超越经营范围订立的合同的效力,应当依照本法第一编第六章第三节和本编的有关规定确定,不得仅以超越经营范围确认合同无效。"第五百零八条规定:"本编对合同的效力没有规定的,适用本法第一编第六章的有关规定。"

即便是中央宣传部、文化和旅游部、国家税务总局、国家广播电视总局、国家电影局等联合印发《通知》,性质上仅属于部门规范性文件,连行政规章都不算,更何况其上位法还有行政法规、法律。

因此,该《通知》无法对抗最高国家权力机关全国人民代表大会通过的《民法典》。合同双方作为平等的民事主体,经过充分协商达成合意,属于双方真实的意思表示,对双方均有严格的约束力,任何一方均不得以合同与某一行政部门的规范性文件冲突,而要求单方变更合同。而行业协会等自治组织的意见,

更是对民事主体没有任何的法律约束力。

三、"限酬令"是否属于《民法典》规定的不可抗力

《民法典》第一百八十条规定:"不可抗力,是指不能预见、不能避免并不能克服的客观情况。"

民法理论上认为,构成不可抗力需要具备三个条件:不能预见,即对事件的发生不可预见。不能避免,即使当事人预见到了该事件的发生,但是也无法制止其发生。不能克服,即对于已经发生的事件,当事人无法通过自己的努力消除或减弱该事件的负面影响。

综合《关于电视剧网络剧制作成本配置比例的意见》的发布单位的性质来看,其均为非营利性的行业自治组织,其发布的意见,不具备法律约束力。但结合2018年6月,中央宣传部、文化和旅游部、国家税务总局、国家广播电视总局、国家电影局等联合印发《通知》,以及2018年8月10日,爱奇艺、优酷、腾讯视频三家视频网站、正午阳光等六大影视制作公司联合声明,作为一个普通的行业从业者,基于常识,基本有理由认为一部违反上述意见、通知、声明的影视剧,在申请公映许可证、播出许可证等行政审批层面,会存在较大的障碍和阻力,大概率无法实现影视剧的获审、发行或播出的目的。

但在落实到具体个人,作为制片方或出品方,举证证明"限酬令"属于"不可抗力",恐怕仍然面临诸多考验,出品方和制片方面临十分严苛的举证责任。诸如:(一)《演员聘用合同》是否明确约定,国家广播电视行政主管部门或其他行政主管部门发布的行政、明令、通知、公告等属于不可抗力范畴。不可抗力一般只包括自然原因引起的自然现象,如火灾、旱灾、地震、风灾、大雪、山崩等;或者由社会原因引起的社会现象,如战争、动乱、政府干预、罢工、禁运等极端情况,即使政府干预勉强可以入列,抽象的具体行政行为是否属于不可抗力,也存在非常大的不确定性。(二)相关部门和行业协会发布的通知,无论是其合法性还是其稳定性,均值得商榷,确实如某经纪人说"一阵风"的可能性较大。尤其是我国的各种"令"素来以"据传""网传""电视台内部消息""网络平台内部消息"等非公开或无书面形式的"你懂我懂大家懂"的方式对行业产生直接作用。(三)"限酬令"具体执行存在较大空间的情况。

在原告浙江 A 文化传播有限公司与被告南京 B 影视投资管理有限公司（以下简称"B 公司"）著作权转让合同纠纷案中，B 公司以《欢乐元帅》首轮未在合同约定的十家卫视黄金档播出的主要原因是当时国家广电总局颁布了限娱令、限广令等政策，属于合同中约定的不可抗力作为抗辩理由，南京市中级人民法院以 B 公司并没有举证证明国家广电总局颁布的相关政策必然导致该电视剧不能在相关的卫视黄金档播出这一后果，判令 B 公司败诉。[1]

在原告杭州 C 数字电视有限公司与被告海宁 D 影视传媒有限公司（以下简称"D 公司"）著作权合同纠纷案中，D 公司抗辩声称，电视剧在发行过程中遭遇到国家政策、人事变动等不可抗力的影响，使得电视剧的发行暂时停顿，杭州市萧山区人民法院以 D 公司提供的"网传限韩令名单"系打印件，不符合证据的法定形式，最终判决 D 公司败诉。[2]

四、制片方或出品方可否基于"限酬令"要求艺人"降酬"

我国《民法典》第五百九十条规定："当事人一方因不可抗力不能履行合同的，根据不可抗力的影响，部分或者全部免除责任，但是法律另有规定的除外。因不可抗力不能履行合同的，应当及时通知对方，以减轻可能给对方造成的损失，并应当在合理期限内提供证明。当事人迟延履行后发生不可抗力的，不免除其违约责任。"《民法典》第五百六十三条规定："有下列情形之一的，当事人可以解除合同：（一）因不可抗力致使不能实现合同目的；……"

笔者认为，《演员聘用合同》签署在"限酬令"颁布之前，因"限酬令"导致制片方或出品方、演员对在事先约定的片酬有争议，如果艺人坚持按照原《演员聘用合同》约定的片酬标准从而违背了"限酬令"，确有可能导致影视剧无法获得行政审批，或获得行政审批后无法发行播出，制片方或出品方的合同目的或基于"限酬令"无法实现，要求"降酬"，演员若拒绝"降酬"，制片方或出品方可以合同目的无法实现，要求解除《演员聘用合同》，并据此免责。

而演员基于《演员聘用合同》约定片酬的腰斩，基本丧失合同签署之初的合

---

[1] 江苏省南京市中级人民法院(2013)宁知民初字第 174 号民事判决书。
[2] 浙江省杭州市萧山区人民法院 (2016)浙 0109 民初 4752 号民事判决书。

意,高额的片酬目的无法实现,如果要求继续维持原片酬,在制片方拒绝维持原片酬的情形下,也可以基于《民法典》第五百六十三条规定的"因不可抗力致使不能实现合同目的"、以"合同目的无法实现""在履行期限届满之前,当事人一方明确表示或者以自己的行为表明不履行主要债务""当事人一方迟延履行主要债务,经催告后在合理期限内仍未履行""当事人一方迟延履行债务或者有其他违约行为致使不能实现合同目的"的法定事由,来要求解除《演员聘用合同》,当然,在此情形下,制片方或出品方也可以以"不可抗力"为由免责。

因此,制片方或出品方单方基于"限酬令"要求艺人接受"降酬"并继续要求演员履行《演员聘用合同》,是缺乏法律依据的。

五、制片方或出品方可否基于"限酬令"要求艺人退还"片酬"

在艺人已经履行完成或基本履行《演员聘用合同》的情形下,制片方或出品方能否以"限酬令"的发布,导致影视剧的送审或发行存在无法过审或无法顺利发行、播出风险,要求艺人退还部分"片酬",以实现影视剧符合"限酬令"的标准?

虽然该等情形尚无具体的案例,笔者也相信即使存在类似的情形,制片方或出品方、演员应该有充分的智慧可以协调解决。但一旦涉及具体案例,笔者认为制片方或出品方无法追讨"超标"的"片酬"。

在上海E影视文化工作室、E与F电商(上海)有限公司广告合同纠纷案中,上海市第二中级人民法院首先认定了"国家新闻出版广电总局办公厅于2014年9月28日发布的《关于加强有关广播电视节目、影视剧和网络视听节目制作传播管理的通知》,因本案影片男主演嫖娼被处行政拘留导致主管部门暂不允许影片发行,该事件属于不可抗力事件"。

其次,主审法官认为,履行相对人已经按约履行其合同义务,影片上映并非其所承诺履行的合同义务。在合同双方没有明确约定或事后达成一致意见的情况下,主张不可抗力的一方以案涉影片未获上映为由,主张解除双方已实际付诸履行的合同并要求返还已付合同价款,缺乏事实和法律依据,依法属于其应承担的商业风险。[①]

[①] 上海市第二中级人民法院(2018)沪02民终1557号民事判决书。

六、结语

在影视产业链条里,艺人的片酬被降低了,意味着制片方或出品方的投资风险降低了,但相比而言,基于大咖艺人的加持,影视发行收益却一如既往,不一定会降低,那"限酬令"政策的执行导致利益受损的貌似只有艺人、演员,那制片方或出品方是否应该考虑艺人或演员的利益补偿?

对双方来说,如何应对"限酬令",从制片方或出品方的角度,笔者认为可以采取以下措施:

第一,针对尚未启动的项目,在商务谈判时积极与演员、经纪公司沟通,把控主要演员的薪酬控制在"限酬令"的最高数额范围内;

第二,针对尚未启动的项目,在《演员聘用合同》中,载明"国家广播电视行政主管部门或其他相关部门发布的行政法规、命令、通知、公告、会议纪要或通过播出平台、电视剧或其他权威媒体可获知的行业禁令、限令等属于不可抗力,一旦不可抗力的内容与合同约定的内容相冲突或导致任何一方的合同目的基本无法实现,双方应另行协商约定内容的执行",并在合同中明确约定协商的规则;

第三,针对正在拍摄的项目,与演员充分友好沟通,将高出"限酬令"标准的片酬,转化成为项目的投资款,兑现在"项目收益"比例中,或通过其他双方均可以接受的方案,在项目层面,与演员实现互利共赢;

第四,针对已经拍摄完成的项目,充分利用"限酬令"的规则。《通知》并非滴水不漏,不近人情,通知载明"如果演员总片酬超出制作成本40%,则需要向所属协会(中广联制片委员会、电视剧制作产业协会或中国网络视听节目服务协会)及中广联演员委员会进行备案说明"。那已经拍摄完成的项目,制片方或出品方应基于该内容,积极向所属协会(中广联制片委员会、电视剧制作产业协会或中国网络视听节目服务协会)及中广联演员委员会等协会提交备案说明,以获得行业协会通融。

诚然,笔者认为"限酬令"的出台和执行,初衷是为了优化影视剧片酬结构和制作成本结构,但不可否认的是,它也是行政管理或行业管理组织不尊重行业发展市场规律的表现,不合理的市场价格恰恰应该交给市场去调节。而且笔者发现,"限酬令"执行后,在层出不穷的"演员拒绝降酬"的"限酬令"运动中,演员和制片方或出品方都是受害者,一旦谈崩,制片方或出品方也无法从中获利。

那么,演员和制片方或出品方在此背景下,应站在彼此的利益视角,换位思考,充分协商,最大程度实现共赢,而非单方的"降酬"或"解约",更不是高举道德大棒,肆意扣以"顶风作案""挑战限薪令""漫天要价"的高帽,否则,这个行业永远不会回归到健康绿色的发展轨道。

试论短视频侵权传播过程中相关电信服务商的责任问题

孙黎卿　王宇扬[*]

[摘　要]　在短视频著作权侵权链条中,基础电信运营商、存储服务及CDN分发网络服务提供者并非一概不承担侵权责任。应当依据其与短视频平台的特定商业关系,或依其提供服务的业务模式(IaaS、PaaS、SaaS等),综合判断其对短视频平台侵权内容的控制能力,并据此赋予其一定的注意义务。而在短视频平台被认定构成侵权时,独立的存储服务商及CDN运营商也应至少连带承担"停止侵权"的法律责任。

[关键词]　著作权;产业利益;科技创新;利益平衡

近年来,短视频行业发展迅猛,然其面临的版权侵权问题日益严峻。在长视频平台采取一系列版权维权行动的同时,短视频平台侵权责任的认定也愈发成为学界争议焦点。然而,现有研究中,绝大多数讨论均着眼于作为"信息存储服务提供者"的短视频平台本身,极少将视野拓展至短视频侵权链条中其他"默默无闻"的网络服务提供者。

在短视频侵权纠纷实务中,我们常常发现传统的信网权侵权法律关系中"闯入"了其他身份不明的角色,这些主体的法律地位模糊不清。其中最典型的便是短视频网站和APP运营平台之外的其他互联网基础设施服务商,包括但不限于短视频平台本身的关联实体、独立第三方经营的存储服务或新型传输服务。若无法厘清这类主体的法律地位,将不利于权利人在展开维权诉讼时正确

---

[*] 孙黎卿,上海融力天闻律师事务所高级合伙人、律师、知识产权团队总负责人,全国律师协会知识产权专业委员会委员,原上海天闻律师事务所创办人之一。王宇扬,融力天闻游戏电竞法律中心成员,上海市电子竞技运动协会法律工作委员会成员。

列明共同被告,并基于不同主体提出恰当的诉讼请求,妥善行使诉讼权利。

因而,本文将转变研究思路,着重探讨短视频侵权纠纷中的新角色——云存储(数据中心)服务商以及 CDN(内容分发网络)服务商的法律地位和责任承担问题。

一、方法论:网络服务提供者的帮助侵权责任体系——以注意义务为基础的过错责任

著作权帮助侵权成立的前提条件,是网络服务提供者至少对侵权行为处于"明知"或"应知"状态,此种主观上"知晓"状态,是判断网络服务提供者侵权责任的重要标准,故而否定了其承担无过错责任的可能性——该项规范即鼎鼎有名的"避风港原则"。[①]

(一)"避风港原则"的具体规范

"避风港原则"确立了一系列具体规则,用于将前述网络服务提供者的主观"知晓"状态外化为客观特征,以便司法实践中展开事实认定。其确立的规则包括:

网络服务提供者侵权责任免责规则

法律法规	条　款	网络服务类型	免责规则
《民法典》 (一般条款)	1194—1197	通用	"通知-必要措施"
《信息网络传播权 保护条例》 (特别条款)	14 之一、15、22、23	信息存储空间	"通知-删除"
	14 之二、15、22、23	搜索、链接	
	20	自动接入、传输	直接免责
	21	自动存储	
《电子商务法》 (特别条款)	42	电子商务平台	"通知-必要措施 (删除、终止交易等)"

---

① 王迁:《〈信息网络传播权保护条例〉中"避风港"规则的效力》,《法学》2010 年第 6 期。

第一,一般规则,即"通知-必要措施(删除)"规则。当权利人向网络服务提供者发出符合法定要求的书面通知,例外地使服务商对侵权内容由"不知晓"转变为"知晓"状态时,若服务商怠于采取必要措施,应承担相应侵权责任。必要措施的具体内容依服务商类型的不同而有所区别。

其中,《信息网络传播权保护条例》(以下简称"《条例》")规定的以下两类"有名网络服务提供者"均适用传统的"通知-删除"规则:其一,信息存储空间服务;一般指在线网盘、图片在线浏览、视频在线点播等服务商向用户提供资源上传入口并构建资源分享平台,用以交互式传播各类资源。其二,搜索、链接服务;一般指搜索引擎、以深度链接为基础的资源聚合服务平台等。

第二,例外规则,"红旗标准"和"超越红旗标准"。若服务商提供服务中的侵权内容十分明显,以至于任何理性人都能发现和知晓;或其商业模式本身大概率引发或诱发侵权,例外地提高了平台注意义务,而平台未尽到与其商业模式相匹配的注意义务之程度,则排除"避风港原则"的适用。[1]

第三,可以部分免责的情形。若服务商对侵权内容本身无法控制,或无法具体定位侵权内容,进而不具备"知晓"的可能性,也不具备在收到侵权通知后制止侵权的可能性,此时不可能适用前述三种规则,应当直接认定其不承担侵权责任。其中,《条例》规定的以下两类"有名网络服务提供者"适用该免责情形:

1. 自动接入、传输服务。这是学界和实务中常发生混淆的概念。这一概念中的"接入"及"传输"应当仅限于国家基础电信运营商提供的网络接入服务,特指互联网络数据互通的公用基础设施,排除了网络接入基础之上对特定业务的其他服务,重在"自动",即排除人为干预和选择传输内容的可能性。

2. 自动存储(为提高网络传输效率的缓存)服务。所谓"自动存储",实务中常以"缓存"代称,这种缓存应当理解为国家级电信运营商或二级运营商为节省跨运营商间骨干网传输压力或费用,而构建的"非基于商业合作关系"的缓存服务,尤其应当与商业 CDN 缓存服务相区别(下文将重点阐述)。

(二)侵权责任的评价基础:侵权内容的控制能力及注意义务理论

我们发现,前述规则并非孤立存在,而事实上基于同一套评价体系,即以对

---

[1] 王迁:《视频分享网站著作权侵权问题再研究》,《法商研究》2010 年第 1 期。

对内容的控制程度	注意义务	对应规则
对侵权内容能够精准定位	最高	红旗标准
	高	超越红旗标准
	人为制造和提高	"通知-必要措施"
不能控制	无	直接免责

网络服务提供者注意义务来源

侵权内容的控制能力和注意义务为基础的过错责任评价体系,这一体系通常分两步走:

首先是注意义务的前提,即网络服务提供者对侵权内容本身具有识别、定位和控制能力;在网络服务提供者对内容具有控制能力的基础之上,再根据其对侵权内容"明知"或"应知"的现实可能性确立"合理注意义务"。在无权利人通知之情形,平台对侵权内容识别可能性越高,其注意义务越高,在怠于履行注意义务的情形下,越可能成立帮助侵权,且承担的侵权责任也越重。在有权利人通知之情形,人为制造了平台对侵权行为的"知晓"状态,因此例外地给平台附加注意义务。

将"注意义务"作为侵权主观认知的衡量尺度[1],其价值在于探讨《条例》未列明的其他网络服务提供者的侵权责任认定问题。在认定《条例》规定的四类

---

[1] 易健雄:《从〈斗罗大陆〉行为保全案看"通知-删除规则"的法律适用——兼与曹伟先生商榷》,https://mp.weixin.qq.com/s/TAWKtwcf7kVtypUxVDMNtA,2021年7月14日。

"有名网络服务提供者"之责任时,《条例》已作详尽规定。但对于法律地位不明的服务,既有规则就显得捉襟见肘了——这也是本文将"存储服务商"和"CDN 网络服务商"作为研究对象的真正难点。

服务层级	服务	《条例》规定的"有名网络服务提供者"
	终端数据信息	用 户
应用软件	软件服务(包括 APP、网页)	信息存储空间服务、搜索、链接服务
基础软件环境	中间件 & 运行库	—
	数据库	
	操作系统	
基础设施	服务器/虚拟化 存储 计算机网络 机房基础设施	—
互联网接入	BGP 线路接入、IP 分配等	自动接入、自动传输、自动缓存服务

二、短视频平台侵权链中基础设施运营商的注意义务

诚然,于法律条文直接规定几类主要的网络服务提供者责任,能够降低司法实践中对主体类别进行认定的难度;但事实上,这种法律上的分类早已和当前互联网经济的运行模式"脱轨"。如下表所示,大众所熟知的"信息存储空间服务""搜索链接服务""自动接入、传输、存储"服务分别位于互联网业务服务层级的顶层和底端,然处于中间地带的大量服务商的法律地位和责任认定问题并无特别条款可循。

（一）现行法中网络服务提供者分类方法的弊端

事实上，《条例》的分类方法将一项完整的互联网服务依据服务层级予以单独割裂，其隐含了两种方向上假定：

第一，位于应用软件层级的服务必然不控制更低层级的服务内容，或者说更低层的服务必然是由其他非关联实体提供，进而直接得出"基础设施服务商"无注意义务的结论。

第二，经营互联网接入的基础设施供应商必然不会往更高层级的业务方向拓展，或者说其对高层级服务商提供的基础设施服务仅限于"酒店式公寓出租"的水平，将基础设施打包出售/出租后即不再控制其用途。[①]

这种假定，事实上导致了殊途同归的后果，即本文副标题所指的"基础设施服务提供者"免责适用的泛化倾向。这种错误认知，使人们先验地认为，可能因注意义务之违反承担侵权责任的实体仅限于"应用软件"层级的经营者、平台内容的管理者；而一旦涉及与"基础设施"一词稍稍沾边的主体，如服务器、硬盘、缓存服务，则猜测其大概率无法控制侵权内容，将其归为类似于网络接入的底层服务范畴，免除其在任何条件下的侵权责任。事实上，这种"和稀泥"式的归纳并不符合《条例》本身的含义，也未必跟得上互联网行业的发展潮流。

（二）云服务分类模型下：各层级服务商对侵权内容的控制能力和注意义务

一项完整的互联网服务通常包含"应用软件""基础软件环境（开发、运行环境）""基础设施"及"互联网接入"四个层级。从零起步搭建一个面向应用软件层级的服务，就好比建房子一般，从地基到逐层堆砌——顶层的网络服务本身必然建立在其他低层级服务之上。但网络服务提供者既可以从零造房，自己控制一切，也可以直接购买现成的"房子"。

根据服务商和客户对服务层级的控制水平，可以将当前互联网服务模式分类为：本地部署、IaaS、PaaS、SaaS 四种模式，在此四种模式下，服务商和客户对顶层业务控制能力的变化具有显著规律，因而这种分类方式对于网络服务提供者"控制能力"和"注意义务"的判断具有重要参考价值。

[①] 凤凰科技网：《用户侵权背后，云服务商的责任边界究竟有多大？》，https://tech.ifeng.com/a/20170603/44629934_0.shtml，2017 年 6 月 3 日，文中王迁将云服务供应商比喻为酒店式公寓的管理者。

本地部署及云服务业务模式 IaaS、PaaS、SaaS 的控制层级级别

服务层级	服务	On-premise（本地部署）	IaaS（基础设施即服务）	PaaS（平台即服务）	SaaS（软件即服务）	对应行业业务层级
应用软件	终端数据信息	客户自己或客户的终端用户控制				用户自行上传的视频、分享的文字
	软件服务（包括APP、网页）				服务商控制（提供）	封装完毕（"开箱即用"）的短视频APP、网站
基础软件环境	中间件&运行库	"客户"控制（自己即服务商，自己或通过关联实体控制一切）	客户控制	客户控制		IIS、Apache、Nginx、PHP等服务器软件
	数据库					MySQL等视频数据库、用户信息数据库
	操作系统			服务商控制（提供）		Windows Server、Linux等操作系统
基础设施	服务器/虚拟化		服务商控制（提供）			"裸金属"、KVM/OpenVZ等虚拟化架构
	存储					高速SSD、机械硬盘等
	计算机网络					路由、交换机等
	机房基础设施					厂房、空调、冷却设备等
互联网接入	BGP线路接入、IP分配等	中国电信、联通、移动等国家基础电信运营商				光纤理线接入、地市级、省级国家级汇聚

166

1."本地部署"模式下的网络服务提供者

在云服务的商业模式兴起前,传统互联网企业通常在基础设施建设、开发运维环境和终端应用软件等近乎一切环节"自掏腰包",即本地部署(on-premise)的模式。以本文讨论的短视频在线点播服务为例,这种模式意味着:处在应用软件层级的短视频平台事实上也掌控着其业务赖以正常运行的基础设施的控制权——无论是自己控制抑或是通过其关联实体控制。

进一步,不同层级的网络服务提供者事实上可以形成跨服务层级的"经营共同体",在这种经营关系之下,即便是位于顶层的业务端侵权行为,基础设施层级的服务商也有可能依两者紧密的商业合作关系或经营主体的同一性,对前述侵权行为处于知悉状态;此时我们便不能一概认为基础设施服务商一定免于承担网络服务提供者的帮助侵权责任。

2."基础设施即服务"模式下的网络服务提供者

在前文介绍的本地部署模式下,"一切从零开始"意味着极高的前期成本。随着云技术的兴起,云计算托管这一特殊的网络服务类型应运而生——云服务提供者通过自建或租用数据中心机房和硬件设备,并将这些硬件资源虚拟化、集中化管理,打包成"可按需配置"的弹性云计算资源,供处于不同发展阶段、商业需求动态变化的互联网企业使用。例如,云服务商可以将一台搭载64核CPU、256G内存、128T高速SSD的物理机划分为8台8核CPU、32G内存、64T限速云存储的虚拟化主机(VPS);甚至根据客户需要,可以随时调整配置,按量计费。互联网初创企业通常很乐意寻求云服务商的现成弹性资源,这意味着他们能够在早期享受基础设施规模经济(Economy of Scale)的优势,大幅降低经营成本。而这便是一种典型的IaaS(Infrastructure-as-a-Service,基础设施即服务)模式。

在这种模式下,各层级网络服务开始朝着社会化分工的方向迈步。顶层的网络服务经营实体与底层基础设施供应商分立经营,前者以对基础设施的控制权为代价换取规模经济优势;而后者则只专心负责基础设施的运维和SLA保证,对于顶层应用软件无权过问,充分尊重其客户的经营自主权。这种商业模式决定了云服务供应商在面向商业客户出租或出售硬件资源时,其仅对资源本身的"供给"和"分配"享有控制权,但不能干涉客户最终的实际用途,除非非法突破其客户依租赁关系对计算机物理设备享有的管理权限。在此前的"云服务器"第一案中,阿里云为私服游戏运营商提供的云服务,便完全符合前述商业形态。

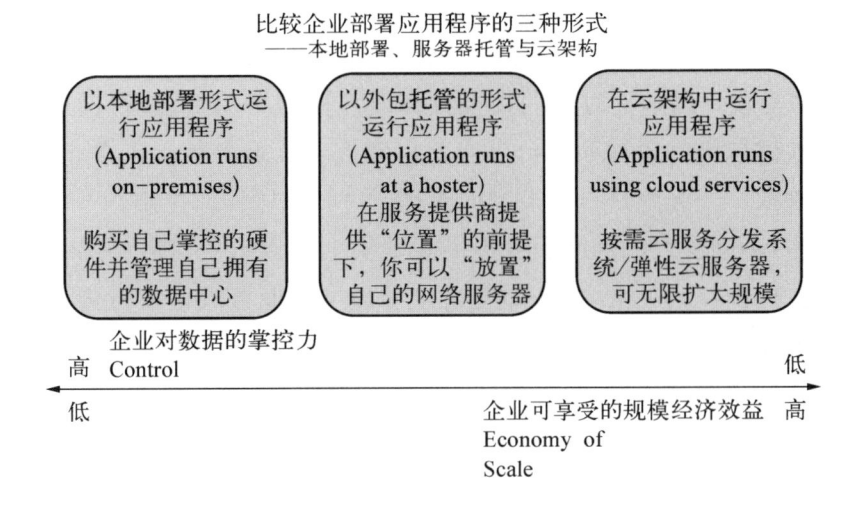

比较企业部署应用程序的三种形式
——本地部署、服务器托管与云架构

| 以本地部署形式运行应用程序 (Application runs on-premises) 购买自己掌控的硬件并管理自己拥有的数据中心 | 以外包托管的形式运行应用程序 (Application runs at a hoster) 在服务提供商提供"位置"的前提下,你可以"放置"自己的网络服务器 | 在云架构中运行应用程序 (Application runs using cloud services) 按需云服务分发系统/弹性云服务器,可无限扩大规模 |

企业对数据的掌控力
高 Control 低

低 企业可享受的规模经济效益 高
Economy of Scale

3."平台即服务"模式下的网络服务提供者

进一步,在云技术的背景下,各基础设施运营商尤其是云服务商,正逐渐将业务拓展至 PaaS(Platform-as-a-Service,平台即服务)领域。如腾讯云、阿里云、微软 Azure 等,这些主体不甘于只做硬件资源的零售商,而逐渐开始在现有基础设施之上,构建、封装"开箱即用"的基础软件环境或功能模块,甚至直接提供特定应用软件的一部分功能,它们通常以 API 接口的形式提供服务。最典型的便是直接将云计算资源封装成现成的功能,如"自动翻译""图像识别""文字转语音引擎库""对象存储"接口,服务商可以直接利用这些接口,将 API 供应商的功能模块植入自己的应用软件(如 APP、网站等)中,或者将自己应用软件的某些核心部分搭建在 PaaS 平台服务之上。

这种服务模式令基础设施供应商也可以通过将硬件资源转化为软件服务的形式,与顶层应用软件供应商建立更加紧密的商业合作关系,甚至直接参与应用软件层级某项功能乃至核心功能的开发中。这也意味着,基础设施服务提供商可以以 PaaS 的形式间接参与顶层业务软件的经营,即便其不掌握决定权,但也至少对顶层经营平台的业务模式或可能的侵权行为产生一定的认知可能性。

如司法实践中近期的典型案例——"微信小程序"第一案,微信开放平台提供了与微信业务本身紧密相连的 API 功能,使得软件开发者得以将自己的 APP 或网站封装成小程序"寄生"在庞大的微信生态圈之中,获得广泛的流量收益和商业机会。① 该案中,一些学者将"微信小程序"笼统地比作电信、联通等提供的互联网接入服务,笔者不敢苟同。事实上,小程序的开发依托的是"微信开放平台",其提供的 API 接口完全可以实现应用软件级别的模块化功能,例如用户登录验证、消息推送甚至是云存储、云上开发平台等,故而根据其客户的具体用途,微信本身存在多重身份,其对客户服务内容或功能模块的控制能力也须分情况具体讨论。

4. "软件即服务"模式下的网络服务提供者

对于终端用户来说,普通消费者享受的绝大多数互联网服务均属于应用软件层级,例如直接下载使用手机 APP、访问网站,即可使用各类互联网服务。这种服务模式被称为 SaaS(Software-as-a-Service,软件即服务)。② 直接面向终端用户的网络服务提供者管理着用户的一切,对用户数据享有识别和控制能力,因此最有可能知晓其用户实施的侵权行为,故应根据《条例》负担较重的注意义务。

唯须注意,本文探讨的"存储服务"完全不同于条例中的"信息存储空间服务"。"信息存储空间服务"描述的便是一种直接面向终端消费者的 SaaS 经营模式,而本文讨论的"存储服务"属于 IaaS 或 PaaS 的范畴,其对应的服务形态即众所周知的高速 SSD、机械硬盘或半产品化的虚拟存储接口、对象存储等。③

(三)小结:短视频侵权链条中基础设施服务提供者承担帮助侵权责任的三种情形

本章耗费大量篇幅阐述互联网服务模式的变迁,是为了将现行法对网络服务提供者的帮助侵权责任认定方法论顺利嫁接至现实中的互联网服务形态,进而,即使面对《条例》中未列明的其他网络服务提供者,也不至于对这些服务商的角色地位产生错误判断。尤其是如前文所述,《条例》对于"网络自动接入服务提供者"的分类,常导致实务界错误地对免责条款作目的论扩张解释,将一切涉及基础设施建设的网络服务提供者笼统地涵盖其中。

通过上文提及的云服务业务模型,基础设施服务提供者"例外地"承担帮助侵权责任至少有以下三种情形,此三种情形均基于共同的原因:因某些原因对短视频业务层级的控制能力提高,或对侵权内容的知晓可能性提高。

---

① 唐塞潇:《微信小程序侵权案件:规则适用困境及解决路径》,《中国出版》2020 年第 9 期。
② 向坚持、陈晓红:《SaaS 模式的中小企业客户关系管理研究》,《计算机工程与应用》2009 年第 19 期。
③ 罗军舟等:《云计算:体系架构与关键技术》,《通信学报》2011 年第 7 期。

1. "本地部署"模式下短视频平台与"基础设施服务"经营实体同一

前文我们曾介绍早期互联网企业的经营模式——本地部署。但实际上,即便在云服务取得统治地位后,逐渐发展壮大的企业在享受云服务规模效应的同时,反而开始"返璞归真",寻求建设自有基础设施,尽可能消弭核心终端产品对第三方商业服务的过分依赖。

当前主流的几家短视频平台在多年的蓬勃发展下,其中许多已成"互联网巨头",为了满足自有市场庞大的互联网访问需求,他们开始投入大量资金在全国各地部署基础设施,如在全国各地布局自建数据中心(IDC 机房)等。由于基础设施运维业务本身与短视频业务联系并不紧密,许多短视频平台一般将前者分立出去,单独成立业务部门或经营实体。在此情形下,虽然后者系网络基础设施服务提供者,但由于经营实体的同一性或关联性,有可能例外地承继本应由短视频平台单独承担的侵权责任;这种帮助侵权责任是基于经营实体的业务协作和分工,而非来源于著作权法上的注意义务理论;或者说因前述业务协作关系而提高了其注意义务。

2. "IaaS"模式下"基础设施服务"与短视频平台具有紧密的商业合作关系

即便基础设施服务提供者与短视频平台本身并非同一经营实体或不具有关联关系,其也可能基于紧密商业合作关系对短视频平台的经营模式具备一定认识。

短视频业务通常体量庞大,在基础设施资源的合作层面,不太可能走面向普通消费者的零售渠道,而一般走大客户渠道。基础设施服务提供者与高层级业务经营者之间的特别协作关系可能令前者对后者业务的具体细节处于"知晓"状态。因而,在"超越红旗标准"规则下,倘若短视频平台提供的特定在线点播服务形态本身大概率诱发侵权,甚至侵权行为显著或十分严重,则基础设施服务商便极可能基于商业合作口径了解情况。此时,在认定短视频平台应承担帮助侵权责任的同时,基础设施供应商若违反注意义务,也有承担相应责任的可能。

实务中,权利人常通过视频流量抓包等手段,发现短视频平台的视频资源系建立在中国电信、联通、移动等基础电信运营商提供的数据中心之上。此时,万万不可仅依据其"基础电信运营商"的身份,便直接将其归为绝对免责的"网络自动接入、传输、存储服务"的范畴。现实中,中国电信、联通和移动早已部署成熟的云服务商业平台(分别称：天翼云、沃云、移动云)，这些平台中亦不乏应用软件级别的功能接口，可由顶层的应用软件经营者直接调用。因而，在某些特定业务中，基础电信运营商除了提供网络接入服务，甚至有可能直接参与应用软件业务端的运营，那么在此个案中便有可能被认定为"信息存储空间服务"的合作经营实体，这种双重身份得以使其被例外地附加注意义务。

3. "PaaS"或"SaaS"模式下"基础设施服务"实现对短视频平台的业务渗透

在通常认知中，存储服务一定位于"基础设施"层级，毕竟运输商提供的是一块块通电的硬盘存储介质，这种服务层级基础到不能再"基础"了。但转念一想，"信息存储空间服务"这一概念，其中也包含着"存储"一词，为何前者是基础设施，后者却变成了应用软件层级的服务呢？事实上，我们依然可以套用IaaS、SaaS和PaaS层级的特点，来解释不同存储产品的区别。

在IaaS领域，服务商提供的是一块现实存在的硬盘介质或一系列磁盘阵列，这种存储空间事实上没有被产品化，存储空间的用途完全掌握在客户手中。

在SaaS级别，应用软件层级的存储服务事实上通常面向终端消费者，其用途一般被严格限定。但不能据此认为SaaS模式仅适用于终端消费者——底层存储服务商完全可以面向商业短视频运营者提供专门用于存储短视频数据的应用软件级服务，从而实现对顶层业务更高程度的控制。当然，这是极为特殊的情形。

随着云服务商对存储功能控制层级的逐渐提高，我们发现在PaaS领域，云存储功能还有一种特殊形态——对象存储(Cloud Object Storage)。对象存储是一种软件开发环境层级的应用，其物理实体依旧是建立在IaaS服务之上的；但对于对象存储PaaS模式面向的客户而言，客户面对的不再是一块物理设备，而是一个半产品化的分布式存储平台，客户可以通过云服务商对象存储控制面板提供的API接口直接存储和检索数据，平台甚至可以在存储服务之上直接建立其他业务层级的增值服务。因而这种对象存储服务具备了平台化、模块化的特征。例如，平台可以打造建立在对象存储之上的短视频云端转码功能，此时对象存储内的短视频数据便以Bucket的形式被实时调用。①

对象存储和CDN经营者利用封装化的功能实现了对顶层应用软件的控制

---

① 罗莎等：《对象存储研究综述》，《新型工业化》2012年第11期。

能力,这种控制能力比普通硬件供应商高得多。例如,当前云服务商的 CDN 产品中,甚至实现了对 CDN 加速资源的内容合规诊断等功能,而这些功能的存在分明意味着服务商对用户终端数据具备较强的控制能力,甚至达到了与"信息存储空间服务提供者"相近的程度。那么此时,这种存储服务或 CDN 加速服务便可能实现了对应用软件层级功能或业务的渗透,而这种渗透能力事实上完全颠覆了传统基础设施服务商对顶层业务羸弱的控制水平,因此极有可能给平台附加额外的注意义务,亦可能导致基础设施服务提供者与短视频平台共同承担帮助侵权责任。

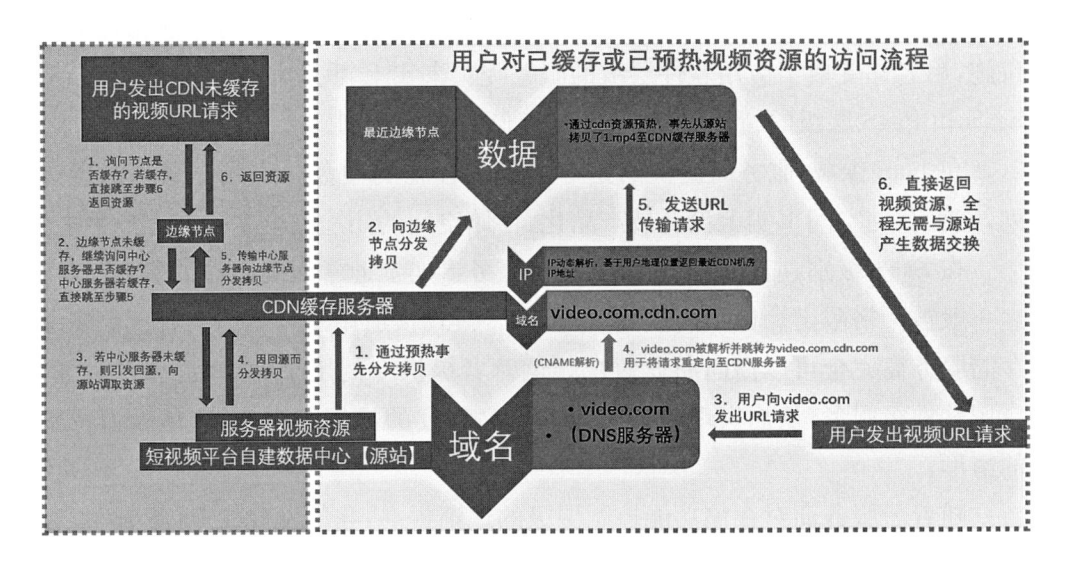

三、短视频侵权链条中"停止侵权"责任承担主体的扩张:存储服务及 CDN 服务

除了前一章所述的基础设施服务提供者基于注意义务变化而产生的侵权责任承担可能性,在帮助侵权法律关系中,被侵权人最常见的"停止侵权"请求权对应的法律责任承担主体,亦可能由短视频平台本身拓展至下游存储服务或 CDN 服务供应商。

(一) CDN 服务的正确定位是"存储"而非"缓存"

在讨论前述责任扩张问题之前,须明确 CDN 服务的性质。CDN 通常被称为"缓存",但这种行业术语却常常导致普通人的误解,尤其是与《条例》对"网络自动存储服务"的分类相混淆。CDN 是一种长时,甚至可以是永久的存储,这种存储不能理解为"电脑内存条"意义上的、"断电即清空""用完即删除"的临时缓存。CDN 服务器的本质和传统服务器存储视频的方式完全相同,存储的资源都是保存在实体"硬盘介质"之上(也有内存缓存的技术模式,但不可能适用于大规模的流媒体存储),并将这一"硬盘"内资源的访问权限和路径向公众公开,公众通过这些 CDN 链接交互式访问、下载数据,这和传统服务器的技术原理没有任何区别。

产品化的 CDN 分发网络是一种建立在存储服务、传输服务基础之上的高层级增值服务(PaaS 级别),服务商通常在全国各地部署服务器机房(IaaS 级别)。CDN 客户如短视频平台,通过云服务商提供的控制面板和相关接口,将自有服务器的视频数据嫁接至 CDN 服务商的接口之中,从而使得短视频平台内的热门资源基于某种策略(通常是根据视频热度确立优先级)向全国各地 CDN 边缘节点机房事先传输并部署一份视频文件的完整拷贝。[①] 同时,短视频平台使用 CDN 服务商配套的 DNS 服务,为自己的视频业务域名添加一条或多条 CNAME 记录,CNAME 的作用在于将短视频平台自有域名解析到 CDN 服务域名之上。用户的 URL 访问请求一经 CNAME 跳转,使得用户对特定视频文件的访问请求被跳转到距离其最近的 CDN 边缘节点,故而能够以最短距离、最快速度在线点播视频资源。

(二)侵权责任扩张的可能依据

1."服务器标准"视域下的信息网络传播行为

学界通常以"服务器标准"解释"信息网络传播行为"的行为结构和特征。其中关键因素有两个:

第一,必须是行为人"首次"上传的行为(排除了二次复制/转发、深度链接

[①] 宋家友、桑红涛:《CDN 技术的发展及应用》,《电视技术》2005 年第 6 期。

行为等构成信息网络传播行为的可能性）。

第二,必须上传至"向公众公开"的服务器(以至于上传的作品能事实上在用户选定的时间和地点在线点播)。

```
"CDN分发网络"模型下的信息网络传播行为

    内部行为                    真正具有著作权法上意义的行为

  行为人 → 不向公众开放        向公众开放      → 公众
         的自有服务器          的CDN服务
   内部上传                      器
         短视频平台甚至不公开自有              用户的请求完全被CNAME跳
         服务器IP地址,公众无权访问            转至CDN服务器
```

而如前所述,在CDN内容分发网络的模型下,短视频平台自有服务器或数据中心事实上完全不向公众开放,我们以抖音平台为例(其视频传输业务域名为：*.douyinvod.com)。如下图所示,douyinvod.com这一"二级域名"事实上根本没有向DNS服务商添加A记录,以至于用户不可能通过DNS解析获得抖音平台服务器IP地址并实现对其本体的访问；而随意挑选任何短视频传输链接,我们发现"*.douyinvod.com"的业务域名均无一例外被CNAME解析到了CDN服务商的业务域名"*.douyinvod.com.wsdvs.com"。

```
C:\Users\wangy>ping v1.douyinvod.com

正在 Ping v1.douyinvod.com.wsdvs.com [122.228.91.95] 具有 32 字节的数据:
来自 122.228.91.95 的回复: 字节=32 时间=15ms TTL=53
来自 122.228.91.95 的回复: 字节=32 时间=15ms TTL=53
来自 122.228.91.95 的回复: 字节=32 时间=16ms TTL=53
来自 122.228.91.95 的回复: 字节=32 时间=15ms TTL=53

122.228.91.95 的 Ping 统计信息:
    数据包: 已发送 = 4,已接收 = 4,丢失 = 0 (0% 丢失),
往返行程的估计时间(以毫秒为单位):
    最短 = 15ms,最长 = 16ms,平均 = 15ms

C:\Users\wangy>ping douyinvod.com
Ping 请求找不到主机 douyinvod.com。请检查该名称,然后重试。
```

这就说明,CDN边缘节点是唯一面向公众开放的服务器；而短视频平台初次向自有服务器上传的视频事实上不可能被任何公众所访问,不具备著作权法上的独立意义,或者只能算是实施信息网络传播行为的预备动作、内部行为。只有当短视频资源从自有服务器首次传输至CDN网络中,这一资源才经历首次"向公众开放"的状态。

探知"CDN 分发网络"模型下的信息网络传播行为,本质上是为了更好地明确:当行为人未经授权实施或帮助实施了侵害作品权利的信息网络传播行为时,应当由谁以及如何承担权利人要求的"停止侵权"请求。

笔者认为,在短视频侵权资源传播链条中的网络服务提供者应当至少连带承担"停止侵权"的责任。即便基础设施层级的运营商可能对侵权内容不具有较高注意义务。大众对"停止侵权"的认识,似乎还停留在应用软件层级的删除——如在短视频平台中,只要相关用户再也不能通过搜索找到侵权视频,或再也不会被平台主动推荐侵权视频,此时短视频平台就相当于完成了"停止侵权"的责任。但事实上,权利人也完全可以要求短视频平台负责服务器运维的部门,或与短视频平台合作运营的基础设施供应商,与短视频平台共同承担"停止侵权"责任,或至少令前者协助或者监督后者删除行为的完成。否则,倘若短视频平台经营者只是临时删除对视频文件资源的索引,而保留了原始文件,那么极有可能在将来出现"回炉重造"、反复侵权的情况,导致前一诉失去定纷止争的意义。

2. CDN 及特定存储服务造成侵权行为影响范围的极度扩张

笔者反复强调,短视频平台侵权链条中的基础设施服务,事实上在不断朝着顶层应用软件业务层级渗透,这种渗透作用使其对短视频平台的业务支持水平显著高于传统基础设施服务商,这也经常成为两者建立更紧密合作关系的理由或契机。

在终端用户视角,我们发现,当短视频平台利用 CDN 分发网络实施或帮助用户实施侵权行为时,CDN 的加速作用对侵权行为的实施起到了巨大帮助作用。分布在全国各地的用户通过 CDN 边缘节点,可实现极速点播侵权资源;专门实施侵权行为的短视频号(up 主等)的上传行为事实上也享受到了 CDN 服务的便利,其向短视频平台发布资源可以直接就近传至边缘节点,极大提高了侵权效率,降低侵权的时间成本。

在更宏观的意义上,短视频平台之所以能够获得如此惊人的商业成功,在技术层面,其大部分功劳要归属于 CDN 分发网络的存在——倘若没有如此多的 CDN 边缘节点,侵权视频不可能如此快地向全国乃至全球各地蔓延。因此,我们很难说 CDN 及相关存储服务商对前述侵权行为支持的效用绝对处于"不明知应知"状态;相反,CDN 服务商也可能据此对顶层平台的侵权行为承担一定的注意义务。

四、结语

包括基础电信运营商在内的互联网基础设施服务提供者,不应始终高举"避风港原则"的盾牌,依靠其给公众建立的"难以对侵权内容实施控制"的刻板印象逃避本应负担的注意义务和侵权责任;相反,无论是权利人、司法界还是服务商自己或整个行业,都应该好好考虑网络服务的业务模式是否还存在优化空间,基础设施提供者是否也要承担一定的义务。

前文我们曾提及,即便是提供存储和传输服务的 CDN 服务商,竟然也能对视频的具体内容作全自动的合规审查,那么何不更进一步呢?利用当前极度发达的人工智能 AI 识别技术,结合其大规模的闲置云计算能力,在此基础之上轻易便能实现对短视频侵权行为的早期探知——行业面临的从来不是技术问题,而是缺乏一种"共识"——一同加入打击短视频侵权的立体式治理体系之中。

一些知产领域的学者常常强调网络服务提供者的"义务"仅限"注意义务"而非"审查义务",其本意是为了平衡著作权利人与网络服务提供者的利益。但事实上,他们似乎距离版权实务太过遥远,以至于对目前知产界"戏剧化"的"内卷"现象一无所知:权利人排查和保全短视频侵权证据的速度远远跟不上用户上传新视频的速度——以至于无论如何卖力采取维权行动,短视频商业模式导致的权利人损害状态都将永久持续下去。

在短视频侵权现象愈演愈烈的大趋势下,基础设施运营商完全可以将基础设施封装成审核计算资源,以短视频侵权比对服务的形式与短视频平台建立紧密的合作关系,从而更好地净化网络版权环境。而对于法律实务界,突破既往认知,仔细研究基础设施服务商承担责任的可能性,也是我们应当迈出的关键一步。

商标与企业名称的矛盾之争

孙立君

[摘　要]　商标和企业名称中的字号作用相似,都属于商业标识,所出同门。但我国关于字号的保护主要体现在企业名称的保护中,所以呈现出商标和企业名称之间的冲突。商标和企业名称冲突产生的没有硝烟的战争日复一日上演,且并没有平息的趋势。如果企业名称(字号)与注册商标相同或相似,商标权人借此发动民事诉讼能否要求企业更名?何种情况可以被支持?在商标和企业名称的矛盾中,到底是矛更锋利还是盾更坚固?

[关键词]　认缴制;期限利益;债权人保护

企业名称侵犯商标的处理有两种,如果将与他人注册商标相同或者相近似的文字,作为企业字号在相同或者类似商品上突出使用,使相关公众产生误认的,侵害商标权,法院可以对使用方式、范围做出限制,停止突出使用、单独使用的行为。本文主要讨论的是另一种情况,即如果停止突出使用、单独使用依旧会让公众产生混淆则企业名称将面临更严峻的问题,是否因涉及不正当竞争而需要更名。

一、《商标法》《反不正当竞争法》衔接存在缺失

《商标法》第五十八条规定:"将他人注册商标、未注册的驰名商标作为企业名称中的字号使用,误导公众,构成不正当竞争行为的,依照《中华人民共和国反不正当竞争法》处理。"虽然《商标法》将该类行为导入《反不正当竞争法》调整,但现行《反不正当竞争法》并未清晰接手《商标法》第五十八条的接力棒,对应的条款并不具体,主要表现为原则性规定和兜底性规定:"经营者在生产经营

活动中,应当遵循自愿、平等、公平、诚信的原则,遵守法律和商业道德。本法所称的不正当竞争行为,是指经营者在生产经营活动中,违反本法规定,扰乱市场竞争秩序,损害其他经营者或者消费者的合法权益的行为。""经营者不得实施下列混淆行为,引人误认为是他人商品或者与他人存在特定联系:……(四)其他足以引人误认为是他人商品或者与他人存在特定联系的混淆行为。"《反不正当竞争法》并没有对"将他人注册商标、未注册的驰名商标作为企业名称中的字号使用,误导公众",怎样会构成不正当竞争做出明确具体规定。所以笔者将结合实践中的案例予以归纳和分析。

二、判决停止使用或变更企业名称的可能性和要点

(一)具有较高(一定)知名度的注册商标被不正当使用,才涉及更名或停止使用

由于企业名称在申请登记时并不进行全国范围内的审查重名,也不会与商标局系统联网查重,所以必然会存在一定的重合率,但是并非重合就是侵权,企业名称不正当使用的一般是具有较高(一定)知名度的注册商标,如此才存在搭便车的行为。但是较高知名度和一定知名度,存在全国范围内还是地区范围内的区别,具体标准是否清晰,直接影响案件走向。

《反不正当竞争法》第六条规定:"经营者不得实施下列混淆行为,引人误认为是他人商品或者与他人存在特定联系:(一)擅自使用与他人有一定影响的商品名称、包装、装潢等相同或者近似的标识;(二)擅自使用他人有一定影响的企业名称(包括简称、字号等)、社会组织名称(包括简称等)、姓名(包括笔名、艺名、译名等);(三)擅自使用他人有一定影响的域名主体部分、网站名称、网页等;(四)其他足以引人误认为是他人商品或者与他人存在特定联系的混淆行为。"虽然《商标法》没有将"较高知名度""一定知名度"纳入法条明示,但是误导公众一条,其实隐含了一定的知名度要求,结合《反不正当竞争法》的规定,构成不正当竞争行为的要素中多次使用"一定影响"的判断标准,虽然将他人注册商标作为企业名称使用,只能适用原则性条款和第六条第四款兜底条款或参考第六条第二款,但是将同类事件使用相同的"一定影响"作为判断标准,符合整体的立法意图。

但 2009 年最高人民法院《关于当前经济形势下知识产权审判服务大局若

干问题的意见》第 10 条指出:"……因企业名称不正当使用他人具有较高知名度的注册商标,不论是否突出使用均难以避免产生市场混淆的,应当根据当事人的请求判决停止使用或者变更该企业名称。……"

最高人民法院的意见比较清晰地指出较高知名度的注册商标被不正当使用在企业名称的,应当就企业名称更名或停用,而《反不正当竞争法》是 2017 年和 2019 年最新修订的,其没有十分明确更名所需的知名度情况是否到达一定影响即可,需结合司法实践判断法院实际使用的标准状况。

2018 年 3 月 19 日黑龙江省高级人民法院就 A 宾馆与 B 酒店管理(上海)有限公司(以下简称"B 公司")侵害商标权及不正当竞争纠纷一案做出了终审判决。法院认为:在 A 宾馆成立之前,涉案注册商标"如家"已具有较高知名度,为相关公众所知悉。A 宾馆作为成立在后的同行业企业,在企业名称中使用与涉案商标近似的文字"洳家"作为企业字号,违反诚实信用原则,主观上具有攀附涉案注册商标商誉的恶意,客观上使相关公众误认为其系如家特许加盟店,误导公众,造成混淆,构成不正当竞争。[①]

可以看到虽然"洳家"与"如家"是有些区别的,但是法院还是以注册商标已经有较高知名度会使公众"误认为其系如家特许加盟店"等理由认定为构成"误导公众""造成混淆"。

实践中,以较高知名度的商标权利人提出诉讼的较多,但是实践中也有一些以"一定知名度"作为判断标准,获得法庭支持的案例。

例如怀远县 HY 超市有限责任公司、安徽 HY 超市股份有限公司侵害商标权纠纷中,法院认为:安徽 HY 超市通过不断的经营和宣传,已经使"HY"在蚌埠地区具有一定的市场知名度,并为相关公众所知悉。怀远 HY 超市作为同业竞争者且地处蚌埠市辖区内,其于 2011 年变更企业名称时,应遵循诚信原则,对他人在先具有一定知名度的注册商标应作合理避让,以避免因注册使用含他人注册商标的企业名称而造成相关公众的混淆。所以法院以在某地区的一定的市场知名度为判断标准。

另外,例如珠海 TX 半导体有限公司、JX(珠海)科技有限公司商业贿赂不

---

① 黑龙江省高级人民法院(2018)黑民终 140 号民事判决书。

正当竞争纠纷案中,二审民事判决书①认为:上诉人在明知"JX"商标及"JX"字号为他人所有的情况下,把被上诉人享有专用权并具有一定知名度的"JX"商标和字号登记为字号,具有明显的主观恶意,使普通消费者误认为被上诉人与上诉人存在某种特定联系。所以该案中,也是以一定知名度作为判断依据。

一定影响(一定知名度)和较高知名度,在文字上可以看出对知名度要求略有区别。实践中,各类判决文书中列示的较高知名度的许多商标都耳熟能详,有些商标虽然不是很熟悉,但是获得过某地区著名商标等殊荣;而一定影响(一定知名度)的商标并非为很多大众熟悉,甚至也没有获得很高的奖项或荣誉,但在某一地区确实被相关公众知晓。所以,虽然判断知名度仍然需要一定的主观判断和自由裁量,但是从法院的用词和案件的现实情况,较高知名度和一定影响,确实呈现出差异。

《商标法》第五十七条、五十八条没有明列要求对知名度进行审查,仅仅表示:"误导公众",构成不正当竞争的,按照《反不正当竞争法》处理,而《反不正当竞争法》仅规定一定影响作为知名度考量处理企业名称被擅自使用的情况,没有具体涉及商标;但是实践中法院已经将一定影响(一定知名度)作为知名度的考量依据。

而在实践中即便企业名称与没有知名度的商标冲突,也不会导致企业名称变更。例如:王某奇、商丘市SY文化传播有限公司(以下简称"SY文化公司")侵害商标权纠纷案中,法院表示:由于王某奇未能提供充分有效证据证明其此前三年内实际使用过"SYY"注册商标,现有证据也不足以证明由于王某奇的努力而使"SY"标识在相关培训领域内产生了较高的声誉和知名度、进而享有足以排除他人的专有使用权。所以请求判令SY文化公司、曹某亮变更企业名称的诉请并未得到支持。

综上,只有当企业名称不正当使用他人具有一定影响/一定知名度/较高知名度的注册商标,才会面临判决停止使用或者变更该企业名称的后果。

(二)应当存在难以避免产生市场混淆的情况

一般而言同行业内应该形成竞争关系方才涉及市场混淆,如果两个商家在不同的地区开展商业行为,而该商业行为并不会涉及对方区域,即便一方商标

---

① 广东省珠海市中级人民法院(2018)粤04民终686号民事判决书。

在当地区域具备较高知名度,但在另一地并不具备知名度,则双方之间无竞争关系,也难以产生市场混淆。

比如南京市JY渔村酒店有限公司(以下简称"南京JY")与镜湖区JY私房菜馆(以下简称"镜湖JY")侵害商标权纠纷一案①,法院判决镜湖JY不能突出使用"JY",但是关于镜湖JY是否需要变更企业名称,法院认为镜湖JY在安徽芜湖,相隔较远,不能证明影响力到达芜湖市,以其客户群体不同、不具备相互竞争的前提条件等理由驳回了南京JY要求镜湖JY变更企业名称的行为。

所以,是否产生混淆是判断是否构成不正当竞争的核心要素,搭便车行为也都以混淆为前提。一般而言,在一定区域内产生混淆是一个判断因素,如果知名度仅限于一定区域,而企业名称在不同区域内,则不会产生混淆。

(三)一般自身为驰名商标才可要求非同行业的企业更名,但驰名商标并非必然导致企业更名

如果遇到非同行业的企业名称和商标相同或相似的情况,是否能要求企业更名?相同的原理,知名度越大,保护的程度越深,保护的范围越广。典型的就是驰名商标的跨类保护。

最高人民法院《关于审理涉及驰名商标保护的民事纠纷案件应用法律若干问题的解释》第十条规定:"原告请求禁止被告在不相类似商品上使用与原告驰名的注册商标相同或者近似的商标或者企业名称的,人民法院应当根据案件具体情况,综合考虑以下因素后作出裁判:(一)该驰名商标的显著程度;(二)该驰名商标在使用被诉商标或者企业名称的商品的相关公众中的知晓程度;(三)使用驰名商标的商品与使用被诉商标或者企业名称的商品之间的关联程度;(四)其他相关因素。"

该规定体现双层含义,第一,请求禁止被告在不相类似商品上使用与原告注册商标相同或者近似的商标或者企业名称的,通常要达到驰名商标的要求;第二,即便达到驰名商标的要求仍然需要结合多种判断因素予以判决是否禁止。

2018年4月12日TX科技(深圳)有限公司(以下简称"TX科技公司")与安徽WX食品有公司(以下简称"WX食品公司")侵害商标权及不正当竞争纠纷在安徽省合肥市中级人民法院作出判决。2016年12月国家工商总局商标

---

① 安徽省芜湖经济技术开发区人民法院(2017)皖0291民初261号民事判决书。

局认定,TX 科技公司使用在(国际分类第 9 类)计算机软件(已录制)、计算机程序(可下载软件)商品上的第 9085979 号"WX 及图"商标为驰名商标。TX 科技公司因此主张对其"WX 及图"商标进行跨类保护。法院根据其请求对涉案注册商标于本案争议发生时是否驰名进行事实认定。对于商标使用时间长短、行业排名、市场调查报告、市场价值评估报告、是否被认定著名商标等证据,法院结合了认定商标驰名的其他证据,客观、全面地进行了审查,最终认定 TX 科技公司的第 9085979 号"WX 及图"(第 9 类)注册商标在案件侵犯商标和不正当竞争发生时(前)为驰名商标,而第 39 类、38 类上的 11140797 号、15519249 号因证据不足而未认定为驰名商标。① 法院确认 WX 食品公司不得在企业名称中使用"WX"字样。

  以上可见,驰名商标可以实现跨越行业和种类(商业标识)进行保护。另外需要关注的是,虽"WX 及图"本身已经被认定为驰名商标,但是在本案中由于案件需要,又再一次确认了其在争议发生时(前)是否驰名。

  但是并非驰名商标即意味着高枕无忧,KJ 集团股份有限公司(以下简称"KJ 集团公司")起诉浦江 KJ 工艺品有限公司(以下简称"浦江 KJ 公司")侵害商标权及不正当竞争纠纷案件为例,KJ 集团公司虽然曾经被认定为驰名商标,但未能实现跨类保护。

  KJ 集团公司的涉案商标和字号具有一定知名度,注册并使用在电视机商品上的"KJ"曾经在 1997 年被认定为驰名商标。法院认为因其与浦江 KJ 公司(2001 年 11 月成立)两者分处不同地区、从事不同行业,特别是在浦江 KJ 公司的字号和商标在特定市场范围内亦具有一定知名度的情况下,相关公众施以较小的注意力就能对两者进行区分。从保护合法权益、诚实信用、公平竞争等原则出发,结合上述浦江 KJ 公司对 KJ 文字的使用情况及历史因素,法院认为,浦江 KJ 公司使用 KJ 文字作为企业名称中的字号注册和使用的行为没有违背诚实信用原则和公认的商业道德,不构成不正当竞争。②

  所以从该案中看出并非商标具备知名度,比如曾经认定驰名,就必须导致他人企业名称的变更。况且浦江 KJ 公司在当地已经取得了不小的成就,形成

---

① 安徽省合肥市中级人民法院(2017)皖 01 民初 527 号民事判决书。
② 浙江省金华市中级人民法院(2017)浙 07 民初 781 号民事判决书。浙江省高级人民法院(2018)浙民终 102 号民事判决书。

了可以区分的标识效果,并不能推断出浦江 KJ 公司有"搭便车"的主观恶意等故意行为。

驰名商标可以实现跨类保护,但是并非驰名商标必然可以跨类保护,仍然需要结合显著程度、在使用被诉商标或者企业名称的商品的相关公众中的知晓程度、与使用被诉商标或者企业名称的商品之间的关联程度,以及其他相关因素予以审查。

另外,需要补充说明的是:本案诉讼中,KJ 商标也未个案论案地进行驰名商标认定程序。根据《驰名商标认定和保护规定》(2014 年修订)第四条规定:"驰名商标认定遵循个案认定、被动保护的原则。"法院认为没有认定驰名的必要,作为 KJ 集团公司也没有在案件中再次提出要求予以认定驰名商标。不同于前案 TX 科技公司案件,虽然已经被认定过驰名商标,但在庭审中 TX 科技公司请求跨类保护时法院再次对"WX 及图"商标于本案争议发生时构成驰名商标作出认定。

所以驰名商标虽然来势汹汹,但是需要多次证明其最锋利的长矛已经铸就或者未老,并且还是要结合具体案件、结合关联程度和知晓度,这些给了企业名称一个防御的机会。另外如果企业名称已经修成正果也不必然被伤及,可谓坚固的盾牌已经铸就。所以即便是驰名商标,也不是必然能获得胜利。

三、结语

综上所述,在现行的法律系统,如果认为企业名称侵害商标权、存在不正当竞争情况的,就要求更名而言,适用的《反不正当竞争法》,攻和守所围绕的核心关键词是"是否误导公众、构成不正当竞争行为;是否遵循自愿、平等、公平、诚信的原则,是否遵守法律和商业道德;是否引起市场混淆、违反公平竞争的原则"。但是《商标法》和《反不正当竞争法》的衔接存在空缺,只能通过司法实践和新修订的《反不正当竞争法》之前形成的其他司法性文件辅佐,方能洞悉企业名称不正当使用他人商标的可能性后果。

民　事

关于消费者购车维权的法律问题

刘赤军[*]

[摘　要]　消费者购车维权往往存在困境,其原因在于立法、司法与公众认知还不够健全,难以有效运转。立法的问题在于当时法律体系不健全、立法定位不准确,《消费者权益保护法》作为特别法应当建立在《民法典》规定的合同法律、侵权责任法律的基础之上,需要考虑法律之间的逻辑完整性,有基础法律规定的情形除非特殊情况不能随意突破,立法的随意性会对司法运行、社会秩序带来严重的危害。而我国虽然是大陆法系传统,但是面对含糊不清的《消费者权益保护法》的规定,最高人民法院以及个案的法官释法、造法的情况并不鲜见,然而水平参差不齐,判决结果也并不一致。故建议对《消费者权益保护法》进行修正,积极探索完善惩罚性赔偿制度,并将《消费者权益保护法》修改为程序法,民事关系的实体法律规定以《民法典》的条款为准,其中对消费者维权保护重点落在消费者调查取证能力不足的"弱势",由公权力、社会力量给予扶助保障,设立基金会,调查取证工作由律师以类似于法律援助的方式完成。这样,既扶助了消费者能力不足的"弱",充分保障了其权利,也缓解了法院案件数量多的难题。

[关键词]　消费者权益保护法;案由选择;法律的平等适用

2019 年 4 月 12 日,视频"坐在奔驰引擎盖上哭的女人"在网络上发布:西安市一位购买了 66 万元奔驰车的女性消费者,当众坐在引擎盖上哭诉新车漏油,她积极维权却遭到奔驰 4S 店不公平的对待。舆论大哗,4 月 16 日,在当地工商机关介入以及舆论高度关注之下,西安奔驰女车主与 4S 店达成和解。随

---

[*]　刘赤军,法律硕士,上海融力天闻律师事务所高级合伙人,上海仲裁委员会仲裁员。

之而来的是,各地纷纷出现了坐在奔驰、宝马、凯迪拉克引擎盖上维权的现象,网络上、朋友圈中纷纷讨论买车维权的问题。有报道称:"唯一一则好消息是,杭州一奔驰车主被法院支持,获得赔一罚三、总计 270 万元的补偿。"

《消费者权益保护法》是我国专门为消费者维权制定的法律,但是在社会实践过程中逐渐出现"消费者权益保护委员会"被虚置、消费者维权渠道不畅的问题,消费者不惜坐上引擎盖维权就是这个问题的具体反映。在司法实践中,对于适用《消费者权益保护法》第五十五条规定的惩罚性赔偿制度,存在案由选择的争议、欺诈认定标准不一等问题,尤其是消费者购车维权诉讼的争议比较突出,容易引发对司法公正的质疑。

一、本案事实过程

西安奔驰女车主事件给大众产生了这样的感受,即通过坐上引擎盖可以快速解决自己的维权问题。

根据报道,2019 年 3 月 27 日,西安女车主购买了一辆进口奔驰 CLS300 型运动轿车,裸车价为 58 万元多,算上贷款手续费以及其他费用合计 66 万元左右。在提车当天,车主从 4S 店开回了位于曲江的家,行驶了 10 公里左右,发现汽车仪表盘的机油故障灯亮起。4S 店先同意退款或退车,后来只同意换发动机。在舆论广泛关注后,此事草草收场,也未能弄清发动机到底是什么问题。究竟是生产过程中少加了 1 升机油,还是传感器故障,抑或是发动机重大故障[1],不得而知。其实,在专业的工程师看来,发动机少了 1 升机油并不影响使用,但是影响消费者的心情,影响交易价格。

二、新闻舆论表述的偏差

如果到网上去检索,很难看明白本案的事实。网上有各式各样的评价,引用较多的一个观点是这样讲的,《家用汽车产品修理更换退货责任规定》第二十

---

[1] 后经鉴定,认定该车发动机缸体右侧因破损并漏油,该车发动机在装配过程中将机油防溅板固定螺栓遗落在发动机内,发动机高速运转过程中,其第二缸连杆大头撞击该遗落的螺栓,使该螺栓击破缸体;该车发动机无更换、维修历史;该车发动机存在装配质量缺陷,属于产品质量问题。

条规定:"……家用汽车产品自销售者开具购车发票之日起60日内或者行驶里程3 000公里之内(以先到者为准),家用汽车产品出现转向系统失效、制动系统失效、车身开裂或燃油泄漏,消费者选择更换家用汽车产品或退货的,销售者应当负责免费更换或退货。"由此得出结论,本案要求退车或者换车本来就是消费者的权利,国家法律和"三包"规定"已经将消费者的权益安排得明明白白的"。但是这个观点有明显错误,援引三包规定表述的是燃油泄漏,而不是本案可能的机油泄漏。

解决社会关注的问题,首要的是查清事实真相,新闻舆论与争议诉讼是两种公共途径。

从本案来看,我们社会的新闻舆论在揭示事实真相方面存在弱点,尤其是网络自媒体,与传统的街谈巷议并无实质差别,宣泄情绪居多,很难揭示事实。而央视报道虽然具有新闻真实性,却似乎没有得到公众的关注。在众说纷纭之际,新闻报道因双方和解而戛然而止,息事宁人。

三、司法适用《消费者权益保护》惩罚性赔偿的争议与纠结

本案车主在引擎盖上的维权大获全胜,但是后续坐上引擎盖者却昙花一现,并不能给消费者带来可以复制的经验和模式。为什么车主不愿意按照《消费者权益保护法》的规定来解决?《消费者权益保护法》被谁忽视了?

《消费者权益保护法》是我国专门为了维护消费者权益而制定的法律,于1993年10月31日由第八届全国人大常委会第四次会议通过,1994年1月1日起施行,并分别于2009年、2013年进行了修正,其中2013年把因欺诈而由经营者承担的惩罚性赔偿提高到了三倍,规定于第五十五条第一款:"经营者提供商品或者服务有欺诈行为的,应当按照消费者的要求增加赔偿其受到的损失,增加赔偿的金额为消费者购买商品的价款或者接受服务的费用的三倍;增加赔偿的金额不足五百元的,为五百元。法律另有规定的,依照其规定。"

由于事实上存在着追责率低的问题——不可能每一个权益受到损害的消费者都会去主张惩罚性赔偿,所以《消费者权益保护法》第五十五条第一款规定了三倍增加赔偿损失的惩罚性赔偿制度,以此提高消费者维权的动力,并威慑实施欺诈的经营者。

现实中，在处理小额消费纠纷中的法律适用不会遇到障碍，问题是消费者缺乏动力去启动司法程序，往往自认倒霉放弃维权。但是，购买价格高昂商品的消费者，在维权诉讼中却遇到了司法人员不愿适用"退一赔三"的问题。为了不适用惩罚性制度，司法实践中往往是不适用《消费者权益保护法》的方式。①

最先出现问题的是房屋，自20世纪90年代以来争议不休。根据《消费者权益保护法》第二条之规定："消费者为生活消费需要购买、使用商品或者接受服务，其权益受本法保护；本法未作规定的，受其他有关法律、法规保护。"因此，购房者与开发商或销售商之间，属于消费者与经营者的法律关系，但在是否适用《消费者权益保护法》上却遇到了很大障碍。

2005年前后，我国进入了汽车社会，于是司法实践中不愿意对购车消费者适用《消费者权益保护法》的案例出现了。

随着社会的发展，飞机、游艇将逐渐进入家庭，想必司法实践中对于购买飞机、游艇的消费者，也容易出现不愿适用《消费者权益保护法》的案例。

四、商品房销售不适用《消费者权益保护法》的理由及解决方式

购房者请求对欺诈行为适用《消费者权益保护法》的惩罚性赔偿规定，学界和司法界认为不能适用，是这样解释的：

著名民法学家梁慧星认为②，商品房买卖不适用《消费者权益保护法》第四十九条（指修改前的《消费者权益保护法》条款）。理由有三个：一是《消费者权益保护法》制定时，针对的是普通商品市场存在的假冒伪劣和缺斤短两问题，其适用范围不包括商品房。同时制定的《产品质量法》明文规定不包括建筑物，可作参考。二是商品房作为不动产与作为动产的普通商品有差异，商品房买卖合同上即使出卖人隐瞒了某项真实情况或捏造了某项虚假情况，与普通商品交易中的欺诈行为不能等量齐观，商品房质量问题通过瑕疵担保责任制度可以得到妥善处理。三是商品房买卖合同金额巨大，动辄上百万元，如判决双赔，将导致双方利害关系的显失平衡，在一般人的社会生活经验看来很难说是合情合理合

---

① 上海市第一中级人民法院（2017）沪01民终7203号民事判决书。
② 《消费者权益保护法在商品房买卖中的适用问题》，载百度文库网 https://wenku.baidu.com/view/3a15532c0066f5335a8121d5.html。

法的判决。

更有法官认为[①],《消费者权益保护法》对商品做的是"狭义"理解,即"一般商品说",其法律意义在于:针对一般商品而言,即使采取"双倍赔偿"的惩罚手段对经营者也远远不会造成"伤筋动骨",这种惩罚性赔偿责任对市场交易秩序的冲击力很小,它的功能在于既能有力地打击违反公平和诚实信用原则的加害方,也能有效地保护相对受害方的合法权益不受侵害,从而在"公平"与"秩序"之间找到了合理的平衡点。而商品房则不然,一旦刻意强调按《消费者权益保护法》调整,将会给市场交易秩序带来难以想象的干扰和破坏,造成"公平"与"秩序"之间的严重失衡。

这些解释听下来有道理,但在《消费者权益保护法》中却找不到依据。公民依据公开颁布的法律请求法院维护权利,却发现行不通,这样的释法,存在明显弊端。

事实上,不适用《消费者权益保护法》的主因,可能是20世纪90年代对房地产行业保驾护航的司法政策。当时的房地产行业水平不高,开发商能力不足,如果适用《消费者权益保护法》,就会有大量的开发商被一棍子打死,影响整个行业的发展,影响整个社会经济的运转。于是,民事司法领域就出现了购房者只要主张退房就不可能得到法院判决支持的怪现象,甚至开发商其他的违约责任亦减轻再减轻,遑论适用《消费者权益保护法》。

或许,当时司法领域可能会出现机械适用法律的问题。"商品房买卖合同上即使出卖人隐瞒了某项真实情况或捏造了某项虚假情况,与普通商品交易中的欺诈行为不能等量齐观,商品房质量问题通过瑕疵担保责任制度可以得到妥善处理。"梁慧星注意到商品房跟鞋子不一样,一双鞋子用的鞋底不合格是欺诈,开发商交付的房屋中马桶用的品牌不对,讲整套房子属于欺诈就不对了。其实,这是个常识判断问题,不值得专门拿出来作为理由。

为了解决商品房欺诈的惩罚性赔偿问题,2003年6月1日,最高人民法院发布《关于审理商品房买卖合同纠纷案件适用法律若干问题的解释》,其中第八条规定:"具有下列情形之一的,导致商品房买卖合同目的不能实现的,无法取

---

① 《消费者权益保护法在商品房买卖中的适用问题》,载百度文库网 https://wenku.baidu.com/view/3a15532c0066f5335a8121d5.html。

得房屋的买受人可以请求解除合同、返还已付购房款及利息、赔偿损失,并可以请求出卖人承担不超过已付购房款一倍的赔偿责任:(一)商品房买卖合同订立后,出卖人未告知买受人又将该房屋抵押给第三人;(二)商品房买卖合同订立后,出卖人又将该房屋出卖给第三人。"第九条规定:"出卖人订立商品房买卖合同时,具有下列情形之一,导致合同无效或者被撤销、解除的,买受人可以请求返还已付购房款及利息、赔偿损失,并可以请求出卖人承担不超过已付购房款一倍的赔偿责任:(一)故意隐瞒没有取得商品房预售许可证明的事实或者提供虚假商品房预售许可证明;(二)故意隐瞒所售房屋已经抵押的事实;(三)故意隐瞒所售房屋已经出卖给第三人或者为拆迁补偿安置房屋的事实。"

最高人民法院通过司法解释,委婉地解决了消费者购买房产是否适用《消费者权益保护法》惩罚性赔偿三倍的问题——改为一倍。《消费者权益保护法》属于特别法,那么这个司法解释属于特别法中的特别法,专门解决消费者购房被欺诈的问题,这种方式很特别也很特殊。

也就是说,开发商承受不住三倍的惩罚性赔偿,政府力主优化营商环境,法官也未按照《消费者权益保护法》判决,《消费者权益保护法》的适用就被搁置了。虽然我们属于大陆法系,但是这种处理方式,颇有英美法系法官释法、法官造法的韵味。

五、购车消费者适用《消费者权益保护法》的困境

司法实践中,购车消费者对于适用《消费者权益保护法》存在很多疑虑,很多看似明白的道理,却有很多各式各样的解释。

(一)功能与价值的辨别

修改车辆里程表[①],是二手车市场常见的"美容"方式。个案中有法官咨询旧机动车行业协会,回来告诉原告,里程数不影响车辆的使用功能,二手车市场买车是不看里程表的,只看很难更改的出厂年份。也有个案判决书载明,作为被告的二手车经营者,将修改里程表是二手车市场的行业惯例作为堂而皇之的抗辩理由。

---

① 近年来,上海市大多数法院认定修改车辆里程表构成"欺诈"。

对于里程数1 000公里与5公里的两辆车,消费者肯定选5公里的车。但是汽车工程师会认为,二者本质上没区别,在使用功能、使用价值上也没影响,甚至于对1万公里的与4万公里的两辆车,工程师会告诉你,性能上4万公里的车更好。专业工程师讲的是客观事实,但消费者购买车辆并不仅仅考虑其使用功能,还有强烈的主观价值评判,也就是说使用功能不等同于交易价值。而在司法实践中,或许存在着对于使用功能、交易价值辨别不清的误区。

(二)请求适用《消费者权益保护法》第五十五条第一款的基础法律关系时,选择买卖合同违约还是侵权之诉

司法实践中有明确的"潜规则",原告请求适用《消费者权益保护法》第五十五条第一款惩罚性赔偿,只能选择案由为买卖合同违约,不能主张侵权。看《消费者权益保护法》第五十五条第一款规定:"经营者提供商品或者服务有欺诈行为的,应当按照消费者的要求增加赔偿其受到的损失,增加赔偿的金额为消费者购买商品的价款或者接受服务的费用的三倍;增加赔偿的金额不足五百元的,为五百元。法律另有规定的,依照其规定。"第二款规定:"经营者明知商品或者服务存在缺陷,仍然向消费者提供,造成消费者或者其他受害人死亡或者健康严重损害的,受害人有权要求经营者依照本法第四十九条、第五十一条等法律规定赔偿损失,并有权要求所受损失二倍以下的惩罚性赔偿。"

第一款规定了欺诈的三倍惩罚性赔偿,第二款规定了死伤的二倍惩罚性赔偿并同时适用侵权的各项权利。据此,在司法实践中被理解为要三倍赔偿的消费者就只能适用买卖合同,想要赔礼道歉、停止侵害的就只能要两倍赔偿而且必须是死了伤了的,只有这样才能主张侵权。

其实,《消费者权益保护法》这样规定会引人误解,但是不应该令法官误解。《消费者权益保护法》作为特别法,是建立在民法的合同法、侵权责任法等方面的法律关系基础之上的。《消费者权益保护法》未特别指明不适用的,《民法典》第三编、《民法典》第七编的规定应当全部适用,这是不应该产生争议的常识。

由此衍化出来的问题是,消费者诉请应当是"退一赔三"还是"赔三"?《消费者权益保护法》第五十五条第一款之规定,并没有规定"退一"只规定了"赔三"。但按照买卖合同的案由规则,消费者因欺诈根据《民法典》第一百四十八条、第一百四十九条之规定请求撤销合同,双方返还,并根据《民法典》第一百五十七条之规定要求经营者赔偿损失,其中双方返还即为"退一",赔偿损失即为

《消费者权益保护法》作为特别法规定的增加赔偿损失的"赔三"。这个特别法与一般法的交叉适用的逻辑完整，但是据此作为"赔三"只能适用买卖合同案由的依据，却并不具有明确的因果关系。

此外，司法实践中对于适用《消费者权益保护法》也有基于侵权的判决，但是其所援引的《消费者权益保护法》第八条规定的知情权、第九条规定的选择权、第十条规定的公平交易权，知情权、选择权、公平交易权很难衡量具体的损失，难以找到作为赔偿损失计算的依据。

六、结语

总结上述分析的购车维权困境，有以下四个问题值得考虑：一是对于复杂机械产品的专业与非专业的认识，确实有差别，但消费者不能永远保持一个无知的状态，司法审理及判决要对道理说透讲清楚，通过判决将主流价值观提高到正常社会的公民的水平；二是对于消费者来说，要认识到买车不能等同于买双鞋子，机械产品的问题有无、问题大小不是一眼可见，很难立马解决，需要有解决问题的时间和过程，以此避免心理上产生落差；三是对《消费者权益保护法》立法上的反思，消费者与其他一般主体相比，哪些权利是更加需要保护，要明确并协调与一般法或其他法律的关系，应当关注公平与秩序失衡的问题；四是司法政策要明确，司法政策不能违背公平适用法律的原则。其实，公平适用法律是非常重大的问题，是关系司法权威的根本问题。

从前述分析来看，《消费者权益保护法》的立法修正是最重要的。制定《消费者权益保护法》的本意，是维护消费者的合法权利，消除消费者难以快速实现权利主张的焦虑。但是现实中《消费者权益保护法》的效果却并不理想，尽管《消费者权益保护法》经历了两次修正，甚至将惩罚性赔偿从两倍提高到三倍，但消费者的维权体验似乎没有得到相应的提高。建议《消费者权益保护法》的立法修正考虑以下问题：

（一）消费者权益保护法应当立足于程序法，而不是实体法

首先，实体权利义务已经由作为一般法的《民法典》第三编、《民法典》第七编进行了规定，特别法不宜突破；其次，惩罚性赔偿制度可以通过深入研究后制定，不仅仅适用于《消费者权益保护法》，而应涵盖其他部门法；再次，消费者与

经营者之间系平等主体,客观上消费者是对于产品资料、交易证据很难掌握、搜集而处于弱势,故《消费者权益保护法》应当做到的是支持、帮助消费者调查取证,被欺诈、侵权的消费者取得了证据,那么对于经营者来说立即承担责任还是通过诉讼判决是简单的选择。

(二)《消费者权益保护法》支持消费者调查取证,在此过程中消费者权益保护委员会应当发挥重要作用

通常,法律会将调查取证的权利赋予市场监督行政管理机关,但是公务员职位有限,无法应对繁重投诉工作。可以考虑通过建立基金会,出资设立重组消费者权益保护委员会,聘请律师参加立案后的调查取证工作,以保证对消费者投诉的效率反应和专业结果,并为法院办案数量、办案质量方面减轻压力。

综上所述,"引擎盖上的维权"反映了目前的社会舆论、法律和司法的矛盾问题,希望从这个生活化的法律问题入手,践行法治中国的理念,让人们知道讲道理真的能够解决问题,也有办法有途径讲道理。

物尽其用——解析《民法典》物权编

李 炜*

[摘 要] 《民法典》第二编在于维护市场经济秩序,明确物的归属,发挥物的效用。第二编的亮点变化主要包括,首提居住权,特殊群体居有定所;创设土地经营权,完善三权分置制度;完善建筑物区分所有权,打造共同家园;住宅建设用地使用权的续期费用,回应百姓关注;担保物权理念创新,遵循经济发展与需求。

[关键词] 居住权;三权分置;担保物权;建设用地使用权

《民法典》的通过标志着我国民法典时代的到来,作为一部社会生活百科全书,第二编旨在维护市场经济秩序,明确物的归属,发挥物的效用。《民法典》共七编,1 260条,第二编物权编包括五个分编,分别是通则、所有权、用益物权、担保物权和占有,共计20章。物权编涵盖面广泛,从房屋到建筑物区分所有权、居住权,从相邻关系到共有,从土地权属到承包经营权、建设用地使用权,还有担保物权等,林林总总的权利体现了第二编物权编的重要性。

《民法典》第二编调整因物的归属和利用产生的民事关系,《民法典》第二百零七条规定:"国家、集体、私人的物权和其他权利人的物权受法律平等保护,任何组织或者个人不得侵犯。"从物权法到民法典时代,《民法典》语境下的物权编追求物尽其用,并对物权发展更迭的热点与疑难问题作出回应,本文拟解读亮点变化。

---

* 李炜,上海融力天闻律师事务所合伙人,建设工程房地专业委员会执委,上海市律师协会银行业研究委员会委员,上海闵行区律工委民法典讲师团讲师。

一、《民法典》第二编首提居住权，特殊群体居有定所

居住权，顾名思义是一种居住的权利。关于居住权的含义，根据《民法典》第三百六十六条规定："居住权人有权按照合同约定，对他人的住宅享有占有、使用的用益物权，以满足生活居住的需要。"因此，居住权是指居住权人为满足生活居住的需要，对他人的住宅享有占有、使用的权利，居住权性质是一种用益物权。

居住权人的居住权利来源于合同约定，目的在于满足生活居住的需要。根据《民法典》第三百七十一条规定："以遗嘱方式设立居住权的，参照适用本章的有关规定。"因此，居住权的权利来源除了当事人合同约定，还可以通过遗嘱设定的方式进行。

居住权设立具有形式要件的要求，即采用书面形式订立居住权合同。居住权合同的内容，根据《民法典》第三百六十七条规定，一般包括下列条款：（一）当事人的姓名或者名称和住所；（二）住宅的位置；（三）居住的条件和要求；（四）居住权期限；（五）解决争议的方法。居住权有时间性，该时间取决于当事人的约定、遗嘱的规定，但是对于长短法律并未作出限制。

居住权具有专属性，根据《民法典》第三百六十九条规定："居住权不得转让、继承。设立居住权的住宅不得出租，但是当事人另有约定的除外。"居住权人具有专属性，只能权利人自己享有居住权利，不得转让。

居住权主要为弱势群体设置，让他们居有定所、老有所养，同时物尽其用。另一方面，居住权的设立对于房地产市场带来较大影响，在房产买卖、交易中，买方除了关注租赁、抵押、共有、司法查封等情况外，还需要了解房屋是否设置过居住权，居住权的存在会导致影响买方所有权的完整实现。

二、创设土地经营权，完善三权分置制度

农村集体经济组织实行家庭承包经营为基础、统分结合的双层经营体制。我国农村土地结构长期是"土地所有权＋承包经营权"的二元结构，2013年以来中国经济发展进入新业势，土地承包经营权流转等产生了很多问题，2014年11月中共中央办公厅、国务院办公厅印发《关于引导农村土地经营权有序流转

发展农业适度规模经营的意见》(中办发〔2014〕61号)提出,坚持农村土地集体所有,实现所有权、承包权、经营权三权分置。之后,中央连续提出三权分置的政策要求,并授权国务院在北京市大兴区等试点市县进行试点。土地承包经营权自土地承包经营权合同生效时设立。2018年《农村土地承包法》修订,明确了三权分置的形式,明确规定:"承包方承包土地后,享有土地承包经营权,可以自己经营,也可以保留土地承包权,流转其承包地的土地经营权,由他人经营。"从土地承包法规定看,土地经营权是从土地承包权中派生或分离的权利。

为适应农村土地三权分置的要求,盘活农村土地,《民法典》第二编全面吸收了之前政策经验,创设了土地承包经营权。根据第二编规定,土地承包经营权人可以自主决定依法采取出租、入股或其他方式向他人流转土地经营权。上述规定为土地经营权未来入市提供依据。

《民法典》第三百四十条规定:"土地经营权人有权在合同约定的期限内占有农村土地,自主开展农业生产经营并取得收益。"土地经营权人享有开展农业生产经营并获得收益的权利。

关于土地经营权的设立方式,根据《民法典》第三百四十一条规定:"流转期限为五年以上的土地经营权,自流转合同生效时设立。当事人可以向登记机构申请土地经营权登记;未经登记,不得对抗善意第三人。"《民法典》第二编对流转期限为5年以上的土地经营权与不足5年进行了区分,赋予流转期限为五年以上的土地经营权的物权性质,土地经营权自流转合同生效后设立,并采取登记对抗主义。对于不满5年的土地经营权流转,没有作出明确规定。

《民法典》第二编规定了非承包权人的经营权来源与流转,第三百四十二条规定:"通过招标、拍卖、公开协商等方式承包农村土地,经依法登记取得权属证书的,可以依法采取出租、入股、抵押或者其他方式流转土地经营权。"土地流转和适度规模经营是发展现代农业的必由之路,有利于优化土地资源配置和提高劳动生产率。

三、完善建筑物区分所有权,打造共同家园

(一)"住改商"需经有利害关系的业主一致同意

业主将住宅用途改变为商业用途,实务中扰民影响其他业主的正常生活,

容易引发矛盾并造成安全隐患。根据《民法典》第二百七十九条规定:"业主不得违反法律、法规以及管理规约,将住宅改变为经营性用房。业主将住宅改变为经营性用房的,除遵守法律、法规以及管理规约外,应当经有利害关系的业主一致同意。"改变了原《物权法》第七十七条"应当经有利害关系的业主同意"规定。最高人民法院《关于审理建筑物区分所有权纠纷案件适用法律若干问题的解释》第十条第一款规定:"业主将住宅改变为经营性用房,未依据的规定经有利害关系的业主一致同意,有利害关系的业主请求排除妨碍、消除危险、恢复原状或者赔偿损失的,人民法院应予支持。"但对于有利害关系的业主同意,一直有不同说法,这次《民法典》对于住宅改变商业用途明确了需经利害关系的业主"一致"同意,也就是整幢大楼全体业主的同意,实行一票否决制度。

(二)业主权利综合加强,降低表决门槛

关于业主共同决定事项及表决,《民法典》第二百七十八条规定:"下列事项由业主共同决定:(一)制定和修改业主大会议事规则;(二)制定和修改管理规约;(三)选举业主委员会或者更换业主委员会成员;(四)选聘和解聘物业服务企业或者其他管理人;(五)使用建筑物及其附属设施的维修资金;(六)筹集建筑物及其附属设施的维修资金;(七)改建、重建建筑物及其附属设施;(八)改变共有部分的用途或者利用共有部分从事经营活动;(九)有关共有和共同管理权利的其他重大事项。"与原《物权法》比较,对于由业主共同决定的事项,《民法典》将筹集和使用建筑物及其附属设施的维修资金从筹集与使用角度分成了两个条款,同时增加了"改变共有部分的用途或者利用共有部分从事经营活动",业主综合权利加强。

对业主共同决定事项的表决权,《民法典》第二百七十八条第二款规定:"业主共同决定事项,应当由专有部分面积占比三分之二以上的业主且人数占比三分之二以上的业主参与表决。决定前款第六项至第八项规定的事项,应当经参与表决专有部分面积四分之三以上的业主且参与表决人数四分之三以上的业主同意。决定前款其他事项,应当经参与表决专有部分面积过半数的业主且参与表决人数过半数的业主同意。"《民法典》与原《物权法》比较,完善了表决规则,分设了参与表决与通过表两个程序,《民法典》新增了参加表决人数的要求,必须由专有部分面积及人数占比均三分之二以上的业主参与表决,对表决事项设置了初步门槛。其次重大事项表决比例从双三分之二调至双四分之三,而一一般事项,只要经过参与表决业主的双过半同意就可以,降低了表决门槛。

（三）新增共有部分的收入分配规则

小区利用外墙设立的广告收入归谁？属于物业公司还是广大业主？具体如何分配？《民法典》第二百八十二条规定:"建设单位、物业服务企业或者其他管理人等利用业主的共有部分产生的收入,在扣除合理成本之后,属于业主共有。"也就是在利用小区共有部分产生的广告收入在扣除成本后,归属于全体业主所有,避免实务中产生争议。

四、住宅建设用地使用权的续期费用,回应百姓关注

关于建设用地使用权到期后续期,《民法典》第三百五十九条第一款规定:"住宅建设用地使用权期限届满的,自动续期。续期费用的缴纳或者减免,依照法律、行政法规的规定办理。"第二款规定:"非住宅建设用地使用权期限届满后的续期,依照法律规定办理。该土地上的房屋以及其他不动产的归属,有约定的,按照约定；没有约定或者约定不明确的,依照法律、行政法规的规定办理。"

根据上述规定,建设用地使用权期限届满的,建设用地使用权分为住宅建设用地使用权与非住宅建设用地使用权,前者自动续期,后者续期依照法律规定。与原《物权法》比较,原《物权法》对住宅建设用地使用权续期费用未作出规定,《民法典》新增了续期费用的缴纳或者减免依据,依照法律、行政法规的规定办理。

五、担保物权理念创新,遵循经济发展与需求

（一）担保合同的种类与范围拓宽

《民法典》对担保物权方式规定,较之前《物权法》进行了突破与创新。《民法典》第三百八十八条规定:"设立担保物权,应当依照本法和其他法律的规定订立担保合同。担保合同包括抵押合同、质押合同和其他具有担保功能的合同。担保合同是主债权债务合同的从合同。主债权债务合同无效的,担保合同无效,但是法律另有规定的除外。担保合同被确认无效后,债务人、担保人、债权人有过错的,应当根据其过错各自承担相应的民事责任。"与原《物权法》第一

百七十二条比较,明确了担保合同除了抵押合同、质押合同外,还包括融资租赁、保理、所有权保留等非典型担保合同,拓宽了担保合同的范围与种类,明确了实务中经常发生的非典型担保为合法的担保合同方式,拓展了融资渠道,亦优化营商环境。

(二)流押流质契约并非绝对无效

流押流质条款,指抵押权人、质权人与抵押人或出质人在担保债权届期前约定,若债权届清偿期而未获清偿,抵押物或质物所有权移属于权利人。《民法典》第四百零一条规定:"抵押权人在债务履行期限届满前,与抵押人约定债务人不履行到期债务时抵押财产归债权人所有的,只能就抵押财产优先受偿。"第四百二十八条规定:"质权人在债务履行期限届满前,与出质人约定债务人不履行到期债务时质押财产归债权人所有的,只能依法就质押财产优先受偿。"

禁止流押是原《物权法》的原则,目的在于防止债权人损害债务人利益,《民法典》规定改变了原《物权法》对流质条款的绝对禁止,明确了流质流押条款存在时担保物权依然成立,担保物权人享有优先受偿权,并非整个契约完全无效,平衡了债权人与债务人的权益。

《民法典》适用的时间效力及溯及力问题分析

李 炜

[摘　要] 法的溯及力又称法律溯及既往效力,是指新法律可否适用于其生效前发生的事件和行为。《民法典》施行后,哪些案件可以适用《民法典》起诉、审理及判决,新旧法律如何衔接,《民法典》是否具有溯及力,是新法施行之际普遍关注的法律问题。

[关键词]《民法典》;不溯及既往;例外情形

法律的时间效力,是指法律何时生效、何时终止效力以及法律对其生效以前的事件和行为有无溯及力。2020年12月29日最高人民法院发布了《关于适用〈中华人民共和国民法典〉时间效力的若干规定》(以下简称"《时间效力规定》"),自2021年1月1日起与《民法典》同步施行。《时间效力规定》聚焦《民法典》的新旧衔接适用问题,共二十八条,由四部分组成:"一般规定""溯及适用的具体规定""衔接适用的具体规定""附则",就法院在审理民事纠纷案件中适用《民法典》时间效力的问题作出了规定。

为更好地理解和适用《时间效力规定》的原则及规范,本文拟对新规进行梳理与解读。

一、以《民法典》不溯及既往为基本原则

法谚曰:"法律仅仅适用于将来。"法不溯及既往是大部分国家通用的一项法律适用原则,一般情况下新法对施行后的法律事实产生拘束力,对施行前的法律事实无拘束力,也就是没有溯及力。

《立法法》第九十三条规定:"法律、行政法规、地方性法规、自治条例和单行条例、规章不溯及既往,……"明确了我国法律法规不溯及既往的原则。《时间效力规定》遵循了《民法典》不溯及既往的原则,在第一条第一、二款进行了明确规定。

法律事实,是法律规范所规定的,依法能够引起法律关系产生、变更、消灭的客观情况。法律事实分为法律行为与法律事件。以法律事实发生在《民法典》施行前后为时间界点,《民法典》施行后的法律事实引起的民事纠纷案件,适用《民法典》的规定;《民法典》施行前的法律事实引起的民事纠纷案件,一般情况下适用当时的法律、司法解释的规定,除外情形是"法律、司法解释另有规定的除外"。

二、法律事实持续跨越的民事纠纷适用《民法典》

对于具有持续性并跨越《民法典》施行前后的法律事实,《时间效力规定》第一条第三款作出了规定,法律事实在《民法典》施行前已经发生,一直持续至《民法典》施行后,因该法律事实引起的民事纠纷案件,适用《民法典》的规定。除外情形是法律、司法解释另有明确规定。

三、溯及适用的例外情形

(一)有利溯及

《立法法》第九十三条规定法律法规溯及既往的同时,也规定了"但为了更好地保护公民、法人和其他组织的权利和利益而作的特别规定除外",从而树立了"有利溯及"的规则。

《民法典》适用亦采纳有利溯及原则,《时间效力规定》第三条规定:"民法典施行前的法律事实引起的民事纠纷案件,当时的法律、司法解释和民法典均有规定情况下,适用当时法律司法解释的规定,但是适用民法典的规定更有利于保护民事主体合法权益,更有利于维护社会和经济秩序,更有利于弘扬社会主义核心价值观,则适用民法典的规定。"对于《民法典》施行前的法律事实引起的民事纠纷案件,当新旧法律均有规定时,适用当时规定,例外是适用《民法典》

更有利的情形。

关于有利溯及《民法典》的标准条件,《时间效力规定》规定了"三个有利于"原则:更有利于保护民事主体合法权益;更有利于维护社会和经济秩序;更有利于弘扬社会主义核心价值观。

(二)空白溯及,新增规定的溯及适用

关于法的空白溯及,是指在之前法律法规对某一事项未作出规定,而新法作出了明确规定,法院可以适用新法用以填补漏洞或空白。这次《时间效力规定》亦增加了空白溯及条款。当时没有规定而《民法典》有规定的,适用《民法典》规定。

《时间效力规定》第三条规定:"发生在民法典施行前的法律事实引起的民事纠纷案件,当时的法律、司法解释没有规定而民法典有规定的,可以适用民法典的规定,但适用以不得明显减损当事人合法权益、增加当事人法定义务或者背离当事人合理预期为前提。"但应注意的是,空白溯及并非适用所有情形,《时间效力规定》同时规定了空白溯及的除外情形:如果存在明显减损当事人权益、增加当事人法定义务或者远离当事人合理预期的,不得适用《民法典》新规。《民法典》以维护当事人民事权益为原则,不能过于增加当事人的责任和义务。

(三)裁判说理

当时仅有原则性规定,《民法典》有具体规定的,依据《民法典》规定裁判说理。根据《时间效力规定》第四条规定:"民法典施行前的法律事实引起的民事纠纷案件,当时的法律、司法解释仅有原则性规定而民法典有具体规定的,适用当时的法律、司法解释的规定,但是可以依据民法典具体规定进行裁判说理。"因此,《民法典》施行前没有具体规定,对于具体民事纠纷案件处理,之前的原则性规定与《民法典》具体规定相结合,法院裁判文书的说理部分可以适用《民法典》具体规定。

(四)有效溯及

民事法律行为适用旧法认定无效,适用《民法典》新规认定有效的,应适用《民法典》规定。《时间效力规定》第八条规定:"民法典施行前成立的合同,适用当时的法律、司法解释的规定合同无效而适用民法典的规定合同有效的,适用民法典的相关规定。"有效溯及旨在从当事人意思自治、尊重当事人合意、促进交易等角度进行考量。《全国法院民商事审判工作会议纪要》(法〔2019〕254

号)中规定:"民法总则施行前成立的合同,根据当时的法律合同无效而适用合同法合同有效的,则适用合同法。"《时间效力规定》也沿袭了有效溯及的原则。

四、确立了既判力优于溯及力原则

既判力是指民事判决实质上的确定力、拘束力,《时间效力规定》第五条规定:"民法典施行前已经终审的案件,当事人申请再审或者按照审判监督程序决定再审的,不适用民法典的规定。"明确了裁判的既判力优先于溯及力的原则,《民法典》施行前已经终审的案件,不得适用《民法典》的规定推翻已经生效的判决。

五、溯及适用《民法典》的具体情形

溯及既往适用民法典的具体情形,《时间效力规定》第二部分"溯及适用的具体规定"第六条至第十九条进行了规定。规定了以下法律事实发生在《民法典》施行之前引发的具体民事纠纷,《民法典》具有溯及力。

适用"三个有利于"规则的具体情形,包括:侵害英雄烈士等姓名名誉权纠纷适用《民法典》第一百八十五条的规定;流押流质条款的效力适用《民法典》第四百零一条和第四百二十八条的规定;无效合同补正适用《民法典》的相关规定;格式合同一方未履行提示说明合同效力认定适用《民法典》第四百九十六条的规定;直接起诉主张解除合同适用《民法典》第五百六十五条第二款的规定;继承人是否丧失继承权适用《民法典》第一千一百二十五条规定。

适用空白溯及规则的具体情形,包括:违约方终止合同的适用《民法典》第五百八十条第二款的规定;保理合同争议适用《民法典》第三编第十六章的规定;第二顺序继承人的代位继承适用《民法典》第一千一百二十八条第二款和第三款的规定;打印方式遗嘱效力适用《民法典》第一千一百三十六条的规定;自甘风险适用《民法典》第一千一百七十六条的规定;自助行为适用《民法典》第一千一百七十七条的规定;好意同乘适用《民法典》第一千二百一十七条的规定;高空抛物或坠物损害适用《民法典》第一千二百五十四条的规定。

六、《民法典》与原法律司法解释的衔接适用

《时间效力规定》第三部分"衔接适用的具体规定"第二十二条至第二十七条,主要对持续性的履行行为采取分段适用新旧法律的规则,因《民法典》施行前履行发生争议的,适用当时规定;因《民法典》施行后履行发生争议的,适用《民法典》规定。

(一)合同履行纠纷

合同履行是一个连续过程,《民法典》施行前成立的合同,履行持续至《民法典》施行后的,因双方履行发生争议的,根据《时间效力规定》第二十条规定:"民法典施行前成立的合同,依照法律规定或者当事人约定该合同的履行持续至民法典施行后,因民法典施行前履行合同发生争议的,适用当时规定;因民法典施行后履行合同发生争议的,适用民法典第三编第四章和第五章的相关规定。"

(二)租赁合同纠纷

租赁是持续性行为,根据《时间效力规定》第二十一条规定:"以租赁期限是否届满为要件,租赁期限在《民法典》施行前届满的,适用原规定;租赁期限在《民法典》施行后届满的,适用《民法典》第七百三十四条第二款规定。"

(三)侵权纠纷

对于非典型性持续性行为侵权行为,侵权行为发生在民法典施行前,损害后果出现在《民法典》施行后,民事纠纷案件适用《民法典》的规定。

另外还有数份遗嘱发生争议、不准离婚后再次起诉离婚、解除权人知道或者应当知道解除事由在《民法典》施行后的解除合同纠纷等,适用《民法典》相应的新规规定。

关于《民法典》婚姻家庭新规定的解析

许 恬 周孙燕[*]

[摘 要] 2021年1月1日,《民法典》正式施行。民法典的诞生,适应了中国特色社会主义发展要求、弘扬社会主义核心价值观的需求。法典施行后,《婚姻法》《继承法》《民法通则》等共计九部法律同时废止。与《婚姻法》《继承法》的规定相比,《民法典》第五编对婚姻及继承的部分内容进行了改变,如:"不再将不宜结婚的疾病视为禁止结婚的情形,增加婚前不如实告知重大疾病情况,另一方可请求撤销婚姻""对夫妻共同债务的界定进行了明确""新增离婚冷静期",等等。《民法典》第五编中的一些新的规定与人们的日常生活息息相关,具有重要的影响。

[关键词] 民法典;婚姻家庭篇;夫妻共同债务;离婚冷静期;亲子关系;被收养人范围

2021年1月1日施行的《民法典》牵动了千千万万老百姓的心,那么,《民法典》第五编中有哪些新的规定呢?这些规定将对老百姓的婚姻家庭产生什么影响呢?在这篇文章中,我们就挑几个和我们的日常生活密切相关的新规进行一下解读。

一、新增重大疾病告知义务,结婚登记前不如实告知的,对方可请求撤销该婚姻

《民法典》第一千零五十三条规定:"一方患有重大疾病的,应当在结婚登记

---

[*] 许恬,复旦大学法律硕士,上海融力天闻律师事务所高级合伙人,第四届上海市闵行区优秀律师,上海市律师协会基金业务研究委员会委员,上海市妇联巾帼志愿团成员。周孙燕,华东政法大学法学硕士,上海融力天闻律师事务所律师。

前如实告知另一方;不如实告知的,另一方可以向人民法院请求撤销婚姻。请求撤销婚姻的,应当自知道或者应当知道撤销事由之日起一年内提出。"

笔者曾经办理过这样一个案件:外企高管沈女士通过相亲认识了事业单位的员工潘先生。沈女士觉得潘先生虽然收入不高,但高大英俊,又有事业编制,对自己也很体贴,所以恋爱三个月后两人就闪婚了。两人共同生活后,沈女士发现潘先生的身体似乎不太好,经常背着自己吃药。考虑到自己年龄已经不小,生孩子的事情迫在眉睫,沈女士长了个心眼,某天翻查了潘先生的病历,原来潘先生早在婚前已经患了甲状腺癌,却隐瞒病史与沈女士办理了结婚登记。受到欺骗的沈女士向法院提起了离婚诉讼。法庭上,潘先生承认了欺骗沈女士的事实,也同意离婚,但提出了分割夫妻共同财产的要求。沈女士抗辩说:潘先生每月收入仅四五千元,只能满足潘先生个人的开支,二十余万元积蓄存在沈女士名下,来源于沈女士的工资和奖金,是沈女士的个人财产。但最终法院认定该笔积蓄属于夫妻共同财产,支持了潘先生的请求,将共同积蓄的一半判归潘先生所有。沈女士经历了这样一场"骗婚",不仅损失了十余万元的财产,而且成了一名有婚史的离婚妇女,精神上备受打击。

随着强制婚检制度退出历史舞台,法律未再强制规定男女双方在婚前进行婚检。原《婚姻法》第七条规定,患有医学上认为不应当结婚的疾病的人,禁止结婚。第十条规定,婚前患有医学上认为不应当结婚的疾病,婚后尚未治愈的,该种情形下婚姻无效。但原《婚姻法》没有列举哪些疾病属于医学上认为不应当结婚的疾病,仅做了原则性规定。根据相关法律、司法解释以及司法实践,不应当结婚的疾病一般包括严重遗传性疾病,艾滋病、梅毒等指定传染病,精神分裂症等重型精神病以及不能发生性行为的生理缺陷等。但是医学在发展,一些原先被认为不应当结婚的疾病会被治愈,但同时又会发现一些新的不应当结婚的疾病;而且社会在进步,人们的思想更加多元化,很多人认为疾病不应当成为阻挡有情人终成眷属的理由。但同时,婚后发现配偶婚前有重大疾病提出离婚的案例也层出不穷,因此,这次《民法典》的修改顺应了时代和社会发展的需求,将疾病婚从禁止结婚的要件中取消了,改为可撤销婚姻。

如果沈女士的情况发生在《民法典》施行后,那么按照《民法典》的新规定,沈女士可以潘先生在婚前患有重大疾病、没有在结婚登记前如实告诉自己为由,向人民法院请求撤销婚姻。由于被撤销的婚姻从一开始就没有法律约束力,沈女士和潘先生之间不具有夫妻的权利和义务,法院会根据照顾无过错方的原则判决。这样的话,沈女士不仅能保住自己名下的积蓄,而且由于婚姻被撤销,沈女士的婚姻记录仍为未婚。

二、新增夫妻共同债务的界定

《民法典》第一千零六十四条规定:"夫妻双方共同签名或者夫妻一方事后追认等共同意思表示所负的债务,以及夫妻一方在婚姻关系存续期间以个人名义为家庭日常生活需要所负的债务,属于夫妻共同债务。夫妻一方在婚姻关系存续期间以个人名义超出家庭日常生活需要所负的债务,不属于夫妻共同债务;但是,债权人能够证明该债务用于夫妻共同生活、共同生产经营或者基于夫妻双方共同意思表示的除外。"

在我们的日常生活中,夫妻双方因买房、买车或对外投资等原因对外借贷,是很普遍的现象。对外而言,夫妻双方被当成一个整体,夫妻双方需要对婚姻关系存续期间的债务承担共同偿还责任,也一直被认为是符合情理的。但我们的现实生活中经常会发生一些例外情形,若让未实际借款的一方承担共同还款责任,则会对未实际借款的一方极为不公;更有甚者会利用法律的漏洞,在外恶意举债,企图让夫妻另一方承担还款责任。针对这一点,笔者举个案例:

张先生与徐女士于2007年10月1日登记结婚,于2016年7月8日办理了离婚手续。自2010年起,张先生因生意原因常年在外,徐女士对张先生在外的行踪以及生意情况及收入从不过问,张先生也从不把收入交给徐女士,徐女士依靠自己的工资收入维持自己和孩子的日常生活。2016年1月28日,张先生因个人需要及生意原因向马先生借款人民币200万元。因张先生迟迟不归还借款,马先生向人民法院提起了诉讼,将张先生与徐女士一并告上了法庭。徐女士认为其对婚姻关系存续期间张先生在外的借贷行为并不知情,且张先生所借款项亦未用于家庭共同生活,她认为自己不应当对该笔债务承担共同偿还责任。但令徐女士失望的是,人民法院经过审理后认为:"在徐女士不能举证证明原告与被告张先生对涉讼债务约定为被告张先生的个人债务,亦未能举证证明两被告在婚姻关系存续期间所得财产约定归各自所有而原告知道或应当知道该约定,则应认定该借款为夫妻共同债务,徐女士应承担共同偿还责任。"所以,即使张先生与徐女士已经离婚,但徐女士仍要背上共同偿还200万元的债务。对徐女士而言,法律的天平显得太不公平了。

2018年1月,最高人民法院出台了《关于审理涉及夫妻债务纠纷案件适用法律有关问题的解释》(以下简称"《婚姻法司法解释》"),对夫妻共同债务进行了界定,规定了"1.婚内单方举债只有另一方同意或追认才能认定为夫妻共同债务;2.一方为满足夫妻日常生活而以单方名义发生的、通常是数额较小的债务,推定为夫妻共同债务;3.债权人若能证明夫妻因系争债务而共同受益(有益于共同生活或共同生产经营),则不论有无共同举债合意,该债务也为夫妻共同债务。"该规定出台后,在上述案例中,因为这笔200万元的借款是张先生单方举债,徐女士既不知情也未同意,那么举证责任就转移到了马先生这里,马先生只有证明徐女士就该笔债务共同受益了,徐女士才需要对马先生的该笔债务与张先生共同承担偿还责任。而今该夫妻共同债务的界定被正式写入了《民法典》,这对平等保护夫妻双方合法权益,构建和谐家庭关系具有十分重要的作用。

三、新增婚姻存续期间,分割共同财产的两种情形

此次《民法典》第五编在吸纳《婚姻法司法解释》的规定上,新增了两种婚姻关系存续期间一方可以向人民法院请求分割共同财产的情形:"(一)一方有隐藏、转移、变卖、毁损、挥霍夫妻共同财产或者伪造夫妻共同债务等严重损害夫妻共同财产利益的行为的;(二)一方负有法定扶养义务的人患重大疾病需要医治,另一方不同意支付相关医疗费用。"

针对这个法律规定,笔者举两个案例:

牛先生夫妇结婚已有二十多年,两人自由恋爱结婚、情投意合,婚后生活幸福美满。但是这两三年来,由于事业上不再有上升空间、唯一的儿子也离家去北京读大学,空虚的牛先生迷上了搓麻将,赌瘾越来越大,有时候一个晚上就会输掉几万块钱。起先,牛太太挺体谅牛先生,想想他也忙碌了半辈子了,小玩玩也无所谓,直到前几个月,牛太太突然发现家中三十万元的储蓄不见了,再一问牛先生,原来去还赌债了。牛太太不允许牛先生再去搓麻将,但牛先生却有了赌瘾,经常偷偷溜出去玩,甚至夜不归宿。牛太太准备去起诉离婚,但一想到往

日的夫妻恩爱,想到儿子还没成家,就下不了离婚的决心。现在,2021年1月1日施行的《民法典》给了牛太太另外一条解决问题的途径:"在不离婚的前提下,分割共同财产。"这样的话,牛先生、牛太太还是一家人,但牛太太至少能保全家庭一半的财产,也给婚姻留了一条退路。

牛先生的恶果是自酿的,但马先生的遭遇就很值得同情了。出身于工人家庭的马先生,全家节衣缩食将他送入了大学。重点大学研究生毕业后,马先生考上了上海的公务员,并与同单位的秦小姐相恋结婚。靠着双方父母的资助以及自身稳定的收入,小夫妻俩买房、买车,并接连生下两个孩子,小日子过得其乐融融。但是,去年马先生母亲患上了肺癌,马先生决定不惜一切代价挽救母亲的生命,母亲的两次手术花去了家中所有的积蓄,为了给母亲换肝,马先生决定卖房。这个时候,一直支持马先生的秦小姐提出了反对意见:"卖了房子以后,一家人住到哪里去?现在的房子是学区房,卖了以后两个孩子读书怎么办?"秦小姐的反对让马先生陷入了痛苦中。离婚,舍不得;但不离婚的话,就拿不出钱救母亲。《民法典》的出台让马先生看到了希望,2021年1月1日以后,马先生可以在不离婚的前提下,向法院要求分割共同财产,这样的话,马先生就可以拿他分割到的那部分去救母亲了,而秦小姐也可以用自己分割到的那部分购买一套小一些的学区房,解决家庭居住和孩子入学问题了。

四、新增离婚冷静期规定

《民法典》第一千零七十七条规定:"自婚姻登记机关收到离婚登记申请之日起三十日内,任何一方不愿意离婚的,可以向婚姻登记机关撤回离婚登记申请。前款规定期限届满后三十日内,双方应当亲自到婚姻登记机关申请发给离婚证;未申请的,视为撤回离婚登记申请。"

结婚是两个人彼此组成一个新的家庭,共同迈进婚姻生活的起点,离婚是两个走进婚姻关系的人在历经婚姻中的柴米油盐生活后,共同结束婚姻生活的终点。结婚和离婚都应当是经过慎重考虑后的结果,这既是对自己的人生负责,亦是对社会负责。但现今,轻率离婚、冲动离婚屡见不鲜。为此,为了促使家庭和社会的稳定,《民法典》引入了"离婚冷静期"的规定,给拟离婚的夫妻双方充足的时间考虑,避免发生冲动离婚、轻率离婚的现象。

就《民法典》关于离婚冷静期的规定,有几点需要注意:第一,"离婚冷静期"的规定只适用于夫妻双方协议离婚。若采用诉讼方式离婚的,则夫妻双方无需"离婚冷静期",若法院判决同意离婚的,则判决生效后,离婚生效。第二,夫妻双方协议离婚的,根据"离婚冷静期"的规定,最长要"冷静"60天。其中30天为向民政局申请离婚后的"冷静期",在该冷静期内,夫或妻任一方不想离婚的,其可以撤回离婚申请。离婚申请撤回后,则离婚申请不发生任何效力。第三,前述30天冷静期结束后,夫妻双方尚有30天的领证期。在这30天领证期内,需夫妻双方共同至婚姻登记中心申请发给离婚证。夫或妻任一方不想离婚的,可拒绝至婚姻登记机关申请发给离婚证,未申请的,则之前的离婚申请亦不发生任何效力。由此可见,夫妻双方协议离婚的,该60天的冷静期,给予了夫妻双方充分的时间去思考是否确实要离婚。

五、新增可以请求确认或者否认亲子关系规定

《民法典》第一千零七十三条规定:"对亲子关系有异议且有正当理由的,父或者母可以向人民法院提起诉讼,请求确认或者否认亲子关系。对亲子关系有异议且有正当理由的,成年子女可以向人民法院提起诉讼,请求确认亲子关系。"

关于这条有个案例:赵先生和钱小姐是大学同学,两人在大学期间相恋,毕业后就结婚了。赵先生的母亲是银行行长,所以赵先生和钱小姐的工作均是由其一手安排,婚房也是由其全款购买。但优越的生活条件并没有给小家庭带来幸福,赵先生的母亲经常强势介入小夫妻的生活,婆媳矛盾非常尖锐,而赵先生得过且过、不求上进的生活态度也让钱小姐非常不满。在一次争吵中,钱小姐脱口而说:"我在外面有人了,儿子不是你的。"这句话让赵先生母子陷入了巨大的怀疑中。此次争吵后,钱小姐就带着儿子搬回娘家,并对赵先生要求做亲子鉴定的要求置之不理,直到双方协议离婚,儿子的身世始终成疑,离婚后赵先生再未见到过儿子,而在离婚协议书及相关的档案材料中,儿子的父亲一栏仍登记为赵先生。

十几年过去了,赵先生再次结婚生子,但一想起曾经的那段婚姻和身世可疑的那个儿子,赵先生就如鲠在喉。现在《民法典》第一千零七十三条的规定给

了赵先生解决问题的方案,赵先生可以向人民法院提起诉讼,要求否认亲子关系,并基于该诉讼请求,要求钱小姐配合进行亲子鉴定。如果鉴定结果排除了儿子和赵先生之间的亲子关系,那么基于否认亲子关系的判决,孩子与赵先生之间不再产生权利义务关系,孩子也不再享有赵先生遗产的继承权。

那么,有些夫妻由于无法生育而收养了孩子,悉心养育长大,但出于种种担心,没有告诉孩子被领养的真相,孩子长大以后发觉自己是被领养的,会不会也依照这个规定提出否认亲子关系的诉讼呢?《民法典》考虑到了这个问题,规定成年子女可以向人民法院提起确认亲子关系的诉讼,但无权提出否认亲子关系的诉讼,从而避免成年养子女借法律逃避赡养义务的情况。

六、被收养人的范围由"不满十四周岁的未成年人"扩大至"未成年人"

《民法典》第一千零九十三条规定:"下列未成年人,可以被收养:(一)丧失父母的孤儿;(二)查找不到生父母的未成年人;(三)生父母有特殊困难无力抚养的子女。"

被收养人的范围由十四岁扩大到十八岁,会解决很多社会和家庭的难题,因为已满十四岁的未成年人,如果失去了父母或生父母丧失了抚养能力,他此时既不能工作,又不能被合法收养,生活非常容易陷入困境。

例如,出生在农村的小丁,读到初中二年级,家里就没钱供她读书了。有一对上海夫妻,插队落户时曾居住在她家隔壁,返回上海后也一直保持联系。这对夫妻没有孩子,一直非常喜欢单纯善良的小丁,听说小丁没钱读书的事情后,决定收养她。小丁的父母有好几个孩子,每天都在为孩子们学费、生活费用发愁,有人愿意收养小丁自然喜出望外。可是,双方到民政部门咨询后发现,根据原《收养法》的规定,小丁已超过十四周岁,不符合被收养的条件了。考虑到不能合法收养,就无法办理上海户口,也无法在上海读书及就业,这对夫妻只好放弃了收养小丁的打算。

后来历经坎坷的小丁成了一名美容师,二十多年后小丁谈起这件事的时候仍然满怀惆怅,改变命运的机会就这样擦肩而过。时代的一粒灰,落在个人头上,就是一座山;法律的一条规定,就这样划开了一个人命运的鸿沟。所以,《民法典》的颁布与我们每个人的生活都息息相关。

七、结语

从以上解读及案件我们可以看出,新法与旧法的显著区别:新的《民法典》坚持问题导向,积极回应社会热点诉求,满足新时代人民法治需求,全方位保护人民民事权利。因此,这部民法典凝聚了社会生活规则的最大共识,让社会主义核心价值观通过法治建设更加深入人心,不仅具有中国特色,而且彰显出丰富的时代精神,极大地解决了《民法典》施行前司法实践中婚姻家事案件中经常出现的一些疑难问题,因此《民法典》是一部与时俱进、以民为本的法典。

浅谈民间借贷中结算利率是否超过法定上限问题处理与新规保护利率变化

沈奕枋[*]

[摘　要]　结算型民间借贷可以分为两类：一是由原民间借贷关系通过结算形成新的借贷关系；二是由其他非借贷法律关系通过结算形成的借贷关系。实践中，法院对这两类结算型民间借贷关系的处理也存在诸多争议。本文仅讨论第一种类型前期结算利率超过法定上限问题，且双方均为自然人的借贷关系。

[关键词]　民间借贷；结算；本金；举证责任；逾期利息

一、案情介绍

2013年，被告乙与案外人丙向原告借款50万元，由案外人丙出具借条（以下简称"原借条"），载明向原告甲借款50万元整、约定月息、约定将借款汇入被告乙的银行账户，没有约定确切的归还时间。同日，原告将人民币44.6万多元转账汇入被告乙的银行账户。之后，被告陆续归还部分款项。2018年，原、被告双方结算后，被告向原告重新出具借条（以下简称"新借条"），新借条载明：今借到甲现金27万元。用于资金周转，于2018年12月30日前还清。并特别注明原借条作废。因被告逾期未还款，原告多番催讨无果，于2020年12月向法院提起诉讼，要求被告归还本金27万元并依法支付逾期利息。法院受理后，被告仅提出过管辖权异议，未答辩，经法院传票传唤，也未到庭应诉。法院开庭

---

[*]　沈奕枋，上海融力天闻（太仓）律师事务所律师。

审理后判决:"一、被告于判决生效之日起十日内归还原告借款本金人民币 27 万元;二、被告于判决生效之日起十日内归还原告借款的逾期利息(以本金 27 万元为基数,自 2018 年 12 月 31 日起至 2020 年 8 月 19 日止,按年利率 6% 计付;自 2020 年 8 月 20 日起至实际清偿之日止,按年利率 3.85% 计付)。"

二、法律问题分析

(一)结算型借贷中的本金如何认定

从上述案例中原告的陈述、两份借条的内容以及银行汇款明细,可以反映出新借条是原、被告对以往债权债务结算后产生的新债权凭证。

根据《最高人民法院关于修改〈最高人民法院关于在民事审判工作中适用《中华人民共和国工会法》若干问题的解释〉等二十七件民事类司法解释的决定》(法释〔2020〕17 号,以下简称"《1231 规定》")第二十七条第一款规定:"借贷双方对前期借款本息结算后将利息计入后期借款本金并重新出具债权凭证,如果前期利率没有超过合同成立时一年期贷款市场报价利率四倍,重新出具的债权凭证载明的金额可认定为后期借款本金。超过部分的利息,不应认定为后期借款本金。"

即如原借贷关系中的利率没有超过合同成立时一年期贷款市场报价利率四倍,新借条中载明的金额可被认定为本金,否则需扣除"超过部分的利息"。

因此新借条本金的认定牵涉了"前期利率"和"超过部分的利息"的计算。

这里我们将合同成立时一年期贷款市场报价率设为 $R_{市}$、已偿还金额为 P、原借条本金为 C_1、新借条本金为 C_2、前期借款年限为 Y。就可以很容易地得到:前期利率=(被告已偿还金额+新借条本金-原借条本金)/前期借款年限/原借条本金=$(P+C_2-C_1)/(Y \cdot C_1)$,超过部分的利息=(被告已偿还金额+新借条本金-原借条本金)-原借条本金×合同成立时一年期贷款市场报价利率×4×前期借款年限=$P+C_2-C_1-4 \cdot C_1 \cdot R_{市} \cdot Y$,其中"原借条本金""前期借款年限""合同成立时一年期贷款市场报价利率"已知,而"被告已偿还金额"未知,因此,既无法比较"前期利率"是否超过合同成立时一年期贷款市场报价利率四倍,也无法计算"超过部分的利息"数额,那么,将引出下一个问题。

（二）"被告已偿还金额"应由哪方承担举证责任

根据最高人民法院关于适用《中华人民共和国民事诉讼法》的解释（以下简称"《民事诉讼法司法解释》"）第九十一条第（一）项规定："人民法院应当依照下列原则确定举证证明责任的承担，但法律另有规定的除外：（一）主张法律关系存在的当事人，应当对产生该法律关系的基本事实承担举证证明责任；……"原告只需要对要件事实承担举证责任，即甲只需要对自己所提诉讼请求所依据的事实承担举证责任。

《民法典》第六百七十九条明确了自然人之间借贷合同属于实践合同，其成立须同时具备两个要素：一是出借人和借款人形成了借贷合意；二是出借人完成了款项的交付，二者缺一不可。

因此原告主张存在借贷关系需要证明两个要件，一是借贷合意，二是款项交付。上述案例中，原告甲提供新借条能证明存在"借贷合意"，提供原借条与银行转账凭证能证明已经交付款项，可证明借贷关系存在。

若被告答辩其已归还部分款项或全部借款，将导致借贷关系的变更或消灭即被告已还款项的事实，为借贷关系变更、消灭的要件事实。根据《民事诉讼法司法解释》第九十一条第（二）项："人民法院应当依照下列原则确定举证证明责任的承担，但法律另有规定的除外……（二）主张法律关系变更、消灭或者权利受到妨害的当事人，应当对该法律关系变更、消灭或者权利受到妨害的基本事实承担举证证明责任。"应由被告承担举证责任。

另外，被告已还款项的事实这类权利变更、消灭要件事实对原告而言是不利的，依据自认规则，如果原告自认了，该事实可以直接认定，被告可以免除该部分的举证责任，但原告是没有义务代被告举证的。

综上所述，本案例中"被告已偿还金额"应由被告举证证明。

（三）新规利率保护变化对本案逾期利息计算的影响

最高人民法院于2020年12月31日公布了《1231规定》，其中第二十七条是关于修改最高人民法院《关于审理民间借贷案件适用法律若干问题的规定》的内容，修改重点之一便是利率保护上限以2020年8月20日为界，前后有别。

本案例被告于2018年重新出具借条，借条上既未约定借期内的利率，也未约定逾期利率，根据最高人民法院《关于审理民间借贷案件适用法律若干问题的规定（法释〔2015〕18号）》第二十九条第二款第（一）项规定："未约定逾期利率或者约定不明的，人民法院可以区分不同情况处理：（一）既未约定借期内的利率,也未约定逾期利率,出借人主张借款人自逾期还款之日起按照年利率6%支付资金占用期间利息的,人民法院应予支持;……",按照"当时的司法解释",原告可主张被告按照年利率6%支付资金占用期间利息。

因《1231规定》第二十八条第二款第(一)项:"既未约定借期内利率,也未约定逾期利率,出借人主张借款人自逾期还款之日起参照当时一年期贷款市场报价利率标准计算的利息承担逾期还款违约责任的,人民法院应予支持;……"及第三十一条第一、二款:"本规定施行后,人民法院新受理的一审民间借贷纠纷案件,适用本规定。2020年8月20日之后新受理的一审民间借贷案件,借贷合同成立于2020年8月20日之前,当事人请求适用当时的司法解释计算自合同成立到2020年8月19日的利息部分的,人民法院应予支持;对于自2020年8月20日到借款返还之日的利息部分,适用起诉时本规定的利率保护标准计算。"本案例于2020年12月起诉,符合"新受理案件"的要求。本案原告主张的逾期利息以2020年8月20日为界,前后不同——本金为基数,自2018年12月31日起至2020年8月19日,按照年利率6%计算;以本金为基数,自2020年8月20日起至实际清偿之日止,按一年期贷款市场报价利率标准计算的利息支付。

最高人民法院《关于审理民间借贷案件适用法律若干问题的规定》

(2020年12月31日修正)

主张逾期利息的不同情况	一审受理时间	借贷合同成立时间	计息时间区间	年利率
1. 对逾期利率有约定的,其从约定 2. 未约定逾期利率或者约定不明,但约定了借期内利率的,可按照借期内利率	2020年8月20日前		自合同成立起至借款返还之日止	"二线三区"最高24%
	2020年8月20日(含)后	2020年8月20日前	自合同成立起至2020年8月19日	"二线三区"最高24%
			2020年8月20日至借款返还之日止	不超过合同成立时4倍LPR
		2020年8月20日(含)后	自合同成立起至借款返还之日止	不超过合同成立时4倍LPR

续 表

主张逾期利息的不同情况	一审受理时间	借贷合同成立时间	计息时间区间	年 利 率
3.既未约定借期内利率,也未约定逾期利率	2020年8月20日前		自合同成立起至借款返还之日止	6%
	2020年8月20日(含)后	2020年8月20日前	自合同成立起至2020年8月19日	6%
			2020年8月20日至借款返还之日止	原告起诉时1倍LPR
		2020年8月20日(含)后	自合同成立起至借款返还之日止	原告起诉时1倍LPR

三、结语

在本案中,原告无需提交被告已还款项的证据,并不意味着任何情形下原告都不需要提交这类证据,具体情形还得"因案而异"。过去对虚假陈述缺乏惩处的时候,民间借贷诉讼中,不乏原告故意隐瞒被告已还部分款项事实的情形。现在法院在民事诉讼中已加大对于虚假陈述、虚假诉讼的惩罚力度,但有时也会矫枉过正,甚至出现要求原告必须提供被告已还款证据的情况。如果没有很好地理解有关法律关系变更、消灭之要件事实的内涵与证据规则,就很有可能被"牵着鼻子走"了。

浅议实现债权的费用承担问题

龚 毅[*]

[摘 要] 随着社会的快速发展、法律法规的不断完善,公民法律意识日渐提高。当人们自身权益受到侵害时,越来越多的当事人倾向于通过合法途径实现债权、及时有效地维护自己的合法权益。在此过程中需要支出一系列费用,有些费用有相关规定提供了计算依据并明确指出了承担主体,有些费用没有相关法律规定,或者有相关规定但是规定并不明确,需要由裁判机关裁量决定能否支持当事人相应的诉讼请求。哪些费用能够由对方最终承担往往是当事人比较关注的问题,本文将围绕发生纠纷后,当事人为维护自身合法权益可能支出哪些费用,相关费用最终能否由对方当事人承担,哪些因素将会影响法院对该部分诉讼请求的裁判结果等问题展开分析。

[关键词] 实现债权;诉讼费;保全;律师费;费用承担

一、诉讼费的承担

当事人进行诉讼,应当依法向人民法院交纳诉讼费用,诉讼费用的交纳和收取制度依法应当公示,故此部分费用可以依据相关规定进行计算,是固定且明确的。《诉讼费用交纳办法》中规定的诉讼费包括了案件受理费、申请费以及证人、鉴定人、翻译人员、理算人员在人民法院指定日期出庭发生的交通费、住宿费、生活费和误工补贴。其中明确规定了当事人应当向人民法院交纳诉讼费用的标准、具体的项目以及不同情形下诉讼费如何负担等内容。法院将根据案件情况、当事人责任划分等判决案件当事人如何负担诉讼费以及负担的具体金

---

[*] 龚毅,上海融力天闻律师事务所高级合伙人。

额。这部分费用原则上秉持了谁违约谁承担的一个分配比例,这也是我们认为律师费也应该由违约方承担的一个理论依据。

二、诉讼保全担保费或诉讼财产保全责任保险费的承担

保全制度作为我国民事诉讼中一项重要的制度,是为了防止当事人转移、处分财产或者其他原因使得将来判决难以执行,导致一方当事人的合法权益遭受到难以弥补的损害。根据《民事诉讼法》第一百条、第一百零一条的规定,保全分为诉前保全和诉讼中保全,诉前保全,申请人应当提供担保;诉讼中保全,法院可以责令申请人提供担保。当事人依法需要提供担保时,所支出的费用是否能够由对方承担,具体分析如下:

(一)当没有对财产保全担保费用的承担问题作出约定时,该费用的负担需结合案件具体情况进行综合判断

在 A 建设集团有限公司(以下简称"A 公司")与戴某根建设工程施工合同纠纷[①]案中,最高人民法院认为关于诉讼保全担保费是否属胜诉方支出的合理必要费用的问题,实践中通常需结合案件具体情况予以综合判断。根据《民事诉讼法》第一百条第二款关于"人民法院采取保全措施,可以责令申请人提供担保,申请人不提供担保的,裁定驳回申请"的规定以及最高人民法院《关于人民法院办理财产保全案件若干问题的规定》(2016 年 10 月 17 日最高人民法院审判委员会通过)的相关规定,当事人申请财产保全时可采用多种担保方式,并非必然产生保全担保费用。又因案涉合同对该费用的负担并未作出约定,故原审法院综合考虑全案情况,没有支持 A 公司关于应由东辉公司承担该项费用的主张,并无不当。

(二)对财产保全责任保险费用的承担问题有无作出约定,不必然导致法院对该部分费用的支持

诉讼财产保全责任保险费不属于《诉讼费用交纳办法》中规定的诉讼费用,也没有对诉讼财产保全责任保险费的相关规定,最高人民法院对于此部分费用的承担也有不同的裁判结果。

---

① 最高人民法院(2021)最高法民申 66 号民事裁定书。

在 B 证券股份有限公司与 C 能源股份有限公司债券交易纠纷①案件中,合同中约定了实现债权的费用承担,但最高人民法院认为,诉讼保全保险费不属于《诉讼费用交纳办法》第六条规定的诉讼费用范围,诉讼保全保险费是申请保全人基于诉讼风险的不确定性为自己购买财产保全责任保险而支付的保险费用,该费用不属于违约后所必然发生的损失。

在 D 房地产开发集团有限公司(以下简称"D 公司")与 E 建设集团股份有限公司(以下简称"E 公司")建设工程施工合同纠纷②案件中,最高人民法院认为因 D 公司违约引起本案诉讼,E 公司为此向保险公司交纳的诉讼保全担保保险费系 E 公司支出的合理必要费用,属 E 公司的损失部分,一审判令违约方 D 公司承担并无不当。

三、律师费的承担

我国的诉讼费用制度针对的是法院与当事人之间的成本负担,并没有将当事人之间的诉讼费用负担作为调整对象,在诉讼中,当事人之间针对律师费的承担问题时常发生争议,本文具体从以下几个方面分析要求对方承担律师费的主张能否得到法院支持。

(一)法律、司法解释明确规定由败诉方承担胜诉方合理的律师费

法律、司法解释对于某些类型的案件,在费用承担的相关条文中直接明确指出"律师费"及其承担主体,或明确规定了律师费可计算在赔偿范围内,则此类案件中当事人对于要求对方承担律师费的主张有了法律依据,应得到法院支持。

1. 劳动争议案中的律师费由败诉的用人单位承担

《深圳经济特区和谐劳动关系促进条例》第五十八条:"劳动争议仲裁和诉讼案件,劳动者胜诉的,劳动者支付的律师代理费用可以由用人单位承担,但最高不超过五千元;超过五千元的部分,由劳动者承担。"

2. 债权人行使撤销权的律师费由债务人负担

债权人撤销权是指当债务人实施的处分财产的行为对债权人的债权造成

---

① 最高人民法院(2019)最高法民终 1567 号民事判决书。
② 最高人民法院(2017)最高法民终 437 号民事判决书。

损害时,债权人在符合法定要件的情形下通过行使撤销权,导致债务人危害债权实现的法律行为被撤销,被撤销的法律行为自始没有法律约束力,从而保全或恢复债务人的责任财产,确保债权人实现债权。债权人行使撤销权的费用最终能否由债务人承担,无论是之前已失效的最高人民法院《关于适用〈中华人民共和国合同法〉若干问题的解释(一)》,还是如今的《民法典》都有相关规定。

《民法典》第五百四十条规定了,撤销权的行使范围以债权人的债权为限。债权人行使撤销权的必要费用,由债务人负担。

此前的《最高人民法院关于适用〈中华人民共和国合同法〉若干问题的解释(一)》(已失效)第二十六条:"债权人行使撤销权所支付的律师代理费、差旅费等必要费用,由债务人负担;第三人有过错的,应当适当分担。"

在具体的案例中,例如朱某敏、刘某昌等债权人撤销权纠纷案[①]中,一审法院在说理部分阐明了债权人行使撤销权的必要费用,由债务人负担,此时债权人支出的律师代理费、诉讼保全的财产担保保险费用和交通费应由债务人承担,并最终判决了债务人承担债权人行使撤销权的上述必要费用,在二审中法院也维持了原判。在毕某洋、张某等债权人撤销权纠纷案[②]中,法院也支持了债权人要求债务人赔偿律师费的诉讼请求。

总之,除了在法律法规中有相关的规定,实践中法院也认可了律师费属于债权人行使撤销权的必要费用,该部分费用由债务人承担。债权人撤销权制度的设立为债权人实现债权、维护其合法权益提供了有力的保障。

3. 著作权纠纷案可将律师费作为赔偿范围

最高人民法院《关于审理著作权民事纠纷案件适用法律若干问题的解释》第二十六条:"著作权法第四十八条第一款规定的制止侵权行为所支付的合理开支,包括权利人或者委托代理人对侵权行为进行调查、取证的合理费用。人民法院根据当事人的诉讼请求和具体案情,可以将符合国家有关部门规定的律师费用计算在赔偿范围内。"

4. 商标侵权案可将律师费作为赔偿范围

最高人民法院《关于审理商标民事纠纷案件适用法律若干问题的解释》第

---

① 浙江省绍兴市中级人民法院(2021)浙06民终4044号民事判决书。
② 江苏省无锡市中级人民法院(2021)苏02民终4192号民事判决书。

十七条:"商标法第六十三条第一款规定的制止侵权行为所支付的合理开支,包括权利人或者委托代理人对侵权行为进行调查、取证的合理费用。 人民法院根据当事人的诉讼请求和案件具体情况,可以将符合国家有关部门规定的律师费用计算在赔偿范围内。"

5. 恶意诉讼、虚假诉讼、滥用诉讼权利案可索赔律师费

最高人民法院《关于进一步推进案件繁简分流优化司法资源配置的若干意见》(法发〔2016〕21号)第22条:"……当事人存在滥用诉讼权利、拖延承担诉讼义务等明显不当行为,造成诉讼对方或第三人直接损失的,人民法院可以根据具体情况对无过错方依法提出的赔偿合理的律师费用等正当要求予以支持。"

(二)有相关规定但并不明确的情形(裁判机关裁量)

而在有些类型的案件中,法律、司法解释也有关于费用承担问题的相关条文,但只是表述为"合理开支",或表述为"实现债权的费用",并未明确指出其中包括"律师费"。此部分案件由裁判机关裁量决定是否支持当事人要求对方承担律师费的主张。

1. 专利侵权案中可要求赔偿调查、制止侵权的合理费用

最高人民法院《关于审理专利纠纷案件适用法律问题的若干规定》第十六条:"权利人主张其为制止侵权行为所支付合理开支的,人民法院可以在专利法第六十五条确定的赔偿数额之外另行计算。"

《专利法》第六十五条:"侵犯专利权的赔偿数额按照权利人因被侵权所受到的实际损失确定;实际损失难以确定的,可以按照侵权人因侵权所获得的利益确定。权利人的损失或者侵权人获得的利益难以确定的,参照该专利许可使用费的倍数合理确定。赔偿数额还应当包括权利人为制止侵权行为所支付的合理开支。 权利人的损失、侵权人获得的利益和专利许可使用费均难以确定的,人民法院可以根据专利权的类型、侵权行为的性质和情节等因素,确定给予一万元以上一百万元以下的赔偿。"

2. 担保权纠纷案可要求赔偿实现债权的费用

《民法典》第六百九十一条:"保证的范围包括主债权及其利息、违约金、损害赔偿金和实现债权的费用。当事人另有约定的,按照其约定。"本文认为根据此条规定,当债务人不履行义务时,债权人为了实现债权而聘请律师所支出的

律师费应属于"实现债权的费用",律师费最终应由对方承担。

3. 不正当竞争案中可要求赔偿合理的调查费用

《反不正当竞争法》第十七条:"经营者违反本法规定,给他人造成损害的,应当依法承担民事责任。 经营者的合法权益受到不正当竞争行为损害的,可以向人民法院提起诉讼。因不正当竞争行为受到损害的经营者的赔偿数额,按照其因被侵权所受到的实际损失确定;实际损失难以计算的,按照侵权人因侵权所获得的利益确定。经营者恶意实施侵犯商业秘密行为,情节严重的,可以在按照上述方法确定数额的一倍以上五倍以下确定赔偿数额。赔偿数额还应当包括经营者为制止侵权行为所支付的合理开支。……"

4. 人身损害赔偿、名誉侵权、交通肇事案中可要求赔偿合理费用

《民法典》第一千一百七十九条:"侵害他人造成人身损害的,应当赔偿医疗费、护理费、交通费、营养费、住院伙食补助费等为治疗和康复支出的合理费用,以及因误工减少的收入。造成残疾的,还应当赔偿辅助器具费和残疾赔偿金;造成死亡的,还应当赔偿丧葬费和死亡赔偿金。"

上海市高级人民法院早在 2000 年作出的《关于印发〈关于民事案件审理的几点具体意见〉的通知》(沪高法民〔2000〕44 号)中针对人身损害赔偿案件提出:"我们认为,所谓损失,是指因违约方或加害人的不法行为给受害人带来的财产利益的丧失。律师费在性质上属于财产利益,原则上可以作为损失,但不能超过加害人或违约方应当预见到的范围。鉴于目前律师收费有按规定收费和协议收费两种,我们认为,受害人与律师协商确定的律师费,如果高于有关规定的,则高出部分可认为超过了加害人或违约方应当遇见的范围,对超出部分应不予支持。"

5. 仲裁案中可要求赔偿合理费用

《中国国际经济贸易仲裁委员会仲裁规则》第五十二条:"费用承担(一)仲裁庭有权在裁决书中裁定当事人最终应向仲裁委员会支付的仲裁费和其他费用。(二)仲裁庭有权根据案件的具体情况在裁决书中裁定败诉方应补偿胜诉方因办理案件而支出的合理费用。仲裁庭裁定败诉方补偿胜诉方因办理案件而支出的费用是否合理时,应具体考虑案件的裁决结果、复杂程度、胜诉方当事人及/或代理人的实际工作量以及案件的争议金额等因素。"

在实践中,该费用应包括律师费,但仲裁庭对该费用的承担问题有很大的

自由裁量权。

（三）没有法律法规明确规定时，合同可以约定由违约方承担律师费

民事案件中，律师费应该由哪方承担一直是存在争议的，实践中大部分的民事纠纷诉讼成本是由各方自行承担，当然如果在合同争议中合同明确了关于诉讼成本由违约方承担的书面约定的话，法院会尊重合同的约定，就守约方诉讼成本的主张会予以相应的支持。《民法典》第五条规定："民事主体从事民事活动，应当遵循自愿原则，按照自己的意思设立、变更、终止民事法律关系。"因此，根据自愿原则，当事人可以在合同中自行约定，守约方为实现债权而发生的一切费用（包括但不限于诉讼费、财产保全费、差旅费、执行费、评估费、律师费等）均由违约方承担。在没有法律法规的明文规定时，若此条款合法有效，则守约方有权要求违约方承担合同约定的律师费，法院可以根据合同约定、相关法律法规等确定由违约方承担的律师费具体数额。

约定的收费方式不同将影响法院最终支持的律师费金额。即便合同中明确约定了实现债权的费用承担主体，但是当事人与律师在委托代理合同中就律师费的收取方式所达成的约定，也将影响法院最终是否支持当事人对于律师费的主张，以及最终支持的具体金额。

（1）对于约定了具体金额的律师费，金额也未超出律师费用政府指导价，此种情况下当事人有无实际支付，都不影响法院支持其由对方最终承担律师费的主张。例如在邯郸市 F 实业有限公司与崔某民间借贷纠纷案[①]、开平 G 房地产开发有限公司与开平市 H 混凝土有限公司买卖合同纠纷案[②]中，合同明确约定了律师费的承担主体，虽然当事人并未实际支付全部律师费，但是法院认为当事人与律师事务所签订了委托代理协议，律师事务所也已经指派律师完成了委托代理协议约定的代理事项，该律师费属于已经确定且会必然产生的费用，故支持了当事人对于律师费的主张。

（2）对于包括基础费用加风险代理两部分的律师费，法院将区分处理。当事人与律所签订的委托代理协议约定先支付一定数额的前期费用，再根据案件处理结果或者实际回收金额等条件约定不同比例的律师费，即律师费包括基础

---

① 河北省高级人民法院(2020)冀民终 633 号民事判决书。
② 广东省江门市中级人民法院(2021)粤 07 民终 275 号民事判决书。

费用加风险代理两部分,这种情况在实践中也经常可见。以此种方式约定的律师代理费,法院对于前期基础部分的律师费的主张予以支持,对于风险代理部分,认为由于此部分费用尚未实际发生且存在不确定性,可待实际发生后另行主张。例如,云南 I 置地有限公司(以下简称"I 公司")与中国 J 资产管理股份有限公司云南省分公司(以下简称"J 公司")保证合同纠纷案①中,最高人民法院认为,J 公司除实际支付的前期费用 10 万元外,剩余律师代理费的计收为附条件的约定,需要根据实际回收的为现金或非现金以及金额价值的不同阶段,按不同的比例计算,因此,J 公司为实现本案债权而需要承担的律师费尚处于不确定状态。故对 J 公司已经实际支出的 10 万元律师代理费应予支持,对委托代理合同约定了计算方式但尚未实际发生的,可待实际发生后另行主张。纠正了一审法院对尚不确定的律师代理费予以支持的不当判决。

(3) 对于全风险收费的案件,因条件未成就,相应律师费并未明确,法院不予支持。在宜宾 K 商业银行股份有限公司(以下简称"K 银行")与四川省宜宾 L 工贸有限责任公司金融借款合同纠纷案件②中,虽然合同明确约定了律师费的承担问题,但是宜宾 K 银行与某律师事务所签订的诉讼代理合同为全风险代理,具体收费标准以收回债权金额按比例支付律师费。法院认为在本案执行程序终结前宜宾 K 银行收回债权金额均处于不确定状态,宜宾 K 银行也无证据证明已经支付了相应的律师费,故并未支持其对于律师费的主张。

综上可知,在没有法律法规明确规定律师费承担主体的案件中,当当事人就律师费的承担达成了合法有效的约定时,对于确定金额的律师费,金额合理且不超出政府指导价及相关法律规定时,当事人是否实际支付并不影响法院对于此部分律师费的支持。对于风险收费部分的律师费,无论是全风险代理还是基础费用加风险代理,由于需要支付的律师费处于不确定状态,法院对此部分尚未发生的律师费并不支持,可待实际发生后另行主张。

(四) 既没有法律规定,又没有双方的明确约定,对债权人主张的律师费不予支持

当案件既不属于有法律明确规定的情形,双方也未就实现债权的费用承担

---

① 最高人民法院(2018)最高法民终 25 号民事判决书。
② 四川省宜宾市中级人民法院(2019)川 15 民终 2753 号民事判决书。

问题作出约定时,债权人主张其为实现债权所支出的律师费应由债务人承担,最高人民法院对此主张的态度是不予支持。

尹某高与林某麟民间借贷纠纷案[①]中,债权人主张其支出的律师费属于因维权产生的损失,属于实现债权的费用,应由债务人承担,但是此条申请再审的理由并没有得到最高人民法院的支持。因为最高人民法院认为,民间借贷纠纷不属于法律明确规定由败诉方承担律师费的情形,且双方未签订书面借款合同,债务人出具的借条中也未明确表示承担债权人为实现债权的费用,故债权人称2万元律师费属于实现债权的费用,应由债务人承担的申请再审理由不能成立。

四、结语

总之,在当事人为行权支付的各项费用中,对承担主体没有相关规定的费用在实践中应由谁承担存在着诸多争议。故为了督促合同相对方及时、全面履行合同约定的义务,同时避免在纠纷发生时承担额外的开支,在合同中对于实现债权支出的律师费、保全费等具体费用的承担进行明确的约定更有利于我们维护自身的权益。

---

① 最高人民法院(2020)最高法民申4792号民事裁定书。

如何让婚内夫妻共同财产"物归原主"

——夫妻一方擅自赠与他人财产、另一方要求确认赠与行为无效之法律分析

许 恬 周孙燕

[摘 要] 《民法典》第一千零六十二条对夫妻共同财产进行了规定。在未有特别约定的情况下,夫妻双方婚姻关系存续期间所取得的工资、奖金、劳务报酬等财产,均为夫妻共同财产,夫妻有平等的处理权。因此,除日常生活所需外,夫妻一方对共同财产进行处分,需与另一方平等协商,取得一致意见,否则,另一方有权就该处分行为主张权益。若夫妻一方擅自将夫妻共同财产赠与他人,则另一方有权主张该赠与行为无效,从而维护自身的合法权益。

[关键词] 夫妻共同财产;擅自赠与;确认赠与行为无效

一、引言

每一对夫妻在步入婚姻殿堂的时候都曾抱着"愿得一人心、白首不分离"的美好愿望,可不断攀升的离婚率却揭示了一个真相,"婚姻并不会如想象中的那么美好",婚姻中的"出轨""转移夫妻共同财产"等行为更是屡见不鲜。

《民法典》第一千零六十二条第(一)项规定:"夫妻在婚姻关系存续期间所得的下列财产,为夫妻的共同财产,归夫妻共同所有:(一)工资、奖金、劳务报酬;……夫妻对共同财产,有平等的处理权。"由此可见,夫妻双方不仅是生活上的伴侣,更是经济上的共同体。那么,当夫妻一方擅自赠与他人财产,另一方要如何维权呢?

二、案例简介

84岁的丁大爷与83岁的王阿婆于1961年结婚至今,共育有一儿一女,一对儿女均事业有成、家庭幸福。丁大爷、王阿婆夫妻在外人的眼中也一直是夫妻恩爱、琴瑟和谐的模范夫妻。由于王阿婆身体不好,家中大大小小的事情均由丁大爷一手打理,家中多套房产亦均登记在丁大爷一人名下,由丁大爷管理、出租。2020年的一天,王阿婆无意中发现丁大爷早在十多年前,就瞒着自己擅自将双方婚后购买的一套房屋赠送给了所谓的"干女儿",蒙在鼓里的王阿婆一直以来都以为这套房屋是出租给房客居住的。伤心、震惊又气愤的王阿婆找到了笔者,咨询该如何要回自己失去的房子。

笔者接受王阿婆的委托后,代其向法院提起了确认赠与行为无效的诉讼,要求法院判令丁大爷与其干女儿之间签订的《房屋买卖合同》无效,并要求丁大爷的干女儿将房屋返还给丁大爷并配合过户。法院经过审理后认为:系争房屋系原告(即王阿婆)与丁大爷婚后购买,应为双方的夫妻共同财产。丁大爷以签订房屋买卖合同的形式将系争房屋的产权转给第三人,在第三人未支付对价的情况下,该行为系赠与。婚姻关系存续期间,夫妻双方对共同所有的财产有平等的处理权,非因日常生活需要对夫妻共同财产做重要处理决定,夫妻双方应当平等协商,取得一致意见。丁大爷擅自处分夫妻共有的房产,损害了原告的合法财产权益,故应认定丁大爷与第三人之间的《房屋买卖合同》无效,并以此为依据支持了原告的全部诉讼请求。

由该案例可以看出,当夫妻一方擅自赠与他人财产时,另一方可以通过法律途径维护自己的合法权益,即向法院提起"确认赠与行为无效"的诉讼。通过该诉讼,既避免了自己的婚姻走向破裂,又要回了自己失去的财产。那么,"确认赠与行为无效"之诉的提出,法律上需符合哪些要件呢?

三、案例解析

当发生夫妻一方擅自将财产赠与他人,另一方向法院提起确认赠与行为无效的诉讼,需满足如下三个条件:

(一)赠与第三人的财产系夫妻共同财产

《民法典》第一千零六十二条规定:"夫妻在婚姻关系存续期间所得的下列财产,为夫妻的共同财产,归夫妻共同所有:(一)工资、奖金、劳务报酬;(二)生产、经营、投资的收益;(三)知识产权的收益;(四)继承或者受赠的财产,但是本法第一千零六十三条第三项规定的除外;(五)其他应当归共同所有的财产。"《民法典》第一千零六十五条规定:"男女双方可以约定婚姻关系存续期间所得的财产以及婚前财产归各自所有、共同所有或者部分各自所有、部分共同所有。约定应当采用书面形式。"由以上规定可以看出,夫妻共同财产是基于法律的规定,因夫妻关系的存在而产生的。在夫妻双方未选择其他财产制的情形下,夫妻对共同财产共同共有,而非按份共有。故而从法律上分析,一般是以结婚时点为分界点,在夫妻双方未有特别约定的情况下,婚后取得的财产一般均为夫妻共同财产。

当然,在司法实践中,法官也会根据具体案情对赠与的财产是否完全属于夫妻共同财产进行衡量。赵女士与丈夫于2010年结婚,双方均系二婚。2020年1月,丈夫因心脏病猝死。在丈夫去世后,赵女士发现丈夫在世时有一位情人,且丈夫在婚内曾擅自转款400万元人民币给其情人。赵女士在对丈夫的过世以及背叛感到伤心之余,决定用法律的武器维护自己的合法权益,故将受赠人告上了法庭。法院经过审理后认为:被告是否需要返还受赠钱款关键在于受赠钱款是否属于原告与其丈夫的夫妻共同财产。本案中的转账行为虽发生在原告与其丈夫婚姻存续期间,但货币作为种类物,其不能仅以转账行为发生的时间来判定赠与钱款是婚前财产还是婚后财产的性质,由于赵女士的先生早在2000年即下海经商,且收入甚丰,故法院根据查明的事实综合认定,所赠与钱款中婚前财产比例为50%,剩余50%作为原告与其丈夫夫妻共同财产,婚前财产部分的赠与行为有效,婚后部分的赠与依法应予撤销,被告应将受赠的原告与其丈夫夫妻共同财产部分两百万元予以返还。

通过以上案例可以看出,法院在审理此类案件时,首先会对赠与财产是否属于夫妻共同财产进行审查,若赠与第三人的财产属于夫妻一方的婚前财产,那么该赠与行为有效,只有赠与第三人的财产属于夫妻共同财产时,该赠与行为才会被认定为无效。

（二）赠与第三人的财产数额超出日常生活所需

《民法典》第一千零六十二条第二款规定："夫妻对共同财产，有平等的处理权。"法律上对该条的理解为：（1）夫或妻在处理夫妻共同财产上的权利是平等的。因日常生活需要而处理夫妻共同财产的，任何一方均有权决定；（2）夫或妻非因日常生活需要对夫妻共同财产作出重要处理决定，夫妻双方应当平等协商，取得一致意见。由此可以看出，仅有赠与第三人的财产数额超出日常生活所需的情况下，另一方才能够就该赠与行为请求法院确认无效。

那么，我们应如何理解"日常生活所需"的限度呢？家庭日常生活所需是指维持家庭衣、食、住、行、医等基本生活的日常开支。在司法实践中，一个家庭的"日常生活所需"并不是一个确定的数字，其与不同地域、不同时期社会经济发展状况相关联。法官在审判实务中依据生活经验并结合个案的具体情况对是否超出"日常生活所需"作出判断。通常审判实务中赠与第三人财产金额一般从数万元至数十万元甚至上百万元，系明显超出家庭日常生活所需。

（三）赠与第三人的财产系擅自赠与

百度百科中对"擅自"一词的解释为：对不在自己职权范围内的事情自作主张。在"确认赠与行为无效"之诉中，"擅自"的具体表现为：夫妻一方在对超出日常生活所需的财产赠与第三人时，另一方事先不知情，事后亦未追认。通常情况下，原告就此并不需要提供证据进行举证。若受赠人认为原告对该赠与事实系知晓且同意，那么受赠人需要对此进行举证。

四、确认赠与行为无效之诉的几个要点分析

当发生夫妻一方擅自将财产赠与他人，另一方在维权过程中，常常存在很多疑惑，比如说："确认赠与行为无效"之诉所确认赠与无效的财产是"一半无效"还是"全部无效"呢？受赠人用赠与的钱款购买房产，那另一方能否主张直接返还房产呢？实践中，"确认赠与行为无效"之诉的提出，存在诸多值得我们注意的问题。笔者就部分问题进行了简单的梳理。

（一）夫妻一方擅自将共同财产赠与他人的行为应为全部无效

很多人基于对"共同财产"的误解，一般会认为"共同财产"即系一人一半的意思，那么夫妻一方在属于其"自己的一半"的范畴内处分财产，这是夫妻一方

的权利,他人不得干预。所以很多人都会理所当然地认为,夫妻一方擅自将夫妻共同财产赠与他人,其中的"一半"是有效的赠与。这种想法是对夫妻财产"共同共有"内涵的错误理解。

《民法典》第一千零六十二条中所规定的夫妻财产"共同共有",以及"夫妻对共同财产有平等的处理权",是指夫妻共同财产被作为一个不可分割的整体,夫妻对全部共同财产不分份额地共同享有所有权,夫妻双方无法对共同财产划分个人份额;除《民法典》第一千零六十六条规定情形外,夫妻一方于共有期间请求分割共同财产也是无法得到法院支持的。所以,"夫妻对共同财产有平等的处理权",并不意味着夫妻各自对共同财产享有一半的处分权。只有在共同共有关系终止时,才可对共同财产进行分割,确定各自份额。因此夫妻一方擅自将共同财产赠与他人的赠与行为应属全部无效,而非部分无效。

(二)夫妻另一方要求受赠人返还的财产限于"赠与财产"本身

日常生活中,夫妻一方出轨,并向婚外情人赠送房产或汽车等资产的情况屡见不鲜。由于房产、汽车均属于价值较大的资产,特别是房产本身随着时间的推移,其价值是不断升高的,不少房产均出现了价格翻倍的现象。那么,很多人都会疑惑,夫妻另一方是要求受赠人返还钱款呢?还是直接返还房屋或汽车呢?

司法实践中,需要根据具体情况进行分析,一般存在两种情况:如果赠与人给受赠人钱款让其购房、购车等且登记在受赠人名下,赠与行为被确认无效后,受赠人应返还相应的钱款;如果赠与人是把原来登记在自己名下的房屋、车辆等变更登记为受赠人,受赠人应返还原房屋或车辆等。

(三)夫妻一方在婚内与他人同居,所得财产仍属于夫妻共同财产。一方擅自将该财产赠与与其同居的第三人,另一方可主张赠与行为无效

2001年,陆女士与袁先生建立婚姻关系。由于袁先生长期在外地从事电动工具生意,而陆女士因为照顾女儿和家里的老人,夫妻两人长期分隔两地。令陆女士想不到的是,在自己尽心尽力为维持这个家庭而日夜操劳时,其丈夫却在外地与他人开始了同居生活。同居期间,袁先生在外地购得一套房屋,并于购房后将该房屋过户至与其同居的第三人名下。无奈之下,陆女士向法院提起了诉讼。在诉讼过程中,受赠的第三人认为,该房产系两人同居生活期间共同购买,其对该房屋亦有出资;袁先生将该房产过户至其名下,系双方对同居期

间财产分割等问题所作的约定与处分,并以此为由请求法院驳回陆女士的诉讼请求。法院经过审理后认为:民事法律行为应当符合法律规定,不得违反公序良俗或损害他人的合法权益。被告袁先先在婚姻关系存续期间,与第三人同居生活,两人的行为均违反婚姻法的规定,理应予以纠正。本案中的系争房屋购买时登记在袁先生一人名下,该房屋不能认定为袁先生与第三人同居期间的共同财产。即使第三人对该房屋有部分出资,也只能说明该出资在袁先生与第三人之间形成债权债务关系,但与房屋所有权的归属无关。最终法院支持了陆女士的诉讼请求。

根据《民法典》第一千零六十二条关于夫妻共同财产的规定可以看出:夫妻婚姻关系存续期间取得财产为夫妻共同财产,而不问该财产是否基于夫妻的共同劳动直接所得,如一方的工资、奖金收入,认定的一般标准为财产的取得时间,即是否在夫妻婚姻关系存续期间。夫妻关系存续期间取得的财产,在没有相反证据证明且夫妻双方无特别约定的情况下,均应属于夫妻共同财产。故若夫妻一方在婚姻关系存续期间与第三人同居,同居期间所取得的财产,仍应属于夫妻共有财产,与其同居的另一方对该财产并不享有任何共有权益。夫妻一方在婚姻关系存续期间以自己名义与第三者共同出资购买房产的,该房产应属夫妻共同财产,一方擅自将上述房产赠送给第三者的,该赠与行为无效。

五、结语

"今后,无论顺境还是逆境,无论富有还是贫穷,无论健康还是疾病,无论青春还是年老,我们都风雨同舟,患难与共,同甘共苦,成为终生的伴侣!我们要坚守今天的誓言,我们一定能够坚守今天的誓言。"在充满爱意的誓言下,人们都希望拥有一段互信互爱的婚姻,直至终老。那么,当夫妻一方违背誓言,违背对方的信任,擅自将婚内的共同财产赠与他人时,"确认赠与行为无效"之诉的提出,是另一方维护自身合法权益的一种行之有效的途径,也是确保社会公秩良俗、公平正义的一道坚实屏障。

"信托执行第一案"详评之一

——诉讼保全与协助执行

蒋辰遥

[摘　要]　2021年4月13日晚,中国政法大学赵廉慧教授在其个人公众号发布文章《国内家族信托被强制执行第一案评析》,引起了财富管理和家族信托圈的热烈讨论。该案涉及"信托财产独立性"这个财富管理行业在宣传家族信托时的"大旗",又是难得一见的司法对信托财产独立性认定与否的案例,一时间人声鼎沸。

很多家族信托领域的律师和经验丰富的信托行业专家的文章是从信托法角度着墨。而这个案例实际上涉及大量法律与信托法的交叉,粗粗看来,涉及诉讼法、民法无效制度、婚姻法共同财产制度、物权法和所有权、抚养关系和义务、合同法等,执行裁定书又展现了法院在实务层面的大量细节,实属经典案例。笔者尝试从更多角度且更深入地分析此案,并以系列文章的方式分享自己的观点。

[关键词]　保全行为;执行行为;协助执行

一、"标题党"问题——保全行为是否属于执行行为

由于案件[①]引发争议的原因是异议人(保全被申请人)张某丽对法院保全行为提出异议,很多人就认为赵廉慧给文章起名"强制执行第一案"的标题是吸引眼球的"标题党"行为。就此,赵廉慧已作简单说明。

---

① 本文所有的案件信息来源于湖北省武汉市中级人民法院关于张某丽提出执行异议一案。详见湖北省武汉市中级人民法院(2020)鄂01执异661号、(2020)鄂01执异784号执行裁定书。

关于保全的规定来自《民事诉讼法》第一百零三条:"人民法院对于可能因当事人一方的行为或者其他原因,使判决难以执行或者造成当事人其他损害的案件,根据对方当事人的申请,可以裁定对其财产进行保全、责令其作出一定行为或者禁止其作出一定行为;当事人没有提出申请的,人民法院在必要时也可以裁定采取保全措施。"

笔者认为广义上保全行为就是执行行为。理由如下:

第一,从保全规定的原文表述可见,保全的目的是避免"使判决难以执行或者造成当事人其他损害"。因此,从逻辑上来说只有理论上可以被执行的财产才可以保全,否则就起不到保全的目的。从这个角度来说,保全行为是执行行为的向前延伸。"保全"一词只是基于阶段性目的对执行行为的另一种表述而已。或者说,由于《民事诉讼法》有专门的执行程序,我们通常所称的"执行"会被默认为指"执行程序中的执行"。与此类似,先予执行虽然也叫"执行",但显然不在执行程序中,而全国人大常委会法制工作委员会关于《民事诉讼法》的释义中则明确认为先予执行是属于保全性质的。

事实上大众所熟知的诉讼保全、诉前保全主要的行为是"查封、扣押、冻结和协助执行",而这些行为同时也是执行中可以采取的行为,两者毫无差异。最高人民法院《关于人民法院民事执行中查封、扣押、冻结财产的规定》第二十九条:"财产保全裁定和先予执行裁定的执行适用本规定。"即为同样的逻辑。

第二,从保全和执行的司法实务来看,两者也是同一性质的行为。最高人民法院《关于人民法院执行工作若干问题的规定(试行)》第 3 条:"人民法院在审理民事、行政案件中作出的财产保全和先予执行裁定,一般应当移送执行机构实施。"最高人民法院《关于人民法院办理财产保全案件若干问题的规定》第二条:"人民法院进行财产保全,由立案、审判机构作出裁定,一般应当移送执行机构实施。"虽然这种法院内部的具体分工的安排在历史上有不同的设定,但最后将保全的具体工作全部归为执行机构,显然是在司法实践中对保全行为本身属性进一步明晰的结果。

保全是否属于执行,这个问题在实际办案中好像从来没有成为争议话题,也很少有人去研究。因为除了追求的阶段性效果有所不同外,过程中并无二致,自然也不会产生什么争议了,可能这也印证了两者本身就是一回事吧。

二、"协助执行"是财产保全还是行为保全

在该案中法院向外贸信托发出协助执行通知书,其协助执行的内容是:"现请你单位停止向张某丽及其受益人或其他第三支付合同项下的所有款项及其收益。"

该保全属于财产保全还是行为保全?

有观点认为因为是限制第三方作出一定行为,因此属于行为保全。笔者认为这种观点既不符合法律规定也不符合逻辑。理由如下:

第一,本节开头引述的《民事诉讼法》原条文中,对行为保全的表述为:"人民法院对于可能因当事人一方的行为……可以裁定对其财产进行保全、责令其作出一定行为或者禁止其作出一定行为;"联系上下文可见,后半句"其财产""责令其"中间的"其"均指的是案件当事人。案件当事人是有《民事诉讼法》定义的,只有原告、被告及第三人三种。保全中的被申请人通常是被告。在保全中被通知协助完成的第三方当然不会是案件的当事人,自然此第三方也不会成为行为保全的对象;如果法院可以责令案外第三方为或不为一定行为,这就意味着此第三方与案件有利害关系,应当被追加进案件成为当事人,否则法院就出现遗漏当事人的重大失误了。

此外,既然财产保全与行为保全并列,那么财产保全的对象是被申请人的财产,行为保全的对象自然应当是被申请人的行为——显然禁止第三方为或不为一定行为,虽然也是法院的一种指令,但不是属于行为保全的性质。

第二,如果仅仅因为"禁止第三方支付"看上去有行为限制的内容,就得出这种保全方式属于行为保全,这样的逻辑是错的。

以实务中一个常识性例子用来说明。我相信冻结银行存款的措施属于"财产保全"是确定无疑的,因为这对普通人来说几乎也算是常识了。而很多人可能不了解,法院在冻结银行款时除了要给银行一份保全裁定书外,同时还要发给银行的文书是《协助冻结存款通知书》——发给银行这类特定协助执行第三方的"协助执行通知书"专门格式版本——可见银行也是协助执行的第三方,所谓的"冻结"也就是禁止存款人以任何方式动用存款。那么问题就来了,为何一模一样的通知、第三方地位、禁止行为内容,对银行就是财产保全,对其他第三

方就是行为保全?

通过上述两方面的分析,其实已经可以得出一个初步结论,即区分财产保全和行为保全的标准是:保全的目标是为了控制被申请人的财产,还是控制被申请人的行为。前者典型如冻结银行存款,后者典型如禁止被申请人出境。

现在再来看"协助执行"属于哪种保全,当然只可能是属于财产保全。不管协助执行通知书内容是要求第三方将属于被申请人的财产交付给法院代管(扣押)、第三方继续保管(存款冻结或实物查封)或第三方禁止支付(履行债务),其目的都是控制被申请人的财产。

三、第三方:谁来告诉我该不该"协助执行"

关于保全是否属于执行算是比较好理解的问题。而从所见的各种评论和分析来看,对第三方的协助执行基本上都不甚了了。对于该案中到底是否可以保全,基本上都是从信托法角度去分析,而很少看到从保全角度入手。

笔者在这里试把协助执行的问题作一分析。

所谓的进行财产保全,实际是法院会试图对所有对于被申请人来说有财产价值的对象采取保全措施,通常包括有形的动产、不动产、金钱、有价证券、股票(股权)、知识产权、债权等。虽然很多种,但对保全和第三方协助执行有意义的分类:债权和其他种类(其他种类在本文中统称"财产",此分类仅为本文论述使用)——区分的原则是,债权有赖于与第三方的权利义务关系而存在(比如典型的合同),而财产不依赖于第三方就成立(具有所有权特征)。

保全债权的特殊性在哪里?

第一,既然财产保全时需要第三方协助配合,那意味着被申请人的财产一定是以某种方式被第三方所控制。此时,财产所有权是明确的,第三方并不对该财产的所有权属于被申请人有异议,比如属于被申请人但被朋友借用的汽车、虽然是被申请人占有但是物权变动需要房产登记部门登记的房产、银行存款等。因为不存在财产所有权的争议,所以法院向相关第三方发出协助执行通知的内容是直接控制财产的,这就是为何对银行存款的保全会专门使用"冻结"一词。因此,财产所有权明确是前提。以下是最好的例证:最高人民法院《关于人民法院民事执行中查封、扣押、冻结财产的规定》第二条第三款规定:"对于第三人占有的动产或者登记在第三人名下的不动产、特定动产及其他财产权,第三人书面确认该财产属于被执行人的,人民法院可以查封、扣押、冻结。"

反之,如果被申请人对第三方持有或控制的财产并不具有所有权,那法院当然就没有权力去保全该财产,不得要求第三方采取任何影响财产权的行为——此处的财产权是整体性的,包括占有、使用、收益、处分。

第二,债权则不一样,因为债权是不确定的。比如最典型的合同债权,被申请人对第三方有一笔应收货款,可能第三方对金额、支付期限等无异议的,但也可能是存在质量问题、违约问题而第三方拒绝支付、扣除违约金等,债权到底价值多少甚至最后存不存在都是个未知数,完全取决于第三方是否认可,而因为这是第三方的合同权利,法院是无权直接指令第三方必须协助执行的。

为何无权?从诉讼法理论上来说,法院不能剥夺第三方的诉权。因此,对于被申请人的债权的执行是不能发协助执行通知书的。根据最高人民法院《关于人民法院执行工作若干问题的规定(试行)》第45条的规定,向第三方发出《履行到期债务通知》。同时第47条规定,第三方在规定期限内提出异议的,法院不仅不得强制执行,并且不得对异议进行审查——执行程序不能代替诉讼程序,这是对第三方诉讼权利的保证。从该规定的详细规定看,《履行到期债务通知》的本质就是民事诉讼法上的督促程序,即支付令制度。

但是,不能以协助执行通知的方式执行被申请人的债权,不等于不能以协助执行通知书的方式进行保全。

四、为何对第三方债权不能执行的时候还可以保全

执行是为了实现生效法律文书的内容,其追求的目的是强制将被申请人的财产交付给申请人,所以必然是直接触及被申请人的财产。这就必然要求执行对象是已经明确的、已经可以执行的财产。如果不满足前述条件,就不能强制执行。

保全不一样,其本身是为了避免难于执行的可能性。所以不管被告有没有履行能力,不管三七二十一保全了再说。实务中经常有类似案例,原告诉请的标的并不大,而被告的体量大到一般情况下根本不用担心判下来拿不到钱,但还是有原告会申请一下保全,就是如此考量。甚至有可能原告最后败诉了,保

全似乎没有意义了——但排除难以执行的可能性,就是保全的意义所在了。

当上述保全的意义延伸到被申请人债权时,因为并不需要像执行一样实质性触及第三人的权利,所以只需要排除第三方私下里向被申请人履行债务,即达到了保全的目的。基于这个目的,法院向第三方发出协助执行通知书,内容要求任何情况下第三方均不得擅自向被申请人付款即可(比如:不得基于某合同原因向被申请人支付任何款项;如主动履行的请支付给本院)——由于禁止的是第三方主动履行,意味着第三方对履行的部分是没有争议的,也就避免了与第三方诉权的冲突。

从事诉讼业务的律师都了解,在保全实务中,只要是对所有权明确属于被申请人的财产采取措施(如银行、房产登记部门)不会发生争议;其他个人或公司这样的第三方也很少发生争议。要求被申请人的债务人停止支付也很少发生争议(很多时候债务人巴不得)。

笔者认为,此案之所以发生争论,是因为从法院立场上来看,法院认为自己采取了正确的保全方式(协助执行);但实际上因为法院把该信托简单理解为理财产品而在协助内容细节上过界了,触及了信托财产。而从关注信托财产独立性的外界而言,大部分人在没有搞懂保全和协助执行细节的情况下,仅仅以信托财产独立性为由就认为法院不得采取任何保全措施,是一叶障目了。

本文主要讲诉讼保全与协助执行的相关规定和原理,具体到信托第一案的分析详见下一篇。

"信托执行第一案"详评之二

——法院保全与措施界限

蒋辰逵

[摘　要]　前一篇评析主要是通过对保全中具体措施的分析,说明对被申请人所有但由第三方持有的财产可以直接查封或冻结,而对于被申请人对第三方的债权虽然不可以查封或冻结,但可以要求第三方协助执行"停止支付"或"履行第三人债务"。这两种都是保全措施。

因此保全是对不同保全措施的统称,笼统地说法院可不可以保全是不准确的。只要法院有权采取其中一种方式,就可以认为法院有权采取保全措施。在本文笔者试分析本案例中法院到底是否可以采取保全措施以及驳回异议是否存在问题。

[关键词]　保全措施的演变;停止支付;保全目的

一、法院保全措施变更的心路历程

不少讨论中,只是笼统地说法院保全或执行了信托财产;或者只关注法院最后发出的不得支付的协助执行通知。但通过执行异议裁定书中陈述的案件事实与经过可见,法院的保全裁定没有变化,具体保全措施是有过变更的。

法院第一次向外贸信托发出的协助执行通知:"本院于 2020 年 7 月 24 日作出(2020)鄂 01 执保 230 号协助冻结存款通知书,要求外贸信托协助冻结张某丽在与该公司签订的《外贸信托·某某号财富传承财产信托》中出资的信托资金 2 800 万元。"

外贸信托回复:"该项目由张某丽作为委托人,其子张某作为唯一受益人的他益信托,信托受益权由张某 100% 享有。依据信托法的相关规定,该项目项下的信托财产非委托人张某丽的存款或个人财产。"

之后,法院再次向外贸信托发出协助执行通知:"因被申请人张某丽与你单位签订了《外贸信托·某某号财富传承财产信托》,现请你单位停止向张某丽及其受益人或其他第三人支付合同项下的所有款项及其收益。"

上述变化过程值得深思:法院从对财产所有权的"协助冻结"保全措施,变更为对合同债权"停止支付"的保全措施,说明法院通过外贸信托的回复意识到了信托财产的独立性,并不属于委托人的存款或财产;且这不是一个通常自益型的信托理财产品,被申请人对信托财产不具有实际意义上的所有权。据此,法院立即改变了"协助冻结"措施,说明法院非常明确地尊重了信托财产独立性,且明确该信托财产不属于《信托法》第十七条规定的可执行的情形。

同时,法院仍然坚持认为需要防止被申请人通过撤销信托、改变信托受益人或者假以第三人等途径获得或转移信托财产,故要求外贸信托"停止支付"。这种停止支付的情形针对被申请人对第三方的债权的保全是非常常规的保全措施,且并不涉及任何财产所有权问题。

法院在最后说明:"要求受托人外贸信托停止向委托人及其受益人或其他第三方支付合同项下的所有款项,该冻结措施不涉及实体财产权益的处分,不影响信托期间内外贸信托对张某丽的信托财产进行管理、运用或处分等信托业务活动,只是不得擅自将张某丽的本金作返还处理,不属于对信托财产的强制执行。"显然法院不再有完全禁止动用信托财产的"冻结"的意思,目的仅是"停止支付",且"停止支付"的对象是张某丽。

仅就上述法院保全措施变更的心路历程来看,显然法院不仅理解和尊重信托财产独立性,且明白其措施不能影响外贸信托作为受托人信托财产的管理和使用。最后采取的协助执行措施也是"停止支付",试图不触及信托财产所有权。

笔者认为,法院采取停止支付措施是有其必要性的。因为法院并不知道信托合同的具体内容,无法排除被申请人通过信托合同约定撤销信托、改变受益人或向第三方支付的方式取得财产。

但法院还是在细节上未处理好——停止支付的对象范围越界了。

二、停止支付的对象范围越界

法院在最后的协助执行通知书中表述:"现请你单位停止向张某丽及其受益人或其他第三人支付合同项下的所有款项及其收益。"其中出现了三个停止支付的对象。

(一)委托人张某丽

本案例中保全的是被申请人即信托委托人张某丽对第三方的债权,所以如果法院的协助内容仅仅是要求外贸信托停止向张某丽支付所有款项及收益,则法院的保全措施完全没有问题。

(二)受益人

原文表述为"其受益人"本身就是不严谨的,受益人是信托的受益人。信托的受益人是依据信托协议来确定受益权范围的,这本身应当属于信托财产独立性的一部分。法院既然承认信托财产独立性,就不能要求受托人不得向受益人分配信托财产。

(三)其他第三人

其他第三人的范围过于宽泛,导致不得向其他第三人支付款项的要求直接侵犯了信托财产独立性,且与法院最后认为自己的保全措施并不影响外贸信托对信托财产进行管理、运用和处分等的观点相悖。因为对信托财产的管理、运用和处分显然还包括动用信托财产进行投资、出资、购买等支付行为,甚至包括了支付受托人费用。这样一刀切的"第三人"显得粗糙了,产生了事实上的"冻结"效果。因此,从协助执行通知的内容来看,可以认为法院的保全措施越界了。

简单来说,就是法院要求外贸信托停止向委托人张某丽支付任何款项是合法的,因为张某丽是被申请人;但要求停止向受益人或者第三人支付就越界了(除非张某丽有权指定自己为受益人),也是大家评论信托"被执行"的原因。

三、"辞不达意"还是"预设目标"?

笔者在结合案件背景反复琢磨之后推测,其实法院保全措施的目的很单纯,确实不想"冻结";但在陈述具体协助执行内容时,为了"预设目标"的达成而不得不"辞不达意",以致越界。

从法院对协助执行措施的变更,以及最后对是否影响信托财产独立性的解释"只是不得擅自将张某丽的本金作返还处理",可以明显看到法院保全的真正目的是防止被申请人也就是信托委托人以各种潜在可能的方式拿走信托财产,而不是为了"冻结"信托财产。

笔者认为,基于上述法院的保全目的,协助执行通知上的停止支付对象"第三人"的字面意思,与法院想要的限制的"第三人"并不是同一范围。法院协助执行通知中真实意指的"第三人"应当是任何有可能被委托人借助以获取信托财产的第三方,这个"第三人"显然也包括了可以名正言顺获得信托财产的受益人(裁定书中也列明该信托曾经还有除张某丽以外的其他受益人);受益人在通知中单列是因为显而易见可以被单独界定的"第三人"。如果法院确实不想影响外贸信托对信托财产的管理、运用和处分,那就需要在通知中特别声明排除这些管理、运用和处分等正当行为所涉的第三人。笔者尝试了一下,确实很难用比较简练的语言来精确描述两部分"第三人"的界线。

由此,法院一方面通过保全措施的变更行为和执行裁定书中的说理部分明确表态尊重信托财产独立性,另一方面在协助执行通知书的协助内容表述上却仍然限制外贸信托向受益人或第三人支付款项的行为。这到底是法院为了追求全面阻止被申请人获得信托财产可能性的效果而不顾文字表达上会产生的越界结果,还仅仅是工作上的粗糙的结果,笔者无从考证,但确实感受到了法院裁定书中说理部分的那种扭捏。

笔者认为,如果法院是从《信托法》和信托财产独立性角度出发,只限制对被申请人即委托人的支付,就有理有据。如果先预设全面封堵的保全目标,再去寻求法律上的理由,自然会产生与《信托法》和信托财产独立性的冲突,尴尬就在所难免。

四、结语

在本案例中,法院采取停止支付的保全措施,从手段上讲是适当的保全措施;但由于具体的停止支付的对象范围越界了,最终还是触碰了信托财产独立性,从这个角度来讲确实侵犯了信托财产当事人的权利,完全驳回异议的裁定结果是错误的。

当然,由于异议人提出异议的理由和角度只是从《信托法》第十七条和《全国法院民商事审判工作会议纪要》(法〔2019〕254号)第95条出发,都是属于直接涉及财产所有权的角度,笔者认为在本案例中与"停止支付"的协助执行内容不相干,异议理由不成立。从这一点上,法院认为自己的保全措施并未影响信托财产独立性的逻辑,笔者是认同的。

从"遗嘱信托第一案"看遗嘱信托的复杂性和缺陷

蒋辰逵

[摘 要] 近年来,国内各类机构对家族信托的推广方兴未艾,但因缺乏可作为"合法性"参考的法院判例而往往流于原理性宣传。"遗嘱信托第一案"自然引发极大的关注和热情,但遗嘱信托在解决社会纠纷中高发的遗产继承家务问题中存在复杂性和固有缺陷。在遗嘱形式合法性层面,保证遗嘱信托符合法定形式要求、确定合适的见证人、达到公证遗嘱合法性审查标准等存在一定的困境;在遗嘱信托效力层面,是否明确表达设立信托的意愿、是否符合信托有效设立的条件、是否能够保证信托的有效运转仍面临一定的挑战;在遗产确定性和稳定性层面,被纳入信托范围的财产的确定是遗嘱信托顺利运行的核心,遗嘱被修改、遗产被处分或被他人转移、遗产用于清偿债务等均会成为影响遗产范围的因素;在受托人层面,受托人是否接受委托、受托人的管理能力、对受托人的监督机制等仍存在尴尬局面。此外,遗嘱信托的应用场景相当有限,对遗嘱信托中众多复杂问题的解构和对固有缺陷的解决也亟须探讨。本文抛砖引玉,提出了实践中存在的诸多问题,以期引发理论界和司法实务界的思考,为促进遗嘱信托更为完善的处理思路和操作框架的形成贡献力量。

[关键词] 遗嘱形式合法性;遗嘱信托效力;受托人

案情[①]概要:

李某4于2015年8月1日写下亲笔遗嘱一份,内容如下(原文引用):

[①] 此案号称"遗嘱信托第一案",即上海市第二中级人民法院于2019年5月30日作出的,关于李某1、钦某某等遗嘱继承纠纷的二审民事判决书。详见上海市第二中级人民法院(2019)沪02民终1307号民事判决书。

一、财产总计：1.元普投资500万月月盈招商证券托管；2.上海银行易精灵及招商证券约500万；3.房产：金家巷、青浦练塘前进街、海口房产各一套。二、财产处理：1.在上海再购买三房两厅房产一套，该房购买价650万左右，只传承给下一代，永久不得出售。现有三套房产可出售，出售的所得并入李某4家族基金会，不出售则收租金；2.剩余350万资金及房产出售款项约400万和650万房屋及其他资产约1400万，成立"李某4家族基金会"管理。三、财产法定使用：妻子钦某某、李某2女儿每月可领取生活费一万元整（现房租金5000元，再领现金5000元），所有的医疗费全部报销，买房之前的房租全额领取。李某2国内学费全报。每年钦某某、李某5、李某6、李某7各从基金领取管理费一万元。妻儿、三兄妹医疗费自费部分报销一半住院大病。四、以后有补充，修改部分以日后日期为准。财产的管理由钦某某、李某5、李某6、李某7共同负责。新购650万房产钦某某、李某2、李1均有权居住，但不居住者，不能向居住者收取租金。

就信托相关部分，一审法院判决确认了信托的有效成立，并梳理确认了应当归入信托的财产范围和信托受托人。二审法院除了对归入信托的财产略作调整外，基本支持了一审法院的判决，依照《中华人民共和国继承法》第二条、第三条、第五条、第十条、第十三条第一款、第十六条第一款、第十七条第二款、第二十条第二款、第二十六条第一款、第二十七条第一款第五项、《中华人民共和国信托法》第二条、第六条、第八条第一款、第二款、第九条、第十三条第一款、第三十一条第一款、第四十二条之规定作出判决，李某4所立遗嘱有效，依法成立信托；李某6、李某5、李某7担任受托人，根据判决指定的范围，按照法律规定以及遗嘱的内容履行受托人义务。

因系第一例能被公开查询到的由法院确认有效成立的遗嘱信托，而被称为"遗嘱信托第一案"。

这几年国内各类机构对家族信托的推广方兴未艾，但因缺乏可作为"合法性"参考的法院判例而往往流于原理性宣传。"遗嘱信托第一案"自然引发极大的关注和热情，似乎社会纠纷中高发的遗产继承家务事就此迎刃而解了。

但实际情况并非如此，"遗嘱信托第一案"在证明了遗嘱信托能被法院有效认可[1]的同时,也暴露了遗嘱信托在实务操作中的复杂性和固有缺陷,要让一个遗嘱信托真正落地生效并有效运转并不是那么简单的。

经过笔者本文分析,遗嘱信托最终可能只在某些特定场景有应用价值。

一、遗嘱形式合法性问题

根据《信托法》第八条第一款的规定:"设立信托应当采取书面形式。"遗嘱信托必须以自书遗嘱、代书遗嘱、打印遗嘱、公证遗嘱这四种方式的一种来设立,而《民法典》第六编对遗嘱的形式是有要求的,若不符合遗嘱的形式要件则遗嘱可能无效。因此,首先需要保证遗嘱形式符合要求。所幸在本案例中遗嘱的形式符合法定要求,遗嘱本身的真实性也都经各方确认了。

其中自书遗嘱的条件最简便,必须全部内容由本人书写并签名及注明日期即符合遗嘱的形式要求。而代书遗嘱、打印遗嘱均需要至少有两位见证人,除见证人须具备行为能力和见证能力外,见证人还不得是继承人和受遗赠人及其利害关系人。就生活经验而言,大多数人要找两位符合条件的见证人还并不是信手拈来的事情。公证遗嘱当然是做遗嘱的不二之选,无论对遗嘱本身的效力、遗嘱真实性的确认还是遗嘱的保存与其他遗嘱相比都具有不可比拟的优势。公证遗嘱唯一的问题,可能是对遗嘱中所涉的财产的形式合法性审查标准非常高,对于非典型的所有权明确的财产(如代持财产、尚未办出产证的房产等)可能无法进行公证。

写遗嘱为身后的遗产作出安排,是社会生活中较为常见的情形。在之前个人资产的数量及形式都还不是很丰富的年代,普通人是比较容易写清楚的。但当今即使是普通人,财产的数量可能也不小,更不论现在的财产形态更多,这些财产涉及的相关法律规定各异。普通人想写对一份遗嘱就不再是那么容易的了。当然,这份遗嘱还必须是最后一份遗嘱才是具有法律效力的遗嘱。

---

[1] 就外界对遗嘱信托合法性的担忧而言,本身就是属于普通人因为看不见实例而产生的风险心理。事实上由专业人士循《信托法》和《民法典》继承编的相关规定有效设立一个遗嘱信托并不是很难的事情,遗嘱信托这种信托的合法性地位本身并不是必须通过法院的判例才能确认。

二、遗嘱信托的效力问题

（一）关于设立信托意愿的文字表述是否明确

明确表述设立信托是信托遗嘱成立并有效的前提。这个案例中，立遗嘱人的要求是设立"家族基金会"，法院最终通过分析确认为立遗嘱人的意愿应为设立信托。虽然结果是如愿的，但是显然这份遗嘱在关于设立信托的表述上是存在错误或者模糊的。即使现在整个社会的文化水平都在提高，但遗嘱毕竟是一份法律文件，对于一般人来说是否能准确书写一份普通遗嘱可能都存疑，别说还要涉及像信托这样连很多律师都不了解的新事物。

（二）关于信托成立的基本条件

根据《信托法》第九条规定："设立信托，其书面文件应当载明下列事项：（一）信托目的；（二）委托人、受托人的姓名或者名称、住所；（三）受益人或者受益人范围；（四）信托财产的范围、种类及状况；（五）受益人取得信托利益的形式、方法。除前款所列事项外，可以载明信托期限、信托财产的管理方法、受托人的报酬、新受托人的选任方式、信托终止事由等事项。"

立遗嘱人仅明确地表达要设立一个信托是不够的，还需要按照上述《信托法》的规定，对相关事项一一进行确定。其中第一款所列的五项属于"应当载明"的事项，在法律上"应当"即为"必须"，那就意味着缺少任何一项即导致信托不能成立，更别说后面的生效了。第二款事项属于"可以载明"的事项，虽然这些事项不影响信托的成立，但实际上这些可以载明事项对信托生效后有效运转的重要性，一点也不比应当载明事项小。比如，信托财产的管理方法是否合理，可能直接影响信托财产是否能保值升值以及是否能为信托目的服务；新受托人的选任方式可能影响信托是否能被长期有效管理并保证受益人的利益。

在本案例中，虽然立遗嘱人是以一种普通人自然表述的文字来书写遗嘱的，但法院仍然能够梳理出明确的"应当载明"事项，从而确认信托有效设立。这显然有一种运气成分在里面。因为在另一个案例（曾某甲与李某遗嘱继承纠纷二审民事判决书[①]）里面，遗嘱表述为"剩余财产成立曾氏基金，由侄子曾某

---

① 抚州市中级人民法院（2015）抚民一终字第266号民事判决书。

甲、曾某丙管理使用"。因其表述过于笼统和简略,不具备信托成立的基本条件,未被法院确认。

立遗嘱人在遗嘱中安排遗产由哪位继承人继承,即使以生活语言的方式表述大多数情况下也并不会产生太大的歧义或者与法律冲突。相对于此,要在遗嘱中有效设立一个信托,那就不是简单、直白地表明自己意愿就行,这个复杂的事务如果没有一个熟悉信托法律规定的律师参与恐怕会留有后遗症。

三、遗产确定性和稳定性问题

信托的设立,最终还是指向为了受益人的利益管理信托财产,有多少遗产进入信托成为信托财产显然是核心问题。然而遗嘱信托在这方面存在先天缺陷。

遗嘱是动态的,可能会被修改。立遗嘱人在其死亡之前随时可以更改遗嘱内容,原先遗嘱中明确将在遗嘱生效时归入信托的部分财产,可能被立遗嘱人变更安排,不再列入信托财产范围。

遗产本身及范围可能会变动。即使立遗嘱人并没有修订遗嘱,但如果立遗嘱时间与死亡时间之间的跨度很长,则在该段时间内被列为遗产的财产可能因为立遗嘱人的行为转让了、消费了、灭失了等。如果所谓的遗产触及了他人的所有权(最常见的如配偶共有权)及特留份等法律的特殊规定,遗产的范围也会发生变化。在立遗嘱人死亡后至遗产正式分割前,可能因为遗产管理的问题,甚至某些利害相关人故意隐瞒、转移等行为而导致遗产无可查找。

遗产可能会被优先用于清偿债务。根据《民法典》第六编的规定,分割遗产应当清偿被继承人的债务。因此,即使是立遗嘱人也就是遗嘱信托委托人死亡,遗嘱信托生效,也并不能保证当下存在的遗产能进入信托。与生前信托相比,委托人合法转入信托的财产一旦成为信托财产,即具有信托财产独立性,且根据《信托法》的规定产生了债务隔离功能和破产隔离功能(即所谓避债功能)。

在本案例中,即发生了立遗嘱人李某4的现任妻子钦某某转移了部分本该纳入信托财产范围的理财产品的行为。好在银行存款、金融产品这类财产的转移都是有迹可循的,最终法院通过事实调查明确,并要求钦某某返还(为便于执行以折抵方式);钦某某还主张了遗产中有其父母的10万元,但未能提供证据证明。从判决书内容可以看出,由于该案的继承涉及纳入信托范围的遗产、遗嘱继承、法定继承,法院花了非常大的精力调查相关财产。李某4的整体资产尚不算巨大,也还未涉及公司股权等,如果是资产更为庞大的高净值人士或者企业家——这些资产发生变动及负债的可能性更大——遗嘱信托的内容最终能被不折不扣执行的可能性有多大?

四、受托人问题

结合《民法典》第六编和《信托法》的规定,遗嘱信托由立遗嘱人通过遗嘱设立,立遗嘱人同时即为遗嘱信托的委托人,信托的受托人由委托人指定。但与生前信托是委托人与受托人充分协商一致签订信托合同成立不同,遗嘱信托是立遗嘱人的单方民事法律行为,造成了遗嘱信托在受托人问题的各种不确定性,进而影响到遗嘱信托的生效和生效后的运行。

受托人拒绝受托。根据《信托法》的规定,采取信托合同以外的书面方式设立信托的,受托人承诺信托时,信托成立。由于遗嘱信托是立遗嘱人在遗嘱中单方面指定受托人,如果立遗嘱人在事先并未告知指定受托人或者事先征求指定受托人的意见,很有可能出现受托人拒绝受托的情况,则遗嘱信托无法落地,立遗嘱人的意愿也无法得到实际实现。这类普通人的遗嘱信托的受托人颇有吃力不讨好的风险,是否接受还真是一个高度不确定的问题;而让商业机构来充任受托人,那就更涉及商业利益的考量。普通人信托资产的量和服务费用的支付能力很难落在商业机构的诉求范围内。

在本案例中,就出现了钦某某拒绝担任受托人(家族基金管理人)的情况,最后法院予以准许。好在尚有另外三位承诺受托,故不影响信托成立,否则就会出现僵局。倘若指定的是单一受托人而该受托人又拒绝受托的话,那就需要另外寻找受托人。虽然《信托法》有在受托人死亡或辞任的情况下,受益人再行指定受托人的相关规定,但是是否能顺利完成指定程序、有合适的受托人继任,都延伸出更大的不确定性。

受托人的管理能力。就普通人而言,指定一个自然人做受托人也许是最自然、最经济也是最安心的选择,比如在近亲属内或者高度信任的朋友、熟人中指定。但是自然人充任受托人最大的问题是管理能力——这种管理能力更多地指的是专业能力——很多管理行为涉及专业法律问题和资产管理的专业能力，所以一个良好的受托人选项并不是那么多的。在信托成熟的美国，很多中产委托人设立信托时，选择律师直接充任受托人也许就是出于这种考虑。"美国第一个专业的受托人是律师"，"当一个家族的家长即将离世，一个典型的波士顿人最先叫医生，其次叫殡仪馆，再次叫受托人"。

除了上述问题外，受托人管理信托事务监督机制等同样存在复杂的安排，也许并不是普通人凭一知半解或直觉通过遗嘱设立信托时能想到的。

五、其他问题的提出

1. 如果不经法院司法程序，遗嘱信托的认可、归入信托的财产范围的认可、受托人资格的认可、受托人承诺的作出等问题，如何处理？

2. 即使继承人与受托人协调一致，各方均接受遗嘱信托，遗产转入信托持有的环节存在很多问题。对于股权、房产这类需要变更登记并公示的财产，变更登记过程中有关登记部门是否直接认可遗嘱本身的信托安排内容而予以变更？如果需要公证文书，公证处是否接受此类公证？为了对抗受托人的善意第三人或债权人，需要公示为信托财产，如何在变更登记时同时办理公示？如果动产，比如字画、艺术品之类，如何标记这些特定物？如何标记这些特定物是信托财产？受托人是否有能力保管？谁来监督受托人？

3. 如果多受托人的遗嘱信托，受托人之间如何安排信托财产的持有和管理机制？

除此之外，尚有大量在执行过程中可能产生的问题需要处理，但实际上并无章可循。在本案例中，虽然法院确定了信托的受托人和受益人，能够依据《信托法》来确定这些信托主体的基础权利和义务及有关责任。但有开放属性的《信托法》，大量条款都是原则性条款，更细节的问题都是以"信托协议或信托文件另有规定、约定的除外"的形式体现出来。

六、结语

本文仅仅是以此案例为样本，粗线条地梳理了一下遗嘱信托在其自身属性、结构和实务中存在的问题,其复杂性和固有缺陷已经可见一斑了。

复杂性带来的问题容易解决,有专业的律师或机构参与可以在相当程度上就可以避免,当然,这些会带来成本的上升,对于普通人而言可能是无法接受的。而对有成本负担能力的高净值人士或企业家而言,遗嘱信托固有的缺陷(比如债务隔离功能缺失)则是无法接受的。

看来,遗嘱信托并不像外界很多机构宣称的是"《民法典》时代传承新工具"。笔者个人认为,遗嘱信托的应用场景将会相当有限。

但遗嘱信托不至于没有任何存在感。笔者在本文开头提出,遗嘱信托还是有其特定的应用场景的,而在这些场景中其发挥的功能也是生前信托所无法替代的。关于这些特定场景的遗嘱信托应用,笔者将另外撰文讨论。

律师对碎片化证据的审查及运用

——以陈某诉周某某委托理财案为视角

魏柏峰*

[摘　要]　证据的生命在于发现和运用,碎片化的证据如何进行识别和归集,而归集的碎片化证据只有形成了关联性才具有印证性和法定证明力,证据证明目的高度盖然性的基础在于证据链条之间的关联性,碎片化证据如何审查和运用将对案件的认定结果起到决定性作用,这就需要办案律师对碎片化证据进行审查,并结合双方证据进行有针对性的梳理,并加以运用,从而最大限度达到所代理案件的目标。

[关键词]　证据;碎片化;关联性;证据证明力;高度盖然性

证据的碎片化通常表现为时间上的延续性、证据存放的分散性、己方证据和对方证据的交叉性、单个证据的非关联性等不利于集中证据证明目的的特点,律师如何发现、审查及运用碎片化的证据,并对碎片化证据进行关联,从而达到证明己方诉讼主张的目的,使碎片化的证据集中化、关联化、证明力化,本文结合案例发表对碎片化证据运用的认识。

一、案情简介

2012年至2017年期间,陈某系周某某实际控制的某某投资公司员工,周某某按月向陈某发放工资,其间周某某多次付款给陈某用于购买员工餐饮原料、办公设备等,并使用陈某信用卡进行消费,陈某曾帮周某某带其母亲看医

---

* 魏柏峰,法学硕士,上海融力天闻(杭州)律师事务所,执业律师。

生,周某某支付陈某医疗费,周某某特殊日期期间通过QQ及微信向陈某及家人发放红包。后陈某为赚取差价,陆续通过与案外人签订委托理财合同,陈某再陆续通过与周某某签订委托理财合同的方式将案外人的理财款交于周某某,并约定了固定收益和还款期限,陈某与周某某委托理财期间,周某某多次通过陈某赠送理财人手机、金银饰品等物品,合同约定期限结束后,部分理财款续签书面委托理财合同,部分以事实方式延续前面的委托理财合同,且部分合同无原件。委托理财期间陈某陆续转账给周某某理财款共计约400万元,周某某所有转账给陈某的金额400余万元,双方相互转账约161笔,周某某在理财期间陆续偿还部分本金和利润,并多次委托陈某将周某某转账陈某的款项转至周某某弟弟周某龙账户。最后,周某某无力偿还陈某款项,周某某书写简要对账单,陈某催款无果后诉至法院。一审法院驳回陈某的诉讼请求,陈某不服一审判决,遂委托上诉事宜,后二审法院全案改判陈某胜诉。

陈某二审提供证据为:部分委托理财合同原件、部分委托理财合同复印件、银行转账流水记录、QQ聊天记录及转账记录、微信聊天记录、支付宝聊天记录及转账记录、工资单、记账本、对账单、手机短信记录、录音、证人、借条、购票记录、信用卡流水。

周某某则提供转账陈某的银行转账流水记录,并辩称已经全部还清陈某诉请的本金和应付利润。

二、碎片化证据的发现途径

碎片化的证据往往不与需要证明的诉讼主张具有直接关联性,律师需要针对个案的特点去挖掘对诉讼主张具有价值的证据,可以通过以下途径去发现碎片化的证据。

（一）善于"收与受"

律师在接受当事人委托后,要善于接收当事人交给的所有资料,包括书面材料、电子邮件、银行转账记录、微信聊天记录和转账记录、支付宝聊天和转账记录等资料,无论直接关联还是间接关联的资料都要接收,而且从思想上要接受资料的有用性和关联性,只有从思想上和行为上接受和接收了资料,才具有发现具有证据价值资料的基础,才能够对相关接收的资料进行甄别。

（二）善于"望"

律师对当事人提交的资料要善于观察、查阅，而且要反复地对资料进行观察、查阅，要对所有资料的时间节点、记载事项、涉及的人物、款项的金额及去向、当事人表情等细节做到熟记于脑，通过"望"了解的这些事项，可以为律师再次和当事人谈话确定方向和奠定基础，发现证据更具有针对性，律师要善于让当事人解答疑问，才能保证向当事人提出的问题更具有关联性。律师善于"望"，才能善于发现。

（三）善于"闻"

律师在与当事人交流过程中，要善于倾听，此时律师收集证据没有更具体的针对性，可以让其叙述有关无关的话题，特别是双方交往的过程和涉案事项的过程，同时，也可以与其关系密切且对相关涉案事项有所了解的人员的叙述，增加谈话事项的辅助性和印证性，并在倾听中注意记录关键人物、时间、事件、地点等细节信息，而且在交流过程中发现的疑问要及时插话，更要善于提问。律师善于"闻"，才能发现证据线索。

（四）善于"问"

律师在与当事人交流过程中，特别是在接受资料和"闻"之后，要根据自身已经掌握的资料而整理的关于案件的问题，再次与当事人进行交流，主要进行针对性的提问，并对当事人的回答进行甄别、印证，更要与相关资料记载的时间、人物、事项等进行关联性的认证，从而梳理出来关键证据及其碎片化证据之间的关联性和对诉讼主张证据证明力的关联性。

三、碎片化证据的审查

碎片化的证据审查，此时的审查包括证据之间的关联性、证据的真伪、证据的相互印证、证据的分析等事项，只有审查好证据才能运用好证据。

（一）人物角色审查

当事人提交的证据之中显现的人物，应当进行核实和分析，不但需要核实人物的存在是否真实，更要核实该人物是否涉及和参与诉讼主张事项的具体内容及其角色作用，比如人物之间是否具有亲属关系？具有何种亲戚关系？人物在诉讼事项中的具体分工和作用？是否涉及相关银行流水？人物与案件事实之间的关联性不应当被忽视,特别是存在款项往来的情况下,更应当审查涉案人物和款项之间的关联性,直接证据较少的案件,一般存在涉案人物代为签字、账户使用、代为转账等关键事实,比如本案就存在周某某使用其弟弟周某龙账户的事实。因此,人物审查的重要性不应被忽视,同时也是发现证据之间关联性的线索。

(二)收付款流水关联性审查

收付款流水属于当事人无法自行修改的客观性书面证据,要审查收付款流水的去向、流水之间的时间间隔、资金用途、当事人收付款流水之间的关联性等事实,本案中原告银行账户及其爱人银行账户与被告使用的其弟弟银行账户之间具有长期的相互银行转账行为,应当重点审查相互转账的资金用途,并调取当事人同一笔流水的上游转账记录和下游转账记录,审查上下游转账金额及其时间间隔,从而确定上下游转账与当事人收付款流水之间的相互关联性。

(三)单方记录的审查

日记账既是书面证据,又是客观证据,但是由于日记账形成的单方性,以及具有一定的主观性的特征,一般情况下不能够独立证明相关案件事实,需要其他关联性客观性证据予以辅助和印证,比如,日记账记录的内容是否能够与银行流水相印证,日记账记录的内容能否与微信聊天记录相印证,日记账记录的内容能否与电子邮件内容相印证等,日记账记录的内容是否具有证明力及其证明力的大小,在一定程度上取决于其内容或核心内容能否与现有客观证据印证,从而佐证日记账内容的真实性。因此,日记账审查不但要从记录内容、日常生活常识进行审查,重点应当审查日记账核心内容佐证性、时间连续性、事件连续性、人物关联性,从而反推日记账内容的真实性。

(四)日常交流途径内容的审查

当事人与对方如何开展业务合作,通过何种方式开展业务交流,应当进行重点关注,比如是否使用微信交流、是否通过支付宝转账、手机短信、有无通过电子邮件交流等业务对接的方式,通过核对业务对接平台交流内容与银行转账流水内容、日记账内容等是否能够相互印证及其关联性,比如微信红包金额是否与银行流水吻合或是否与对方拟证明其他用途的证据印证等,日常交流的痕迹往往能够发现和佐证主要事实。

（五）对方证据的审查

碎片化证据案件中，不但要注重己方证据对诉请主张证明力及其全面性、关联性，同时，应当对己方单一证据中有利于对方的证据以及对方反驳的证据进行审查，做到知己知彼，从而研究对应策略和收集相应反驳证据，应当重点审查对方证据与己方证据在时间上、内容上等事项上具有一定的关联性及其有利于己方的节点。

四、民事证据法定标准

民事案件的证据认定标准与刑事案件的证据认定标准不同，一般依据最高人民法院《关于适用〈中华人民共和国民事诉讼法〉的解释》等法律予以认定，且必须全面、客观、不存在严重逻辑矛盾，不违反日常生活经验，达到高度的盖然性的证据才具有证明力。

（一）证据资格标准

证据适用和具有证明力的前提是具有证据资格，证据必须客观、真实、合法，一方面必须具有真实性，证据不能是伪造的，也不能无法区分真伪；另一方面必须具有客观性，证据必须是客观存在和客观形成的；再一方面必须具有合法性，证据的取得必须是合法的，违反法律规定取得的证据不具有证据资格，无法作为证据使用。

（二）证据证明力

证据证明力认定的标准有法定标准和自由心证标准，法定标准分为直接证据的证明力大于间接证据的证明力，客观证据的证明力大于言词证据的证明力。不论是什么证据形式，均必须符合法律规定的客观性、真实性、合法性才具有证明力。自由心证并不是没有认定规则，证据的认定必须在真实性、合法性、客观性的基础上进行主观判断。一方面证据内容经过全面的查看，另一方面证据的形成过程经过全面的问询，再一方面证据的优势性和盖然性经过整体的判断。

（三）证据的适用认定标准

具有证据资格和证明力的证据并不是一定能够在具体个案中得以认定，要符合以下规则才能够在双方证据的适用认定中胜出，具体为：

1. 证据不存在逻辑矛盾

证据内容本身及证据之间不存在逻辑矛盾,证据的逻辑矛盾包括证据内容指向性的矛盾、时间的矛盾、事实矛盾、数字矛盾等,如果这些矛盾内容无法进行合理的解释,相关证据就很难得到采纳,应当避免提供存在逻辑矛盾的证据。

2. 证据不违反日常生活经验

证据内容不但要符合双方之间的交易习惯,更要符合日常生活经验,最高人民法院《关于适用〈中华人民共和国民事诉讼法〉的解释》第一百零五条规定:"人民法院应当按照法定程序,全面、客观地审核证据,依照法律规定,运用逻辑推理和日常生活经验法则,对证据有无证明力和证明力大小进行判断,并公开判断的理由和结果。"可见,日常生活经验是基础,具体内容不能违反人与人之间的日常生活经验,违反日常经验的内容应当提供过往惯例或特别约定加以说明,否则,违反日常经验的证据很难被正面评价。

3. 证据具有优势性

证据的优势性本质上就是对各方的证据证明力进行比较,各方当事人对同一事实分别举出相反证据,但均没有足够的证据否定对方证据的,应当结合案件情况,判断一方提供证据的证明力是否明显大于另一方提供证据的证明力,并对证明力较强的证据予以确认。民事上就是优势证据胜出为原则,而不是确实充分的排除合理怀疑原则。

4. 证据达到高度盖然性

证据适用的高度盖然性本质上就是案件事实查明的高概率性,最高人民法院《关于适用〈中华人民共和国民事诉讼法〉的解释》第一百零八条规定:"对负有举证证明责任的当事人提供的证据,人民法院经审查并结合相关事实,确信待证事实的存在具有高度可能性的,应当认定该事实存在。"这种高概率性并不是案件所有细节均查明,而是主要核心事实和细节的查实,举证亦是对核心主要事实和细节予以证实,达到相关事实已经发生和存在的高概率性即可。

五、碎片化证据的运用方法

碎片化证据的运用需要将其共同指向集中化,证明力高度盖然化,证据适用的高度可视化,证据认定的过程中需要采取逻辑判断法、对比法、经验识别法等方法,从而达到碎片化证据的实用化。

(一)逻辑判断法

碎片化的证据最大特点就是分散化,最大的实用价值就是碎片化证据的集中化、明确化、关联化、逻辑化。碎片化证据的运用且使其产生法定证明力的前提,就是通过将每一个碎片化的证据进行统一集中,明确每一个碎片化证据可能涉及的诉请主张及其相互之间的关联性,从而达到碎片化证据指向对象明确、指向事实明确、指向时间一致,进而使碎片化证据要证明的事实具有高度的盖然性。这种高度的盖然性完全契合交往逻辑、生活逻辑、工作逻辑,比如,周某某转账陈某的520元的红包、周某某转账陈某垫付的医药费、周某某转账陈某的代付款等,这些款项金额全部被周某某用于辩解系支付陈某的款项,可是无论从其支付的金额上、时间上、转账对象上、关联性上看,均与周某某辩称的事实、生活常识等逻辑不符。

(二)日常经验识别法

碎片化的证据应当使用日常经验予以判断,从而加以识别,比如工资的特点是每月金额相对固定、发放时间相对固定、转账账户相对固定等特点,可以将工资流水与其他流水加以区分。再比如可以将周某某每月固定给陈某某的其他转账金额进行梳理,比对入账金额及其去向和支出金额及其去向,工资外的每月固定金额一般可能是信用卡还款,从而将事实基础上不符合日常生活经验的金额予以梳理比对和剔除。该种方法需要善于"望""闻""问",只有了解的当事人之间交往经过和事实细节多了,才能够串联、比对和分析,才有识别的基础,从而才能更好地加以运用。

(三)自我关联法

证据运用虽然需要综合关联,但是自我证据的关联在本案中也相对比较重要,比如本案中陈某有自我记账本、银行转账记录、微信聊天记录、QQ聊天记录、信用卡账单、买菜支出凭证等证据,自我证据的关联首先要进行真实性的自我核实和确认,比如要对记账本内容与其他自我证据进行比对和核实。其次,要对自我证据进行关联性核实和确认,比如记账本与买菜支出凭证之间是否具有事实上的相互关联。最后,要对自我证据进行共同指向性的自我核实和确认,比如这些自我证据是否均共同指向同一人、同一时间、同一账户等,如果均指向周某某,证明自我证据完全具有紧密的关联性,而且在一定程度上可以印证自我证据证明力的可靠性。

（四）双方比对法

碎片化的证据不仅要进行自我的关联和比对及核实，更要与对方的证据进行比对和核实，自我比对主要是进行检验己方证据的可靠性，将己方证据与对方证据进行比对主要是检验证据的证明力大小以及是否能够超越对方证据的证明力的优势性和可信度的盖然性，比如对方将买菜费用冒充还款，可以将对方提供的买菜费用的金额、日期、规律性与自我证据的金额、日期、规律性结合事实情况进行比对，如果能够相互比对印证，说明证据已经具有了可靠性和超越对方的证明力，也更加能够说服法官，使其对己方证据具有内心确认。

（五）追踪法

追踪法就是要善于对自我证据和对方证据进行前后追踪，既要对自我证据进行前后追踪，也要对对方证据进行前后追踪。比如，对于银行流水要追踪资金从哪里转过来的，资金转到哪里去了。本案中周某某通过其账户数十次转账给陈某，陈某收款后按照周某某的指示，间隔几十秒钟后转到周某某弟弟周某龙或其他指定人员账户，如果本案中单纯将陈某与周某某的账目流水比对是无法予以证实陈某诉讼主张，更无法将碎片化的证据进行关联和印证，追踪法就是要跳出现有证据看证据，通过追踪单一证据使碎片化证据之间能够关联，特别是本案银行流水达一百多起，不同于单次流水或几次流水，追踪才能最大限度促使法官确信证据之间的高度关联和涉案事实指向的可靠性。

（六）剔除法

碎片化证据的剔除，并不是简单地一刀切将某一个证据丢弃不用，而是将对方提供证据指向的事实与己方现有能够证明诉请事实的证据加以对比和结合，将对方证据与己方证据进行关联和衔接，从而达到为我所用的目的，并将对方拟证明的事实予以最大限度的剔除。需要强调的是，这种剔除并不需要百分之百的精确，只要达到事实上和法律上的高度盖然性就可以了。比如本案中周某某提供的银行转账记录，陈某要想达到剔除和为我所用的目的，必须对双方来往的水流和双方约定的委托理财时间、期限、利率等进行核算，这样才可以将本案和诉请事实相关的金额予以剔除，同时剔除法的前提是当事人掌握了一定的资料原件、复印件、照片等基础资料，并能够基本分清每一笔理财款的理财时间、期限、利率。

（七）旁证辅助法

碎片化证据的串联需要一定的其他证据予以辅助和佐证，如果单一的碎片化证据证明对方的单一证据是很难形成完整的串联和强有力的说服力，更难达到法律上的证据证明力，必须对己方相关的单一证据进行延伸和追踪，并将追踪的证据与己方单一证据予以合并，用于反驳对方单一证据和证明己方诉请的合法性。比如，周某某将支付给陈某的陈某为周某某母亲看病的医疗费混淆为理财款，不但需要陈某向医疗机构支付医疗费的转账记录，更需要医院出具的挂号单、看病时间、病人姓名、具体科室、具体医生等旁证予以辅助证明己方证据的证明目的，而本案恰恰将这些旁证都找到并予以佐证，而这个前提是需要事先梳理每一笔己方收付款水流和对方的付款流水，从而通过旁证证明碎片化证据之间的高度关联性和事实衔接的一致性及精准化。

（八）可视化法

证据的可视化是一个概括化、关联化、运用化、实效化的一个过程，可视化的过程本质上是一个归纳化的过程，可视化的终极目标就是实用化和直观化。诉讼的过程特别是碎片化证据的案件，一定要重视证据的可视化，己方碎片化证据的关联性是前提和基础，可视化是法官判断证据证明力的可视化，可视化是法官比对证据优势性的可视化，可视化更是法官运用证据的可视化，虽然案件的审理是以事实为基础，法律为准绳，不容忽视的重要视角就是法官不是当事人，更不是诉请主张的提出者。法官不但没有更多时间梳理碎片化证据，也没有当事人对事实细节掌握的那么清晰。要善于减轻法官的负担，减轻法官的负担就是对证据可视化最好的运用，比如本案中就采用了表格式可视化，详细地将对方和己方证据的名称、资金去向、用途、时间、印证证据等予以列明，从而达到每一笔金额的用途均清晰明确，争取达到反败为胜的目标。

（九）证明标准盖然法

证明标准的盖然性就是证据证明力的高度盖然性，也是证据微观审查和运用中的宏观审查和运用。碎片化证据多的案件证据证明目的不需要全部达到精准化，案件事实单一和证据较少的案件，证据的证明目的必须达到全部证明事项的精准化，但是碎片化证据多的案件仅需要将证据的证明标准达到高度盖然性即可。盖然性的程度要因案件事实和证据而异，比如本案中160多笔的收付款流水，并不需要每一笔用途的去向精准，仅剩几笔无法精准而标准大概去向和用途也并不妨碍本案碎片化证据达到高度盖然性的事实结果,更不能将刑事证据证明目的的唯一确定性和民商事证据证明标准相混淆。

综上,碎片化证据发现、审查、运用的过程,本质上就是将客观事实转化为法律事实的过程,即从客观的真实、到推定的真实、再到拟制的真实转变,从孤立化到关联性转变,从单一化到集中性转变,从复杂化到可视化转变,最终达到碎片化证据强力支撑诉讼主张的目的。

数字时代个人隐私的守护神

——《个人信息保护法》解读及其企业合规策略

王卫东　房肇鸿[*]

[摘　要]　近年来,我国颁布了多部有关网络信息保护的法律,如《网络安全法》《数据安全法》。但涉及面最广的有关个人信息的相关法律一直缺失,直到此次《中华人民共和国个人信息保护法》的出台。个人信息如果外泄,对个人、家庭、单位等会带来许多风险,而企业如果在处理个人信息时未达到合规标准也将付出重大代价,因此,我们对个人信息保护法的主要内容应当有深入的了解。

[关键词]　个人信息保护;企业合规

一、《个人信息保护法》的重大意义

酝酿多年的《个人信息保护法》终于在 2021 年 11 月 1 日起正式实施,作为对"百年未有之大变局"和"数字经济"的制度回应,《个人信息保护法》外引域外立法智慧,内接本土实务经验,熔"个人信息权益"的私权保护与"个人信息处理"的公法监管于一炉,统合私主体和公权力机关的义务与责任,兼顾个人信息保护与利用,奠定了我国网络社会和数字经济的法律之基。为了充分理解《个人信息保护法》的内涵,我们不妨从世界维度与中国维度着眼,以展现其深远意义。

（一）顺应世界潮流

个人信息保护的立法可追溯至德国黑森州 1970 年颁布的《资料保护法》。

---

[*]　王卫东,上海融力天闻律师事务所合伙人、律师。房肇鸿,上海融力天闻律师事务所律师。

此后,瑞士(1973)、法国(1978)、挪威(1978)、芬兰(1978)、冰岛(1978)、奥地利(1978)、冰岛(1981)、爱尔兰(1988)、葡萄牙(1991)、比利时(1992)等国的个人信息保护法景从云集。1973年美国发布"公平信息实践准则"报告,确立了处理个人信息处理的五项原则:(一)禁止所有秘密的个人信息档案保存系统;(二)确保个人了解其被收集的档案信息是什么,以及信息如何被使用;(三)确保个人能够阻止未经同意而将其信息用于个人授权使用之外的目的,或者将其信息提供给他人,用作个人授权之外的目的;(四)确保个人能够改正或修改关于个人可识别信息的档案;(五)确保任何组织在计划使用信息档案中的个人信息都必须是可靠的,并且必须采取预防措施防止滥用。在"公平信息实践准则"所奠定的个人信息保护基本框架之上,美国《消费者网上隐私法》《儿童网上隐私保护法》《电子通信隐私法案》《金融服务现代化法》《健康保险流通与责任法》《公平信用报告法》等相继出台。

进入21世纪,在数字化浪潮的推动下,个人信息保护的立法陡然加速。2000年到2010年,共有40个国家颁布了个人信息保护法,是前10年的两倍,而2010年到2019年,又新增了62部个人信息保护法,比以往任何10年都要多。延续这一趋势,截至2029年将会有超过200个国家或地区拥有个人信息保护法。

我国《个人信息保护法》正是此历史进程中的重要一环。回顾过往,世界个人信息保护法迄今已经历了三代。第一代以经合组织1980年《关于隐私保护与个人数据跨境流通指引》和1981年欧洲理事会《有关个人数据自动化处理之个人保护公约》为起点。第二代以欧盟1995年《个人数据保护指令》为代表,其在第一代原则的基础上加入了包括"数据最少够用""删除""敏感信息""独立的个人信息保护机构"等要素。第三代即为2018年生效的欧盟《通用数据保护条例》(以下简称"GDPR")。GDPR大大拓展了信息主体权利,并确立了一系列新的保护制度。此外,几乎同时制定的美国《2018加利福尼亚州消费者隐私法案》(以下简称"CCPA"),号称全美最严厉隐私保护法案。

我国个人信息保护法采取"拿来主义、兼容并包"的方法,借鉴GDPR和CCPA中的各项先进制度,结合我国国情,在既注重个人信息保护,又促进数据合理利用的原则下进行规则设计。这主要体现在:

其一,在体例结构上,将市场主体处理个人信息和国家机关处理个人信息一体规制,除明确例外规则外,确保遵循个人信息保护的同一标准。基于此,《个人信息保护法》两线作战,即直面企业超采、滥用用户个人信息的痼疾,又防范行政部门违法违规处理个人信息的问题,最大限度地保护个人信息权益。其二,在管辖范围上,《个人信息保护法》统筹境内和境外,赋予必要的域外适用效力,以充分保护我国境内个人的权益、公共利益、国家安全。其三,在"个人信息"认定上,采取"关联说",将"与已识别或者可识别的自然人有关的各种信息"均囊括在内。其四,在个人信息权益上,不仅赋予个人查询权、更正权、删除权、自动化决策的解释权和拒绝权以及有条件的可携带权等"具体权利",而且从中升华为"个人对其个人信息处理的知情权、决定权,限制或者拒绝他人对其个人信息进行处理"的"抽象权利",由此形成法定性和开放性兼备的个人信息权益体系。其五,在个人信息跨境上,采取安全评估、保护认证、标准合同等多元化的出境条件。其六,在大型平台监管上,对"重要互联网平台服务、用户数量巨大、业务类型复杂的个人信息处理者"苛以"看门人"义务,完善个人信息治理。

(二)贡献中国智慧

我国《个人信息保护法》并不只是回应世界潮流之举,事实上,它也是我国法律体系自我完善、自我发展的必然结果。从2018年9月《个人信息保护法》被纳入"十三届全国人大常委会立法规划",位列"条件比较成熟、任期内拟提请审议"的69部法律草案之中,到如今个人信息保护法正式颁行,看起来不过历时三载,但追根溯源,距离2012年《全国人大常委会关于加强网络信息保护的决定》已有10年,距离2003年国务院信息化办公室部署个人信息保护法立法研究工作已有18年。在近20年的进程中,我国个人信息保护规范日渐丰茂,《网络安全法》、新修订的《消费者权益保护法》,以及《电子商务法》《刑法修正案(九)》《民法典》等对个人信息保护作出了相应规定,及时回应了国家、社会、个人对个人信息保护的关切。然而,这种分散式的立法,也面临着体系性和操作性欠缺、权利救济和监管措施不足的困境,正因如此,一部统一的个人信息保护法正当其时。

任何法律都是特定时空下社会生活和国家秩序的规则,《个人信息保护法》概莫能外。我国个人信息保护立法以现实问题为导向,以法律体系为根基,统筹既有法律法规,体察民众诉求和时代需求,将之挖掘、提炼、表达为具体可感、周密翔实的法律规则,以维护网络良好生态,促进数字经济发展。我国《个人信

息保护法》的中国智慧和中国方案主要有以下特点:

其一,在法律渊源上,将个人信息保护上溯至宪法,《个人信息保护法》第一条规定:"为了保护个人信息权益,规范个人信息处理活动,促进个人信息合理利用,根据宪法,制定本法。"将宪法直接作为立法基础,在我国的立法实践中并不多见。将个人信息权益视为基本人权的重要内容之一,提升、宣誓了个人信息权益的法律位阶。其二,在立法目的上,将"保护个人信息权益"和"促进个人信息合理利用"作为并行的规范目标,秉持"执其两端,用其中于民"的理念,满足人们对美好生活的向往。为此,《个人信息保护法》拓展了《民法典》"知情同意+免责事由"的规则设计,采取了包括个人同意、订立和履行合同、履行法定职责和法定义务、人力资源管理、突发公共卫生事件应对、公开信息处理、新闻报道、舆论监督等多元正当性基础。其三,在规范主体上,将"个人信息处理者"作为主要义务人,将"接受委托处理个人信息的受托人"作为辅助人,承担一定范围内的个人信息安全保障义务。其四,在保护程度上,将特定身份、行踪轨迹、生物识别等敏感个人信息和未成年人的个人信息予以更高力度的保护。其五,在适用场景上,对于"差别化定价""个性化推送""公共场所图像采集识别"等社会反映强烈的问题,予以专门规制;开展公开或向第三方提供个人信息、处理敏感个人信息、个人信息出境等高风险处理活动的,应当取得个人的"单独同意"。其六,在监管体制上,个人信息保护法采取了"规则制定权相对集中,执法权相对分散"的架构,由国家网信部门统筹协调有关部门制定个人信息保护具体规则、标准,国务院有关部门在各自职责范围内负责个人信息保护和监督管理工作。

"十年辛苦不寻常",我国《个人信息保护法》是过往世界经验和中国智慧的结晶。

二、《个人信息保护法》的主要内容

《个人信息保护法》共八章,总计七十四个条款。其中,第一章为"总则",第二章为"个人信息处理规则"(包含第一节"一般规定"、第二节"敏感个人信息的处理规则"、第三节"国家机关处理个人信息的特别规定"),第三章为"个人信息跨境提供的规则",第四章为"个人在个人信息处理活动中的权利",第五章为"个人信息处理者的义务",第六章为"履行个人信息保护职责的部门",第七章为"法律责任",第八章为"附则"。

（一）七大术语

1. 个人信息：指是以电子或者其他方式记录的，与已识别或者可识别的自然人有关的各种信息，但不包括匿名化处理后的信息。判断一项信息是不是属于个人信息，关键看能否识别特定自然人。比如：张三在网吧使用电脑的 IP 地址，通常不被认为是个人信息，因为网吧的电脑具有共用性，无法根据某一台电脑的 IP 地址来识别特定的自然人。

2. 敏感个人信息：指一旦泄露或者非法使用，容易导致自然人的人格尊严受到侵害或者人身、财产安全受到危害的个人信息，包括生物识别、宗教信仰、特定身份、医疗健康、金融账户、行踪轨迹等信息，以及不满十四周岁未成年人的个人信息。

3. 个人信息的处理：指个人信息的处理包括个人信息的收集、存储、使用、加工、传输、提供、公开、删除等。

4. 个人信息处理者：指是指在个人信息处理活动中自主决定处理目的、处理方式的组织或个人。

5. 自动化决策：指是指通过计算机程序自动分析、评估个人的行为习惯、兴趣爱好或者经济、健康、信用状况等，并进行决策的活动。

6. 去标识化：指是指个人信息经过处理，使其在不借助额外信息的情况下无法识别特定自然人的过程。

7. 匿名化：指是指个人信息经过处理无法识别特定自然人且不能复原的过程。

（二）个人信息保护法的六大基本原则

1. 合法、正当、必要、诚信原则

合法、正当、必要和诚信原则是指不得通过误导、欺诈、胁迫等方式处理个人信息。

2. 目的明确和直接原则

目的明确和直接原则是指处理个人信息应当具有明确、合理的目的，并应当与处理目的直接相关。

3. 公开、透明原则

公开、透明原则是指个人信息处理者应公开个人信息处理规则，明示处理的目的、方式和范围。

4. 最小必要原则

最少必要原则是指收集个人信息，应当限于实现处理目的的最小范围，不得过度收集个人信息。

5. 知情同意原则

知情同意原则是指处理个人信息应当取得个人的同意。基于个人同意处理个人信息的，该同意应当由个人在充分知情的前提下自愿、明确作出。个人信息处理者公开其处理的个人信息、处理敏感个人信息、向境外提供个人信息的，应当取得个人的单独同意。

6. 安全保护原则

安全保护原则是指个人信息应该处于安全的保护中，避免可能发生的个人信息的泄漏、意外灭失和不当使用。

（三）七项处理基础

符合下列情形之一的，个人信息处理者方可处理个人信息：

1. 取得个人的同意；

2. 为订立、履行个人作为一方当事人的合同所必需，或者按照依法制定的劳动规章制度和依法签订的集体合同实施人力资源管理所必需；

3. 为履行法定职责或者法定义务所必需；

4. 为应对突发公共卫生事件，或者紧急情况下为保护自然人的生命健康和财产安全所必需；

5. 为公共利益实施新闻报道、舆论监督等行为，在合理的范围内处理个人信息；

6. 依照本法规定在合理的范围内处理个人自行公开或者其他已经合法公开的个人信息；

7. 法律、行政法规规定的其他情形。

（四）两类主体权利

1. 撤回同意权

基于个人同意处理个人信息的，个人有权撤回其同意。个人信息处理者应当提供便捷的撤回同意的方式。个人撤回同意，不影响撤回前基于个人同意已进行的个人信息处理活动的效力。

2. 可携权

个人请求将个人信息转移至其指定的个人信息处理者,符合国家网信部门规定条件的,个人信息处理者应当提供转移的途径。

(五)三重跨境规则

1. 个人信息处理者因业务等需要,确需向中华人民共和国境外提供个人信息的,应当具备下列条件之一:

(1) 依照本法第四十条的规定通过国家网信部门组织的安全评估;

(2) 按照国家网信部门的规定经专业机构进行个人信息保护认证;

(3) 按照国家网信部门制定的标准合同与境外接收方订立合同,约定双方的权利和义务;

(4) 法律、行政法规或者国家网信部门规定的其他条件。

2. 关键信息基础设施运营者和处理个人信息达到国家网信部门规定数量的个人信息处理者,应当将在中华人民共和国境内收集和产生的个人信息存储在境内。确需向境外提供的,应当通过国家网信部门组织的安全评估;法律、行政法规和国家网信部门规定可以不进行安全评估的,从其规定。

3. 非经中华人民共和国主管机关批准,个人信息处理者不得向外国司法或者执法机构提供存储于中华人民共和国境内的个人信息。

(六)两个经典场景

1. 自动化决策及其营销使用场景

(1) 个人信息处理者利用个人信息进行自动化决策,应当保证决策的透明度和结果公平、公正,不得对个人在交易价格等交易条件上实行不合理的差别待遇(即"不得大数据杀熟原则");

(2) 通过自动化决策方式向个人进行信息推送、商业营销,应当同时提供不针对其个人特征的选项,或者向个人提供便捷的拒绝方式;

(3) 通过自动化决策方式作出对个人权益有重大影响的决定,个人有权要求个人信息处理者予以说明,并有权拒绝个人信息处理者仅通过自动化决策的方式作出决定。

2. 公共场所采集图像场景

(1) 在公共场所安装图像采集、个人身份识别设备,应当为维护公共安全所必需,遵守国家有关规定,并设置显著的提示标识;

（2）所收集的个人图像、身份识别信息只能用于维护公共安全的目的，不得用于其他目的；取得个人单独同意的除外。比如：公安系统使用的"天眼系统"。

（七）三级部门监管职责

1. 国家网信部门

负责国家层面的统筹监管，统筹协调个人信息保护工作和相关监管管理工作。

2. 国务院有关部门

负责部门层面，在各自职责范围内负责个人信息保护和监督管理工作。

3. 县级以上地方人民政府有关部门

按照国家有关规定负责地方监管和基层落实。

（八）多项法律责任

1. 行政责任

（1）提高处罚标准，引入高管禁业、记入征信系统

违反本法规定处理个人信息，或者处理个人信息未履行本法规定的个人信息保护义务的，由履行个人信息保护职责的部门责令改正，给予警告，没收违法所得，对违法处理个人信息的应用程序，责令暂停或者终止提供服务；拒不改正的，并处一百万元以下罚款；对直接负责的主管人员和其他直接责任人员处一万元以上十万元以下罚款。

有前款规定的违法行为，情节严重的，由省级以上履行个人信息保护职责的部门责令改正，没收违法所得，并处五千万元以下或者上一年度营业额百分之五以下罚款，并可以责令暂停相关业务或者停业整顿、通报有关主管部门吊销相关业务许可或者吊销营业执照；对直接负责的主管人员和其他直接责任人员处十万元以上一百万元以下罚款，并可以决定禁止其在一定期限内担任相关企业的董事、监事、高级管理人员和个人信息保护负责人。有本法规定的违法行为的，依照有关法律、行政法规的规定记入信用档案，并予以公示。

（2）明确个人信息侵权行为的责任承担原则

个人信息侵权行为的归责原则（过错推定原则）：处理个人信息侵害个人信息权益造成损害，个人信息处理者不能证明自己没有过错的，应当承担损害

赔偿等侵权责任。

共同个人信息处理者的责任承担（连带责任）：两个以上的个人信息处理者共同决定个人信息的处理目的和处理方式的，应当约定各自的权利和义务。但是，该约定不影响个人向其中任何一个个人信息处理者要求行使本法规定的权利。个人信息处理者共同处理个人信息，侵害个人信息权益造成损害的，应当依法承担连带责任。

2. 民事责任

《民法典》第四编人格权第六章中涉及个人信息保护的条款如下：

（1）第一千零三十四条【个人信息保护】

（2）第一千零三十五条【个人信息处理的限制】

（3）第一千零三十六条【处理个人信息的免责事由】

（4）第一千零三十七条【个人信息决定权】

（5）第一千零三十八条【个人信息安全】

（6）第一千零三十九条【国家机关及其工作人员对个人信息的保密】

若违背《民法典》的相关规定构成的违法，将会承担民事侵权损害赔偿责任。

3. 刑事责任

《刑法》第二百五十三条规定："违反国家有关规定，向他人出售或者提供公民个人信息，情节严重的，处三年以下有期徒刑或者拘役，并处或者单处罚金；情节特别严重的，处三年以上七年以下有期徒刑，并处罚金。违反国家有关规定，将在履行职责或提供服务过程中获得的公民个人信息，出售或者提供给他人的，依照前款的规定从重处罚。窃取或则以其他方法非法获取公民个人信息的，依照第一款的规定处罚。单位犯前三款罪的，对单位判处罚金，并对其直接负责的主管人员和其他直接责任人员，依照各该条款的规定处罚。"

从立法和执法趋势看，《民法典》将个人信息作为人格权来加以保护，而《个人信息保护法》第二条中将个人信息明确定义为一项权益，即"个人信息权益"，未来我们可以期待个人信息将被赋予更多财产的属性。面对立法和监管逐步完善和加强的情况，企业必须对个人信息保护予以足够的重视，在履行网络安全等级保护、数据分级分类管理等网络安全基本保护义务外，还应该从以下几个方面来开展工作。

三、《个人信息保护法》背景下企业如何应对

（一）审视商业模式中个人信息处理活动的合规性并完成整改

《个人信息保护法》第四条第一款规定："个人信息是以电子或者其他方式记录的与已识别或者可识别的自然人有关的各种信息，不包括匿名化处理后的信息。"此外第二十八条至第三十条规定对如生物识别、宗教信仰、特定身份、医疗健康、金融账户、行踪轨迹、未成年人的所有信息等敏感个人信息加以特别保护。

企业应该对自身商业模式中所处理的个人信息进行梳理判断，甄别一般个人信息、敏感个人信息、未成年人个人信息等种类及其数量。根据法律法规和监管要求进行区别化处理，如根据最小必要原则对收集个人信息的种类进行筛选，防止过度采集；针对敏感个人信息和未成年人的个人信息收集必须遵循单独同意或书面同意原则等。

数字经济时代，企业经营更依赖对个人信息的分析和利用，尤其是互联网企业，通过收集个人信息，运用算法进行自动化决策的商业模式已经非常成熟。有些企业甚至直接购买或交换个人信息进行定向商业推广，这种商业模式将被淘汰。《个人信息保护法》第二十四条第一款规定："个人信息处理者利用个人信息进行自动化决策，应当保证决策的透明度和结果公平、公正，不得对个人在交易价格等交易条件上实行不合理的差别待遇。"其中，自动化决策是指通过计算机程序自动分析、评估个人的行为习惯、兴趣爱好或者经济、健康、信用状况等，并进行决策的活动。[①] 而且，通过自动化决策方式向个人进行信息推送、商业营销，应当同时提供不针对其个人特征的选项，或者向个人提供便捷的拒绝方式。对于企业来说，个性化推送的广告商业模式之外，还需要提供非个性化和可以拒绝的选项。

此外，对于企业来说，还需要注意通过自动化决策方式作出对个人权益有重大影响的决定，个人有权要求个人信息处理者予以说明，并有权拒绝个人信息处理者仅通过自动化决策的方式作出决定。因此，企业应注意区分有重大影

---

① 《个人信息保护法》第七十三条第（二）项。

响的决定情形,并给用户拒绝的权利。《个人信息保护法》实施后,企业应根据法律规定和监管趋势对自身商业模式中个人信息处理活动的合规性进行审查,并及时做出调整。

(二)遵循个人信息保护基本原则,履行基本保护义务

对于企业来说,在处理个人信息时,应根据《个人信息保护法》的规定,满足以下基本原则:"遵循合法、正当、必要和诚信原则"(第五条)、"具有明确、合理的目的"(第六条,即"目的限定原则")、"采取对个人权益影响最小的方式……限于实现处理目的的最小范围,不得过度收集个人信息"(第六条,即"最小必要原则")、"遵循公开、透明原则"(第七条)、"保证个人信息的质量"(第八条,即"质量原则")、"对其个人信息处理活动负责"(第九条,即"可问责性"原则)、"采取必要措施保障所处理的个人信息的安全"(第九条,即"数据安全"原则)。满足以上原则,对于个人信息处理者来说,是最基本的原则性要求。

此外,对于企业来说,根据《个人信息保护法》第十条的规定:"任何组织、个人不得非法收集、使用、加工、传输他人个人信息,不得非法买卖、提供或者公开他人个人信息,也不得从事危害国家安全、公共利益的个人信息处理活动。"这也是对企业在数据收集和处理活动过程中提出的基本合法性要求。

《个人信息保护法》第五章规定了"个人信息处理者的义务",其中提到,作为个人信息处理者,企业应当:

1. 根据个人信息的处理目的、处理方式、个人信息的种类以及对个人权益的影响、可能存在的安全风险等,采取措施(例如:制定制度、分类管理、加密、去标识化、制定并组织实施应急预案等)确保个人信息处理活动符合法律、行政法规的规定,并防止未经授权的访问以及个人信息泄露、篡改、丢失。[①]

2. 处理个人信息达到国家网信部门规定数量的个人信息处理者应当指定个人信息保护负责人,负责对个人信息处理活动以及采取的保护措施等进行监督;公开个人信息保护负责人的联系方式,并将个人信息保护负责人的姓名、联系方式等报送履行个人信息保护职责的部门。[②]

3. 处理境内个人信息的境外个人信息处理者,应当在中华人民共和国境内

---

① 《个人信息保护法》第五十一条。
② 《个人信息保护法》第五十二条。

设立专门机构或者指定代表,负责处理个人信息保护相关事务,并将有关机构的名称或者代表的姓名、联系方式等报送履行个人信息保护职责的部门。①

4. 定期对其处理个人信息遵守法律、行政法规的情况进行合规审计。②

5. 对于处理敏感个人信息、利用个人信息进行自动化决策、向境外提供个人信息等情形,事前进行个人信息保护影响评估,并对处理情况进行记录(至少保存三年)。③

6. 发生或者可能发生个人信息泄露、篡改、丢失的,个人信息处理者应当立即采取补救措施,并通知履行个人信息保护职责的部门和个人。④

7. 提供重要互联网平台服务、用户数量巨大、业务类型复杂的个人信息处理者,应当成立主要由外部成员组成的独立机构对个人信息保护情况进行监督、制定有关个人信息保护的平台规则、定期发布个人信息保护社会责任报告等。⑤

(三)对共同处理和委托处理个人信息的合作者进行审查判断

实践中,除了单独处理个人信息外,为通过尽量多的渠道收集个人信息,与合作伙伴共同处理或委托处理个人信息也较为普遍。

《个人信息保护法》第二十条、第二十二条规定,两个以上的个人信息处理者共同决定个人信息的处理目的和处理方式的,应当约定各自的权利和义务,如侵害个人信息权益造成损害的,应当依法承担连带责任,委托合同不生效、无效、被撤销或者终止的,受托人应当将个人信息返还个人信息处理者或者予以删除,不得保留。这对委托方和受托方的数据活动都提出了相应的合规要求。

企业在选择合作者时应尽到审慎义务,对其处理个人信息的能力进行评估。同时在相关合同中应特别约定各自在个人信息处理方面的权利义务,以及责任承担。

(四)重视并完善个人信息跨境提供规则

《个人信息保护法》第三章是有关"个人信息跨境提供的规则"的法律要求,可以称为"中国版个人信息跨境流动规则"。作为一般要求,个人信息处理者因业务等需要向境外提供个人信息时,应当具备下列条件之一:

---

① 《个人信息保护法》第五十三条。
② 《个人信息保护法》第五十四条。
③ 《个人信息保护法》第五十五条。
④ 《个人信息保护法》第五十七条。
⑤ 《个人信息保护法》第五十八条。

1. 依法通过国家网信部门组织的安全评估;

2. 按照国家网信部门的规定经专业机构进行个人信息保护认证;

3. 按照国家网信部门制定的标准合同与境外接收方订立合同,约定双方的权利和义务;

4. 法律、行政法规或者国家网信部门规定的其他条件。[1]

在向境外提供个人信息时,企业应注意:

(1) 个人信息处理者应当采取必要措施,保障境外接收方处理个人信息的活动达到本法规定的个人信息保护标准。[2]

(2) 个人信息处理者向中华人民共和国境外提供个人信息的,应当向个人告知境外接收方的名称或者姓名、联系方式、处理目的、处理方式、个人信息的种类以及个人向境外接收方行使本法规定权利的方式和程序等事项,并取得个人的单独同意。[3]

(3) 个人信息处理者应当事前进行个人信息保护影响评估,并对处理情况进行记录。[4]

此外,《个人信息保护法》第四十条规定:"关键信息基础设施运营者和处理个人信息达到国家网信部门规定数量的个人信息处理者,应当将在中华人民共和国境内收集和产生的个人信息存储在境内。确需向境外提供的,应当通过国家网信部门组织的安全评估;法律、行政法规和国家网信部门规定可以不进行安全评估的,从其规定。"

在法域适用方面,企业应当注意《个人信息保护法》不仅适用于在我国境内处理自然人个人信息的活动,也适用于在境外处理我国境内自然人个人信息的活动。例如,以向境内自然人提供产品或者服务为目的,分析、评估境内自然人的行为等。这对有跨境业务的企业而言,提出了更高的合规要求,值得关注。

(五) 应设立专门机构和岗位,加强制度性建设,跟踪个人信息保护领域的立法和监管动态

随着《个人信息保护法》的实施,在个人信息处理方面我们步入了一个法律

---

[1] 《个人信息保护法》第三十八条第一款。
[2] 《个人信息保护法》第三十八条第二款。
[3] 《个人信息保护法》第三十九条。
[4] 《个人信息保护法》第五十五条。

法规逐步完善,强力监管随时可期的时代。对企业来说如果忽视这项工作而导致处理个人信息方面存在违法违规的问题,将面临严厉的处罚,甚至威胁到企业的生存。对个人信息处理的从业者个人来说,可能面临罚款、行业禁入,直至承担刑事责任。

企业首先应该设立专门的机构和岗位,对包括个人信息处理在内的数据合规工作作出安排,这既是法律的要求,也是企业合规经营的需要。我们看到越来越多的企业设立了首席数据保护官(DPO),通过配备专业人员跟踪立法进程,关注监管动态,实施个人信息保护各项措施也是合规的基础。

同时,结合网络安全等级保护制度,形成完整的从设备、技术到制度的网络安全保障体系,并且有效落实,既是企业履行网络安全保障义务的法律要求,也是企业必须完成的工作。

总之,《个人信息保护法》对个人信息保护提出了更高的要求,作为企业来说,应当关注其对企业合规工作所带来的影响,从而有效规避风险,保障企业的正常经营和持续发展。

如何理解执行程序中参与财产分配申请的截止时间

——财产执行终结前

任玉萍　贝杰功　王建龙　吴子瑁

[摘　要]　由于相关法律及解释对"财产执行终结前""财产被执行完毕前"的时间节点规定不明,各地法院理解上存在差异,对参与拍卖款申请时间上的尺度把握不一,这种混乱无疑损害了债权人的合法权益。2022年最高人民法院的规定对债权人申请参与拍卖款分配的截止时间进行了统一,纠正了各地法院对当事人实体权利的不当损害。

[关键词]　财产执行终结前;财产被执行完毕前;参与分配拍卖截止时间

《最高人民法院关于人民法院执行工作若干问题的规定(试行)2008》第90条规定,债权人申请参与分配,应当在被执行人的财产被执行完毕前。《最高人民法院关于适用〈中华人民共和国民事诉讼法〉的解释2022》(以下简称"《民诉法解释》")第五百零七条第二款的规定:"参与分配申请应当在执行程序开始后,被执行人的财产执行终结前提出。"

上述条款对"财产执行终结前""财产被执行完毕前"的时间节点规定不明,且未做进一步解释,致使各家法院各行其是。

以笔者所历案件为例:

某金融机构与汤某某、张某某金融借款合同纠纷执行三案由A法院受理,鉴于未查到汤某某、张某某名下或供执行的有效财产,A法院终止了该三案的本次执行程序。某金融机构发现汤某某、张某某名下的房产由B法院进入强制执行拍卖程序,委托笔者作为代理律师代为申请参与汤某某、张某某被处置财产的分配。笔者接受委托后即向A法院申请,请求A法院向B法院发函将某金融机构对汤某某、张某某享有的三笔债权参与分配,B法院执行法官认为,根据参与分配的有关法律规定,某金融机构债权申报时间已超过法律规定的时间,无法再参与到被执行人拍卖款的分配中。

笔者认为,财产执行终结前和财产执行完毕前是同一意思表示,仅是表述不同,均应解释为执行财产分配完毕前(本文仅以待分配财产是分配款为前提),即待分配款项离开法院监管账户为债权申报截止时间节点。据此,笔者代理某金融机构向B法院提出异议,要求B法院撤销执行财产分配方案,准予某金融机构对被执行人享有的三案债权参与分配被执行人汤某某、张某某被拍卖房屋的拍卖款。

2022年3月,B法院经审理认为:根据《最高人民法院关于适用〈中华人民共和国民事诉讼法〉的解释2022》第五百零七条第二款的规定,参与分配申请应当在执行程序开始后,被执行人的财产执行终结前提出。财产执行终结是一种应然状态,即案款已执行到位或财产已完成变价。待分配财产拍卖成交的,竞价程序终结之日即应为申请参与分配的截止时间。债权人申请参与分配的,应当向其原申请执行法院提交参与分配申请书,由原执行法院将参与分配申请书转交给主持分配的法院。而认定申请参与分配的截止时间,应当以主持分配法院收到参与分配申请书的时间为准。本案中,某金融机构对被执行人享有的三案债权申请参与拍卖款分配的时间晚于待分配财产拍卖成交时间。故本院执行实施部门认定某金融机构三案债权不能参与汤某某、张某某拍卖款的分配,并无不当。从而驳回某金融机构的异议。

笔者经过梳理发现,各家法院基本形成了一种认知:"财产执行终结前"是一种应然状态,即案款已执行到位或财产已完成变价,即是确定申请参与分配截止日的标准。而基于各级法院对上述认知的不同解读,以待分配拍卖款为前提,对于申请参与分配的截止时间的把握出现三种标准:(1)拍卖成交前一日为申报截止日;(2)财产分配方案作出前或送达前(分配方案或裁定)为申报截止日;(3)待分配款项发放前一日为申报截止日。

一、各地法院对财产执行完毕、财产执行终结的解读

(一)拍卖成交前一日为债权申报截止日

《江苏省高级人民法院关于执行疑难若干问题的解答》(2013)第12条之规

定:"……(一)拍卖、变卖被执行人财产的,时点为拍卖、变卖成交之日的前一日,不因以后因买受人不缴价款而再拍卖或变卖而变动。(二)依法交债权人以物抵债的,时点为送达债权人以物抵债裁定之日的前一日。(三)上述两种处置方式以外的被执行财产,时点为当次分配表已送达任一债权人之日的前一日,不因以后因债权人提出异议而重作分配表而变动。在上述时点以后提出参与分配申请的债权人,只能参与分配剩余财产。"(该条款已被2020年《江苏省高级人民法院关于正确理解和适用参与分配制度的指导意见》修改)。

(二)财产分配方案作出前或送达前(裁定或分配方案)为申报截止日

1.《关于印发〈深圳市中级人民法院关于在执行工作中强化守信激励和能动执行的办案指引(试行)〉的通知》(深中法发〔2020〕28号)第十四条之规定:"执行法院作出参与分配方案并送达任一方参与分配债权人,或者在已向主持分配的执行法院提出参与分配的各债权人签署确定财产分配方案的笔录后,其他债权人申请参与本次分配的,不予准许,但其有权参与后续其他财产的分配。"

2.《江苏省高级人民法院关于正确理解和适用参与分配制度的指导意见》(2020)第8条规定:"申请参与分配的截止时间,应当根据下列情形予以确定:(1)……执行法院尚未制作分配方案或者分配方案尚未发送的,执行案款发放的前一日为申请参与分配的截止日。(2)待分配财产为非货币类财产且通过拍卖或者变卖方式已经处置变现,债权人申请参与分配的截止时间,按照本条第一款第(1)项相同的原则处理。不受买受人未缴纳尾款或者人民法院撤销拍卖后再次拍卖、变卖所影响。……"

3.《重庆市高级人民法院关于执行工作适用法律若干问题的解答(一)》(渝高法〔2016〕63号)第五条第二款第3项之规定:"被执行人的财产为不动产或其他财产权益的,人民法院应当在该财产拍卖、变卖的价款到达法院账户之日起十五日内将过户裁定依法送达相关权属登记机关;以物抵债的,人民法院应当在裁定生效之日起十五日内将过户裁定依法送达相关权属登记机关;申请参与分配的截止时间以过户裁定依法送达相关权属登记机关的前一日为截止日。"

(三)待分配款项发放前一日为债权申报截止日

《广东省高级人民法院关于执行案件法律适用疑难问题的解答意见

(2016)》问题五对如何认定"申请参与分配截止时间"的处理意见称:"……各级法院可参考本院在(2014)粤高法执监字第131号《执行监督函》认定'在执行财产尚未实际支付给争议财产分配方案中确定的债权前,提出参与分配的申请,应当认定此时财产尚未执行完毕,其他债权人有权参与分配'。……建议各级法院参考(2014)粤高法执监字第131号《执行监督函》确定的原则执行。"

(四)上海市高级人民法院关于参与财产分配申报时间节点,并未出台相关的规定或解答,上海各家法院对"财产执行终结前""财产被执行完毕前"把握尺度也不尽相同,如上海市长宁区人民法院认为,异议人在被执行人财产尚未实际分配的情况下提出参与分配申请,具有参与分配的资格。上海市松江区人民法院认为待分配财产拍卖成交的,竞价程序终结之日即为申请参与分配的截止时间。

二、最高院的《执行工作指导》对"财产执行终结前"时间节点的明确

2022年1月,最高人民法院《执行工作指导》(第73—77辑)的法官会议纪要汇编,第77辑明确:被执行人房产已经拍卖并过户,但拍卖案款尚未发放。另案债权人向执行法院就尚未分配的拍卖案款申请参与分配,不属于逾期申请。根据《民诉法解释》第五百零七条第二款规定:"参与分配申请应当在被执行人的财产执行终结前提出。"被执行人财产为不动产的,虽然已经裁定过户,但拍卖款项尚未发放,仍属于被执行人的财产,执行程序尚未终结。因此,债权人申请参与分配的截止时间,应为案款分配发放的前一日。根据《民诉法解释》第五百零六条[1]、第五百零七条[2]之规定,被执行人的其他已经取得执行依据的债权人发现被执行人的财产不能清偿所有债权的,可以向人民法院申请参与分配,于被执行人的财产执行终结前提出。本案中,被执行人的房产虽已过户,但

---

[1] 《最高人民法院关于适用〈中华人民共和国民事诉讼法〉的解释》第五百零六条:被执行人为公民或者其他组织,在执行程序开始后,被执行人的其他已经取得执行依据的债权人发现被执行人的财产不能清偿所有债权的,可以向人民法院申请参与分配。 对人民法院查封、扣押、冻结的财产有优先权、担保物权的债权人,可以直接申请参与分配,主张优先受偿权。

[2] 《最高人民法院关于适用〈中华人民共和国民事诉讼法〉的解释》第五百零七条:申请参与分配,申请人应当提交申请书。申请书应当写明参与分配和被执行人不能清偿所有债权的事实、理由,并附有执行依据。 参与分配申请应当在执行程序开始后,被执行人的财产执行终结前提出。

拍卖案款尚未发放,仍在法院账户内,属于被执行人的财产,债权未得到清偿。执行法院下一步对案款的分配仍是执行的一个阶段,执行尚未终结。因此,其他债权人在案款分配之前提出参与分配的申请,并未逾期。

笔者所在律师团队代理某金融机构以相同的事实和理由向B法院的上级法院申请复议,2022年8月,B法院的上级法院同意我方的代理意见,认为本案被执行人名下的涉案房屋虽已拍卖执行,但所得拍卖款尚未发放,执行程序尚未终结。某金融机构于被执行人财产执行终结前,向B法院执行机构申请参与分配申请,符合《民诉法解释》的规定,裁定:(一)撤销B法院出具的执行裁定;(二)准予某金融机构对被执行人汤某某、张某某财产的拍卖款参与分配。

三、总结

最高人民法院的确认行为,纠正了各级法院以程序性规定对当事人实体权利的不当损害,保护了大多数普通债权人的合法权益。但执行程序的异议制度和撤销权制度会导致执行效率的丧失,财产分配方案处于重复制作,执行法官重复劳动的事情发生。笔者团队代理的另一案件至今已有五个年头,执行法院仍未能完成财产分配方案。但笔者认为最高人民法院的确认行为,看似违背了执行工作坚持"效率优先兼顾公正"的理念,但效率的丧失仅是"假象"而已。效率优先是相对的,不是绝对的,效率与公正是可以互相转化的,无论以其他何种方式确认,均不能排除他人依法享有的合法权益。

执行财产分配程序中对虚假债权异议的救济

任玉萍　贝杰功　王建龙　吴子瑨

[摘　要]　当债务人利用参与分配制度隐匿、转移资产时,债权人如何对分配方案中的异议部分提出异议及提起异议之诉,进而启动第三人撤销之诉。

[关键词]　分配方案异议;异议之诉;虚假债权;第三人撤销之诉

参与分配制度是现今法院执行多债权案件的重要方式之一,为保护债权人的合法权益做出了特定的贡献,但是,随着债权债务关系愈发复杂,这一制度的相关法律规定出现了一定的滞后性。实务中,有越来越多的执行案件出现债务人虚构债务、伙同他人申报虚假债权的情形,而合法债权人发现债务人的违法行为时应如何进行救济的问题也被频繁提出。

根据《最高人民法院关于适用〈中华人民共和国民事诉讼法〉的解释》(以下简称"《民诉法解释》")第五百零七条[①]、第五百一十条[②]的规定,在债务人资产无法清偿所有债权时,为公平地保障同一债务人的多个债权人的合法权益,执行法院在处置被执行人财产时,债权人应当在法律规定的期限内向执行法院申

[①]　《最高人民法院关于适用〈中华人民共和国民事诉讼法〉的解释》第五百零七条:申请参与分配,申请人应当提交申请书。申请书应当写明参与分配和被执行人不能清偿所有债权的事实、理由,并附有执行依据。　参与分配申请应当在执行程序开始后,被执行人的财产执行终结前提出。

[②]　《最高人民法院关于适用〈中华人民共和国民事诉讼法〉的解释》第五百一十条:债权人或者被执行人对分配方案提出书面异议的,执行法院应当通知未提出异议的债权人、被执行人。　未提出异议的债权人、被执行人自收到通知之日起十五日内未提出反对意见的,执行法院依异议人的意见对分配方案审查修正后进行分配;提出反对意见的,应当通知异议人。异议人可以自收到通知之日起十五日内,以提出反对意见的债权人、被执行人为被告,向执行法院提起诉讼;异议人逾期未提起诉讼的,执行法院按照原分配方案进行分配。　诉讼期间进行分配的,执行法院应当提存与争议债权数额相应的款项。

报债权数额并提交相关的执行依据。执行法院应当制作财产分配方案,并送达各债权人和被执行人。债权人或者被执行人对分配方案有异议的,应当自收到分配方案之日起十五日内向执行法院提出书面异议。债权人或者被执行人对分配方案提出书面异议的,执行法院应当通知未提出异议的债权人、被执行人。未提出异议的债权人、被执行人自收到通知之日起十五日内未提出反对意见的,执行法院依异议人的意见对分配方案审查修正后进行分配;提出反对意见的,应当通知异议人。异议人可以自收到通知之日起十五日内,以提出反对意见的债权人、被执行人为被告,向执行法院提起诉讼;异议人逾期未提起诉讼的,执行法院按照原分配方案进行分配。

  实务中,笔者曾遇到以下案例:某银行与其债务人汤某、张某的金融借款合同纠纷在 A 法院进入执行程序,A 法院以未查询到被执行人汤某、张某名下可供执行的有效财产而终止本次执行程序。某银行发现被执行人汤某、张某名下的房产在 B 法院进入强制执行拍卖的信息,委托律师向 A 法院提交参与 B 法院处置房产拍卖款的分配。B 法院依据各债权人的申请,对参与分配的债权制作了财产分配方案。律师发现该房产抵押权人汤某丽申报的债权本金 150 万元,而利息却高达 317 万元。律师进一步调查发现:(1)汤某丽与汤某、张某系老乡,在 B 法院的民间借贷纠纷一案中,汤某丽只提交了用于证明其向汤某、张某出借款项的 8 年前的银行流水,8 年内汤某、张某是否归还借款的银行流水均未提交;(2)汤某丽设定抵押的时间系在借款发生的二年后,其时,汤某、张某在其他法院的借款合同纠纷已判决且进入执行程序中;(3)汤某丽与汤某、张某间在不动产登记中心办理抵押登记的借款抵押合同中并未约定利息,然,汤某丽与汤某、张某在 B 法院达成的民事调解书中却将利息 317 万元约定成享有优先受偿权;(4)汤某、张某对汤某丽提起的诉讼相当配合,不作任何的抗辩。尽管发现了汤某丽与汤某、张某之间的债权可能存在虚假,但抵押权人汤某丽与债务人汤某、张某已就该债权达成调解,汤某丽提交的是生效民事调解书。

  首先,根据现行法律法规规定,债权人在参与分配程序中对其他债权人的债权有异议的,不能通过执行异议程序进行救济,原因在于执行异议程序是基于《民事诉讼法》第二百三十二条①、第二百三十四条②的规定,在执行标的归属发生争议或执行过程中存在执行行为违法的情况下,才能提起。而对其他债权人的债权有异议的,属于对分配方案的异议,而非对执行程序本身的异议,此种异议只能依据《民诉解释》第五百一十条的规定,通过提起分配方案异议之诉来救济。

律师据此向执行法院提出异议,但根据《最高人民法院关于人民法院执行工作若干问题的规定(试行)》(以下简称"《执行规定》")第一条第2款③的规定,执行法院仅负责按照生效法律文书的内容来执行债务人的资产,对于生效法律文书是否确有错误,执行法官并无义务进行审查。在收到异议方的书面异议材料后,执行法官只是将异议方的书面异议材料转交其他债权人及债务人,其他债权人自然不会认同异议方的意见,律师代理某银行向执行法院提起分配方案的异议诉讼。

然而,针对债务人的其他债权人生效法律文书,执行财产分配方案异议诉讼并不能直接撤销。尽管如此,为何还要提起分配方案异议之诉?

笔者认为:

法理上的好处在于,债权人要对债务人与其他债权人之间已经生效的法律文书提起第三人撤销之诉首先碰到障碍是诉讼主体适格问题,虽然《全国法院民商事审判工作会议纪要》(法〔2019〕254号,以下简称"《九民纪要》")第120条④对债权人在何种情况下可以提起第三人撤销之诉有了指导意见,但《九民

---

① 《民事诉讼法》第二百三十二条:当事人、利害关系人认为执行行为违反法律规定的,可以向负责执行的人民法院提出书面异议。当事人、利害关系人提出书面异议的,人民法院应当自收到书面异议之日起十五日内审查,理由成立的,裁定撤销或者改正;理由不成立的,裁定驳回。当事人、利害关系人对裁定不服的,可以自裁定送达之日起十日内向上一级人民法院申请复议。
② 《民事诉讼法》第二百三十四条:执行过程中,案外人对执行标的提出书面异议的,人民法院应当自收到书面异议之日起十五日内审查,理由成立的,裁定中止对该标的的执行;理由不成立的,裁定驳回。案外人、当事人对裁定不服,认为原判决、裁定错误的,依照审判监督程序办理;与原判决、裁定无关的,可以自裁定送达之日起十五日内向人民法院提起诉讼。
③ 《最高人民法院关于人民法院执行工作若干问题的规定(试行)》第一条第2款:执行机构负责执行下列生效法律文书:(1)人民法院民事、行政判决、裁定、调解书,民事制裁决定、支付令,以及刑事附带民事判决、裁定、调解书,刑事裁判涉财产部分;(2)依法应由人民法院执行的行政处罚决定、行政处理决定;(3)我国仲裁机构作出的仲裁裁决和调解书,人民法院依据《中华人民共和国仲裁法》有关规定作出的财产保全和证据保全裁定;(4)公证机关依法赋予强制执行效力的债权文书;(5)经人民法院裁定承认其效力的外国法院作出的判决、裁定,以及国外仲裁机构作出的仲裁裁决;(6)法律规定由人民法院执行的其他法律文书。
④ 《全国法院民商事审判工作会议纪要》(法〔2019〕254号)120.【债权人能否提起第三人撤销之诉】第三人撤销之诉中的第三人仅局限于《民事诉讼法》第56条规定的有独立请求权及无独立请求权的(转下页)

纪要》并非法律法规，不同法院对此问题仍有不同理解。债权人没有充分的证据证明所要撤销的法律文书确实存在错误并损害己方利益时，拒不予以立案的案例并不在少数。执行财产分配方案异议之诉可证明异议方与所要撤销的生效法律文书之间确实存在利害关系。

现实的好处在于，执行财产分配方案异议之诉属于法定的中止执行程序的情形，执行法院中止执行款的分配。合法债权人可进一步申请收集、调查债务人造假及债务人与其他债权人生效法律文书确实存在错误证据，扫清异议方提起第三人撤销之诉的立案问题。同时，在执行财产分配方案异议之诉中，给债务人及债务人其他债权人造成压力的同时，异议方可完善诉讼方案和策略，并根据案件走向，决定是否提起第三人撤销之诉。

故，在上述案例中，在提起执行财产分配方案异议之诉时，尽管提交了相关证据材料证明抵押权人汤某丽与被执行人汤某、张某达成的调解书存在错误，且该错误损害了债权人合法权益，执行法院依据《执行规定》第二条的规定仍只进行书面审查，并在代理人另行提起第三人撤销之诉后中止了执行分配方案异议之诉的审理，同理，执行程序也随之中止。

最高人民法院在2021年11月9日发布了《最高人民法院关于深入开展虚假诉讼整治工作的意见》（法〔2021〕281号）。该文件的主旨在于指导全国各级法院对可能发生的或者已经发生"虚假诉讼"重视起来。然而对于执行程序中，发现"虚假诉讼"情形时的救济，只能是由异议方提出执行财产分配方案异议之诉，暂停执行款项的分配和解决债权人提起第三人撤销之诉的主体问题，仍然需要异议方再行提起第三人撤销之诉。若执行法院主动作为将大幅减轻异议方的维权困难，更能保证合法债权人的权益不受侵害。

（接上页）第三人，而且一般不包括债权人。但是，设立第三人撤销之诉的目的在于，救济第三人享有的因不能归责于本人的事由未参加诉讼但因生效裁判文书内容错误受到损害的民事权益，因此，债权人在下列情况下可以提起第三人撤销之诉：(1)该债权是法律明确给予特殊保护的债权，如《合同法》第286条规定的建设工程价款优先受偿权，《海商法》第22条规定的船舶优先权；(2)因债务人与他人的权利义务被生效裁判文书确定，导致债权人本来可以对《合同法》第74条和《企业破产法》第31条规定的债务人的行为享有撤销权而不能行使的；(3)债权人有证据证明，裁判文书主文确定的债权内容部分或者全部虚假的。 债权人提起第三人撤销之诉还要符合法律和司法解释规定的其他条件。对于除此之外的其他债权，债权人原则上不得提起第三人撤销之诉。

刑事与行政

真相与刑事责任

——论全民恐慌与怒火之下的"假疫苗"案

刘赤军

[摘 要] 舆论是公众意见表达的集合,舆论监督对于公权力是很有效的制约方式和途径。进入信息社会以来,新媒体、自媒体纷纷涌现,人人都是现场记者。但是,从长春长生的"假疫苗"案的舆论检索可以发现,新媒体、自媒体远未达到成熟的阶段,或者说新鲜及时是新媒体的最大优势,但是过于碎片化、情绪化,很难展示完整的事实真相。而传统媒体基本保证了发布报道时的客观真实性。我国摆脱文盲、半文盲时代仅仅过去了四十多年,民众对于常识性的观念还深受传统观念的影响,这些在"假疫苗"案中有突出的反映。疫苗、假药、劣药涉及医药、防疫的专业知识,以及法律上的概念区分,民众对难于理解的问题会从概念化出发并因未知而产生恐惧。尤其是对于狂犬病的恐惧,我国民众处于极端的群体恐惧状态,这也导致了对狂犬病疫苗的滥用。本案的"假疫苗"问题是,长春长生为了降低成本、提高狂犬病疫苗生产成功率,违反批准的生产工艺组织生产。造成的后果是疫苗价效低,效果差,属于法律规定的劣药,但并未显示有毒性,尤其是国内多年来的公共卫生建设成效明显,狂犬病几乎绝迹,发生现实危害后果的可能性比较小。严格来讲,本案是否应当以刑事司法规制可能存在争议,但由于舆论上公众的愤怒、不安和恐惧,刑事司法的介入成为大快人心的必然结果。进入新的时代,刑事司法应当对社会舆论进行甄别与分析,应当对行政法规规定的违法行为进行风险的现实性和危害结果的评判和分析,这是保障公平正义的必由之路。

[关键词] 舆论与事实;劣药与假药;风险与危害结果;生产销售假药罪;生产销售劣药罪;生产、销售伪劣产品罪

对于长春长生生物科技股份有限公司(长生生物,002680)、长春长生生物科技有限责任公司(以下简称"长春长生")及其高管来说,成为惊天大案的犯罪嫌疑人怕是万万没有想到的。或许他们会认为,这是一场删帖引发的"血案",因为以前类似情况并没有引发广泛的关注。

2018年7月21日,有篇题为"疫苗之王"的自媒体文章发布,有了500万以上的阅读量,后被删帖,于是刷爆全网。微信群和朋友圈、微博、网络上的"假疫苗"的帖子刷屏,舆论大哗震荡全中国,到处都在传长生生物的奢侈腐败黑幕假疫苗,社会恐慌、愤怒情绪快速蔓延,网友们焦虑万分,各种声讨一浪高过一浪。国家领导人呼应人民群众的要求先后批示,此次疫苗事件"突破人的道德底线",违法违规生产疫苗事件"性质恶劣"。2018年7月23日下午,长春新区公安分局对长春长生涉嫌本案违法犯罪立案调查,对董事长高某芳等15名涉案人员采取了刑事拘留的强制措施。7月27日,国务院调查组宣布已基本查清企业违法违规生产狂犬病疫苗的事实,即为降低成本、提高生产成功率,违反批准的生产工艺组织生产。

但是,公安机关至今没有公布涉嫌的罪名,看来罪名存在争议。

通过检索网络自媒体以及专业记者的报道,对比不同的声音,可以发现本案目前的事实与自媒体、微信中刷屏传播的"假疫苗"情况有差异,长春长生自2016年至今有3次问题疫苗,似乎多以打擦边球的方式为主。根据公布的其变更的生产工艺内容,还不能判断是否影响疫苗有效成分,或者改变疫苗有效成分的比例。

无条件地适用重罪就是公平正义吗?犯罪的主观恶意程度是否突破了人的道德底线,尚有待于证据证实和辨别,但考验"依法治国"与"司法公正"底线的问题已经摆在刑事司法人员面前。

一、眼前的真相

本案自2018年7月21日开始发酵、爆发,几天里微博、微信朋友圈、微信群铺天盖地的发布、转发25万支"假疫苗"注射入孩子的身体里,有的说是"百白破"疫苗,有的说是"狂犬病"疫苗,各种"段子"层出不穷,譬如建议不定期地抓条狗咬疫苗公司老总一口,再注射该公司生产的狂犬疫苗,等等。

事实上,长生生物的全资子公司长春长生在本案中所涉及的"百白破""人用狂犬病疫苗"2种疫苗的问题,截至目前并没有发现相关报道或信息,而是涉及生产疫苗违法违规的问题,领导人批示内容的描述、定性是准确的。

第一,"百白破"疫苗问题发生于去年2017年11月,其安全性通过了检测,但效价指标不合格。本案的"百白破"疫苗,全称是"吸附无细胞百白破联合疫苗"。2017年10月27日,因长春长生生产的"百白破"疫苗在中国食品药品检定研究院(以下简称"中检院")的药品抽样检验中被检出"效价指标"不符合标准规定,吉林省食药监局对长春长生立案调查。被调查期间,长春长生停止了"百白破"疫苗的生产。有记者报道称,其实早在2016年长春长生就有一批"百白破"疫苗因效价不合格而被拒签。

第二,"人用狂犬病疫苗"问题发生于2018年7月15日,舆论披露其生产记录等问题违法违规,但实际上疫苗尚未出厂,销售至各地的已封存,其安全性或价效性尚无不合格的结论。本案"人用狂犬病疫苗",全称是"冻干人用狂犬病疫苗"。2018年7月15日,国家药监局通告称查获长春长生生产记录造假的人用狂犬疫苗,已要求吉林食品药品监督管理局立案调查。长生生物公告称涉事批次产品尚未出厂和上市销售。市场亦得到通知停止使用并就地封存该公司的狂犬病疫苗。

第三,"百白破"疫苗问题于2018年7月19日之前被做出行政处罚,但有25万余支效价指标低的疫苗已注射进山东省区域内的婴幼儿身体。7月19日晚,长生生物发布公告称,长春长生收到吉林省食品药品监督管理局8个月前立案的关于百白破疫苗的行政处罚决定书,认定"效价指标"不符合标准规定,应按劣药论处,违反了《药品管理法》中关于"禁止生产、销售劣药"的条款,故决定没收库存的"百白破"疫苗186支,没收违法所得85.88万元,处违法生产药品货值金额三倍罚款258.40万元。但是,被爆料的是,该批疫苗除剩余库存186支外,销售到山东省疾病预防控制中心的25万余支已全部被打入3月龄至6周岁的婴幼儿身体里。

第四,"人用狂犬病疫苗"问题于7月22日之前被立案调查,行政机关采取了责令停止生产等措施。2018年7月22日,国家食药监局通报称,经调查,长春长生编造狂犬病疫苗的生产记录和产品检验记录,随意变更工艺参数和设备。现已责令其停止生产,收回"药品GMP证书",召回尚未使用的狂犬病疫苗。同时,国家药监局会同吉林省局对长春长生立案调查。涉嫌刑事犯罪的,移交公安机关处理。

第五,在舆论大哗声讨一浪高过一浪之际,国家领导人先后作出批示。

第六,因生产"人用狂犬病疫苗"涉嫌违法犯罪,公安机关对本案立案侦查并采取强制措施。2018年7月23日,长春新区公安分局对长春长生因生产冻干人用狂犬病疫苗涉嫌违法犯罪立案侦查,对长春长生董事长高某芳等15名涉案人员采取刑事拘留的强制措施,但罪名不详。

第七,长春长生存在违规生产的事实。2018年7月27日,国务院调查组宣布,已基本查清企业违法违规生产狂犬病疫苗的事实,具体为:按照有关规定,疫苗生产应当按批准的工艺流程在一个连续的生产过程内进行。但该企业为降低成本、提高狂犬病疫苗生产成功率,违反批准的生产工艺组织生产,包括使用不同批次原液勾兑进行产品分装,对原液勾兑后进行二次浓缩和纯化处理,个别批次产品使用超过规定有效期的原液生产成品制剂,虚假标注制剂产品生产日期,生产结束后的小鼠攻毒试验改为在原液生产阶段进行。

二、有劣药,效价低,但尚无假药

根据《中华人民共和国药品管理法》第四十八条、第四十九条的规定,本案目前披露的上述有问题的"百白破"疫苗不属于假药,而是属于劣药;已公布的违法违规问题,应不属于"依照本法必须批准而未经批准生产的"药品,目前尚无疫苗成分不符合标准的鉴定意见或信息,故亦不属于假药,而是属于劣药。

所以,自媒体、朋友圈发布或转发所指称的"假疫苗",截至目前在本案中并不存在,或者说目前不存在法律意义上的"假疫苗"。同时,尚无关于上述批次销售(若有)的"百白破"疫苗、"人用狂犬病"疫苗致害后果的报道或信息。也就是说,长春长生生产、销售了劣药,或许还没有造成实质性的刑法意义上危害后果的证据——如果有人说,孩子白挨了一针无效的"百白破"疫苗,还要检查是否有药效、重新打疫苗,这难道不是重大伤害吗?这是民事赔偿问题,还不是刑法意义上的危害结果。

三、假药、劣药致害风险有明显区别

如果说,"假疫苗"是公众认为无效果、不合格生产的就是假的疫苗,与"假药"的法律定义只是概念上的差异。而无论是"假疫苗"还是"劣疫苗",公众对于巨大风险的恐惧并不会由于名词的改变而有所消减。但是,如果不被舆论局限,进一步去检索一些知识性的信息,因未知而带来的恐惧会有所改观。

《药品管理法》第四十八条、第四十九条分别规定了什么是假药、劣药,可以看出界定为劣药的一般不会出现致害风险,而是治疗效果差、无效果,还可能的是不影响治疗效果;界定为假药则肯定无治疗效果,或者有害于使用对象。这种区别,在《刑法》第一百四十一条规定"生产、销售假药罪"、第一百四十二条规定"生产、销售劣药罪"的罪状表述及刑罚设定上也有体现,生产、销售假药罪的加重情节表述为"致人死亡或有其他特别严重情节的,处十年以上有期徒刑、无期徒刑或者死刑,并处罚金或者没收财产"。而生产销售劣药罪则不需要表述"致人死亡"的条件,也没有死刑的刑罚。

也就是说,劣药一般不可能导致致害的死伤结果,危害结果最严重的是救治无效,导致病症加重或发作。

四、本案问题疫苗属劣药

本案长春长生的问题"百白破"疫苗,已经被吉林省食药监局行政处罚已经认定为劣药。本案问题"人用狂犬病疫苗"在生产中违法违规问题严重,但假设疫苗产品没有鉴定出其成分不符合标准、变质、污染的,则依法不属于假药,依法能够认定的还是为劣药。

目前,公安机关以生产人用冻干狂犬病疫苗违法、涉嫌犯罪为由立案,或有出于以上的考虑。

五、问题疫苗的现实风险很难说

通过分析可以看出,本次问题疫苗作为劣药一般不会直接致害。同时,由于以下两种客观的因素,查证本案问题疫苗致人身体健康伤害的事实存在困难,很可能并不会发生伤害的事实。

第一种是疫苗自身的特点,即疫苗偶合症的极小概率事件,也就是说疫苗没问题但是疫苗受种对象有病症而发生了事故,国务院下发的《疫苗流通和预防接种管理条例》中对此作出了相应的规定。因此,如果有极少数的注射疫苗异常反应,首先需要排除偶合症的可能性,这是疫苗作为生物医药固有的特点。第二种则是历年来国内的防疫工作取得了效果,环境安全性比较高,致病的源头并不多见,百白破、狂犬病几乎没有发病疫情的报道或信息。也就是说,即使疫苗效力低甚至无效果,也不会产生现实的危害结果。

其中"人用狂犬病疫苗"的过度使用甚至滥用,算是中国的国情——有消息统计全球 80% 以上的人用狂犬病疫苗被注射进了中国人的身体里。事实上,只有病犬才具有传染性,而病犬的特征明显且存活期只有 10 日。所以,欧美等发达国家采取犬类全接种的预防制度,这些国家的医生首先会问伤人的犬只是否健康,民众就很少打疫苗。由于国内预防狂犬病存在的问题,同时国人对于病犬特点、狂犬病传染方式均处于概念模糊而又极度恐惧的状态,不管是与健康犬还是病犬接触或被抓伤咬伤,到医院首先会奉上一联狂犬病疫苗——"您选贵的还是一般的?"客观上,国内注射人用狂犬病疫苗的行为有相当大比例是无意义的且毫无必要,注射的疫苗相当于安慰剂。所以,本案"人用狂犬病疫苗"即使存在药效差的问题,极大概率是不会发生危害后果的。

2018 年 7 月 27 日关于本案的新闻报道显示,据中国疾病预防控制中心不良反应监测数据,近几年注射狂犬病疫苗不良反应未见异常。长春长生生产的狂犬病疫苗接种后不良反应发生率为万分之零点二,未见严重不良反应。该数据情况验证了上述分析。

公众的愤怒、焦虑和恐慌在于问题疫苗带来的巨大风险,但疫苗特点及作为预防手段的性质、国内环境安全性较高以及预防方向方法偏差等原因,巨大风险很可能没有转化为现实危害。

或许,上述客观的因素就是疫苗领域打擦边球的心理倚赖。要求不高也没关系,风险低也不会出问题,这些造就了疫苗防疫领域各个环节普遍的侥幸心理。长生长春缺乏生物医药公司应有的极其严格的管理和生产标准,不能精心经营管理公司,而是把精力用在搞销售搞关系赚钱上,擅自变更生产工艺流程。

最终,酿成大祸。

六、追究刑事责任的法律难题

本案"百白破"疫苗已经被认定为劣药,但要追究刑事责任还需要更多证据的支撑。首先需要查明效价指标低的原因,需要排除的是运输、储藏过程中发生的问题还是生产技术导致产品稳定性差所致,无论是哪一种均不能认定长春长生实施了犯罪行为。如果是运输、储藏过程中发生的问题,显然与长春长生的生产、销售无关,不能追究其刑事责任。如果是原有生产技术导致产品稳定性差,也不能硬说厂家故意用落后技术生产销售不稳定的疫苗来干谋财害命的事。但是,根据对"人用狂犬病疫苗"的调查结果,不能不令人联想推测,产品稳定性差是否同样缘于擅自变更"百白破"疫苗生产工艺、"偷工减料"?

本案"人用狂犬病疫苗"可以认定为劣药,现已查清的生产违法违规问题固然严重,但变更了生产工艺流程、个别使用超过有效期限的原液以及修改生产日期的三类问题,还需要考察对疫苗产品质量、功用的影响大小,才能判断实施犯罪的主观故意、是否存有恶意以及恶意程度。否则,会出现适用法律标准不一致的质疑。

近年大热的电影《我不是药神》中,主角程勇向白血病友销售印度仿制的格列卫而被追究刑事责任,依据就是格列卫因违反《药品管理法》第四十八条之规定"未经批准进口的"而被判断定性为"假药"。首场放映中,"千人飙泪,掌声如潮"。现实中,电影主角的原型陆勇在被起诉后,1004名向他买药的白血病友联名向人民法院求情,湖南沅江市人民检察院决定撤回起诉,法院裁定准予撤回起诉。人们普遍质疑的是,没有对人身体健康造成危害、相反是有益的假药销售者,应当被追究刑事责任吗?机械地援引《药品管理法》第四十八条之规定认定"假药",进而追究刑事责任,很难令公众接受。

与"药神"完全相同的案件,上海某诊所郭医生购买、销售进口疫苗的生产销售假药罪案中,辩护律师提出了同样的抗辩意见。如果该案改判,则显然是刑事司法的进步——对于作为行政法规的《药品管理法》定义的假药、劣药,需要评判其风险的现实可能性及危害结果,才能用于刑法规定的生产销售假药罪、生产销售劣药罪。

本案的问题疫苗应当有同样的法律适用考虑,否则会出现适用法律公平性的质疑。也就是说,本案严重违反法律法规生产的问题疫苗,除了根据《药品管理法》第四十九条之规定认定为劣药之外,还应当客观地检验鉴定其成分、药效的结果,以此来评判犯罪嫌疑人行为的危害性程度,作为定罪量刑的依据。

本案以长春长生生产"人用狂犬病疫苗"为劣药论,根据《刑法》第一百四十二条之规定,需要有"对人体健康造成严重危害"的证据,而据长生生物公告,本案中该问题疫苗尚未销售,则尚未发生危害健康的结果,不符合罪状规定的条件。故本案尚未销售的问题疫苗被认定为"生产销售劣药罪"存在障碍。本案的"百白破"疫苗的情况或许也是如此,虽然已经销售注射使用,但是尚无造成伤害的信息或线索。

从刑法竞合犯的角度出发,本案行为亦符合"生产、销售伪劣产品罪"的规定,"偷工减料""以次充好",尤其是该罪认定条件不需要人体健康损害结果,只要销售额满人民币5万元的,即构成犯罪。本案各地封存的"人用狂犬病疫苗"如果检验系劣药,销售额显然超过人民币5万元,以此罪名定罪则没有争议。

生产、销售伪劣产品罪,最高刑罚是"销售金额二百万元以上的,处十五年有期徒刑或者无期徒刑,并处销售金额百分之五十以上二倍以下罚金或者没收财产"。本案是单位犯罪,对单位适用罚金刑,并对其直接负责的主管人员和其他直接责任人员判处刑罚。

需要认真对待的是,本案应慎用"以危险方法危害公共安全罪",除非有证据充分证明犯罪嫌疑人具有直接故意,有充分的证据证明具有"突破人的道德底线"的对社会不特定人员的明显恶意。《刑法》第一百一十四条规定了以其他危险方法危害公共安全的但尚未造成严重后果的罪状、刑罚,第一百一十五条则规定了"以其他方法危害公共安全致人重伤、死亡或者使公私财产遭受重大损失的"刑罚,是处十年以上有期徒刑、无期徒刑或者死刑。

报道中还显示,长生生物、长生长春有通过商业贿赂、行贿取得垄断地位的嫌疑。若查实,则应数罪并罚。

七、结语

网络上的信息非常丰富,有胆识、有温度、有感情,但是碎片化、情绪化,准确度不高,有些专业记者的报道要严谨可靠得多。而案发单位作为完全清楚事实的一方,一开始并没有向公众坦诚其咎。

事发之初,曾有网络报道指称:"长生生物的高层可能觉得很委屈……他们诘问的一句是这样的:明明是一个生产日期标注问题,你怎么写得这么严重?"显然,这种反驳是欲盖弥彰,长生生物的高层太不把自己事涉公众健康的工作当回事了。

生物医药无小事,其实国内有严格的法律制度。本案披露的长春长生生产疫苗过程中"偷奸耍滑""偷工减料",在其他工业生产领域中有的厂家或许也在干,当成是小问题,导致的质量瑕疵引来的只是骂声而已。但是,生物医药生产事涉人的身体健康生命安全,是各种产品中标准、规范要求最高最严格的,譬如,只要是更改有效期的,即使药品事实上还在有效期内,也要被认定为劣药,因为必须确保药品不出现质量瑕疵。毫无疑问,本案长春长生的违法违规生产是性质恶劣的严重问题。

为此,长生生物、长春长生已经受到停业、收回许可证、警示退市的行政处罚及罚款,进而面临被吊销许可证、吊销执照、退市的风险,或有受损害疫苗受种者的民事索赔,而因无效疫苗而补种的被损害利益者有权提出民事索赔,进而会有受损股民索赔、供货商及销售商的追债、员工解散的赔偿金等接踵而来,曾经逾239亿元市值的长生生物轰然倒塌。这就是长春长生"偷奸耍滑""偷工减料"给公众健康造成巨大风险带来的恶果,即使没有造成实际客观的伤害,也要承担相应的法律责任。

长春长生负有责任的高管们大概无法想象这种恶果,或许还没有明白自己将面对何等的刑事责任。

本案要再次提醒刑事司法者注意慎用重罪的问题,法治的实现,客观公正很重要——不仅要对诚实本分的老百姓客观公正,对于犯罪分子也要客观公正,对于犯罪分子的此罪还是彼罪更要客观公正。在这个时候,我们也不应当忘记关注不同的声音。追究责任的前提是查明真相,尤其要辨别犯罪嫌疑人是过错者还是恶意。

高利贷入刑法律问题解析

王司南[*]

[摘　要]　职业放贷人这一特殊现象的雏形可追溯到西周时期。但由于缺乏严格监管,职业放贷产生的法律问题层出不穷。职业放贷人试图采取以签署所谓民间借贷合同的形式将非法借贷行为合法化(刑民交叉),掩饰和模糊真实犯罪意图。随着社会发展和法律体系的完善,相关法律法规逐步出台,有助于打击职业放贷人乱象,维持社会稳定和谐。

[关键词]　职业放贷人;非法经营;违法放贷;刑民交叉

2019年10月21日,最高人民法院、最高人民检察院、公安部、司法部联合制定了《关于办理非法放贷刑事案件若干问题的意见》(以下简称"《意见》")。《意见》第一条一款规定:"违反国家规定,未经监管部门批准,或者超越经营范围,以营利为目的,经常性地向社会不特定对象发放贷款,扰乱金融市场秩序,情节严重的,依照刑法第二百二十五条第(四)项的规定,以非法经营罪定罪处罚。"这一意见的出台,将社会上的"职业放贷人"以及助贷机构、贷款中介等一网打尽。职业放贷人这一行业,很可能就此退出历史舞台。基于此,本文就职业放贷人产生的相关法律问题进行探讨。

笔者在过往代理过多起民间借贷案件,在担任借款人的诉讼代理人时,经常会从下面这样一个角度进行抗辩:"出借人的出借行为具有借款对象的不特定性、频率的经常性、目的具有营业性的特征。出借人未经批准从事经常性贷款业务的行为属于从事非法金融业务的性质,所签署的民间借贷合同因违反国

---

[*]　王司南,上海融力天闻律师事务所合伙人,上海电视台法治天地频道《法治新闻》《庭审直播》栏目嘉宾律师,上海律师专业水平评审评定为"建筑房地产专业律师",第四届闵行区优秀青年律师。

家法律的强制性规定而属无效合同。"并附出借人的在法院中的诉讼过往案例以及银行流水中向不特定的多人有多次转账作为证据提交。实话说,之前法院支持上述观点的次数很少,笔者认为主要原因在于2015年6月23日最高人民法院《关于审理民间借贷案件适用法律若干问题的规定》对于借款合同无效的情形进行了较为明确的规定,主要情形为:"(一)套取金融机构信贷资金又高利转贷给借款人,且借款人事先知道或者应当知道的;(二)以向其他企业借贷或者向本单位职工集资取得的资金又转贷给借款人牟利,且借款人事先知道或者应当知道的;(三)出借人事先知道或者应当知道借款人借款用于违法犯罪活动仍然提供借款的;(四)违背社会公序良俗的;(五)其他违反法律、行政法规效力性强制性规定的。"结合最高人民法院司法政策:"不要轻易认定民间借贷合同无效。当前普遍存在的中小企业和个人融资难问题,已经成为制约民营经济进一步发展的瓶颈,在审查民间借贷合同效力的时候,认定合同无效要准确适用法律、行政法规的效力性强制性规定,依法为中小企业融资需求提供有效的法律空间,避免因随意认定合同无效加剧中小企业融资难题。"可以说,上述司法观点或者司法解释,在一定程度上对于民间生产经营性的借贷给予了肯定,对于民间资本的流通和对中小企业融资难的问题解决给予了肯定。在这段时间,围绕着民间资本的各种金融创新结合互联网的帮助下如雨后春笋般层出不穷。审判实践中,也较少对于出借人作"职业放贷人"的认定。对于民间借贷合同的效力一般做有效的肯定。在这样的背景下,笔者在代理过程中,基本不会考虑到出借人是否构成非法经营罪的问题,最高人民法院批复亦认为不宜按照非法经营罪来进行处理。

但随着社会经济的发展,民间借贷的行为出现了部分变形。利率畸高成为非法放贷行业的潜规则,在法定利率36%的标准之下,围绕着如何保障超出法律规定的利率部分的非法所得,衍生出了各种层出不穷的违法手段。更有甚者,不以收回本息为目的,通过虚构事实、故意制造借款人违约等手段而达到非法占有借款人财产(主要是房产)的诈骗犯罪行为层出不穷。而为了催收,亦衍生出了不少暴力犯罪行为。

非法放贷行为也经常与赌博、开设赌场、敲诈勒索、寻衅滋事、套取银行贷款等违法犯罪活动同时出现,成了滋事犯罪的温床。而正常经营的中小企业主,也会因为无法负担民间借贷的高额利息而陷入恶性循环,本以为民间资金是救命的甘露,最后却成为压垮骆驼的最后一根稻草。"校园贷""现金贷""裸贷"等更是将目标对准了没有还款能力的在校学生,造成了恶劣的社会影响。可以说,在《意见》出台前,围绕着非法放贷,除了放贷行为本身没有明确规定构罪以外,其前后端均出现了较为恶劣影响犯罪行为,给社会的稳定带来了危害。

所以两高两部意见的出台,对于规范民间借贷行为和区分合法民间借贷与非法放贷具有十分重要的意义。《意见》一是对于非法放贷行为的标准进行了明确,对其法律后果作出了明确的规定,即按照非法经营罪追究刑事责任,并对情节进行了非常明确的规定。二来,笔者认为《意见》在制定时也考虑到了对合法借贷行为的保护:"经常性地向社会不特定对象发放贷款",是指 2 年内向不特定多人(包括单位和个人)以借款或其他名义出借资金 10 次以上。贷款到期后延长还款期限的,发放贷款次数按照 1 次计算。这一标准之外,如果是特定对象,亲友之间不以营利为目的的互助性借贷,依然受到法律的保护。

在《意见》第四条:"仅向亲友、单位内部人员等特定对象出借资金,不得适用本意见第一条的规定定罪处罚。但具有下列情形之一的,定罪量刑时应当与向不特定对象非法放贷的行为一并处理:(一)通过亲友、单位内部人员等特定对象向不特定对象发放贷款的;(二)以发放贷款为目的,将社会人员吸收为单位内部人员,并向其发放贷款的;(三)向社会公开宣传,同时向不特定多人和亲友、单位内部人员等特定对象发放贷款的。"这一规定,提前封堵了非法放贷人员试图打擦边球的想法。可见《意见》在制定过程中已经充分考虑到了非法放贷行为从业者的心态和手段的隐蔽性。

对于《关于办理非法放贷刑事案件若干问题的意见》是否会"翻旧账"的溯及力问题,笔者认为不能一概而论。

如果依据最高人民法院、最高人民检察院《关于适用刑事司法解释时间效力问题的规定》第二条的规定:"对于司法解释实施前发生的行为,行为时没有相关司法解释,司法解释施行后尚未处理或者正在处理的案件,依照司法解释的规定办理。"那么在 2019 年 10 月 21 日前实施的非法放贷行为,尚未接受处理或者正在处理的案件,需要按照《意见》的规定,符合条件的需追究刑事责任。但《意见》最后一条对于实施时间作出了特别的规定:"本意见自 2019 年 10 月 21 日起施行。对于本意见施行前发生的非法放贷行为,依照最高人民法院《关于准确理解和适用刑法中"国家规定"的有关问题的通知》(法发〔2011〕155 号)

的规定办理。"这一表述尤为重要。笔者认为,最高人民法院、最高人民检察院、公安部、司法部应该是注意到了2012年中华人民共和国最高人民法院《关于被告人何伟光、张勇泉等非法经营案的批复》:"相关立法解释和司法解释尚无明确规定,故对何伟光、张勇泉等人的行为不宜以非法经营罪定罪处罚。"最高人民法院曾经明确否定了"高利贷"认定为非法经营罪,在过去7年中,各地司法审判实务中也基本参照了该批复的意见对案件进行处理。

所以《意见》对于实施效力的问题作出了一个明确的时间点的规定。"对于本意见施行前发生的非法放贷行为,依照最高人民法院《关于准确理解和适用刑法中"国家规定"的有关问题的通知》(法发〔2011〕155号)的规定办理。"也就是按照旧批复一般不按照非法经营罪定罪处理。这实际上突破了最高人民法院、最高人民检察院《关于适用刑事司法解释时间效力问题的规定》第二条之规定。笔者认为,最高人民法院、最高人民检察院、公安部、司法部这一规定,是为了保障法律实施的稳定性,我们国家刑法的基本原则就是罪刑法定原则,而这一原则的目的之一就是在于让公民清楚地知道,什么事情能做,什么事情不能做。能够通过法律规定来预判自己的行为是否构成犯罪。本次实施的《意见》和最高人民法院之前的批复发生了重大的变化,所以特别规定对于2019年10月21日前实施的非法放贷行为按照原先的通知办理。彰显了《意见》的合理性。

但为何说不是一概而论,大家如果仔细查看最高人民法院《关于准确理解和适用刑法中"国家规定"的有关问题的通知》(法发〔2011〕155号)可以发现,该文件表述为:"各级人民法院审理非法经营犯罪案件,要依法严格把握刑法第二百二十五条第(四)的适用范围。对被告人的行为是否属于刑法第二百二十五条第(四)规定的'其他严重扰乱市场秩序的非法经营行为',有关司法解释未作明确规定的,应当作为法律适用问题,逐级向最高人民法院请示。"也就是说,即便发生在2019年10月21日前的非法放贷行为,如果其程度严重扰乱市场秩序,亦有可能经请示批复后,按照非法经营罪处理。

从2018年起,最高人民法院、最高人民检察院、公安部、司法部就不断发布针对民间借贷的意见和通知,诸如最高人民法院《关于依法妥善审理民间借贷案件的通知》《关于办理"套路贷"刑事案件若干问题的意见》《关于办理黑恶势力犯罪案件若干问题的指导意见》等,针对的就是加强在民间借贷行为中出现的诈骗、敲诈勒索、非法拘禁等违法犯罪行为的查处。在扫黑除恶的大背景下，职业放贷人这一行业也走向了自己的末日。其中必定有其自身野蛮发展，缺乏约束及欲望泛滥的原因存在。如果想要继续从事相关活动的，唯有依法取得许可这一条路可走。试图打擦边球的以助贷、中介等理由想继续从事放贷业务的，均有可能涉嫌犯罪。

"职业放贷人"或老百姓口中俗称的"高利贷"，这一最早从西周时代开始就存在但又一直被唾骂的行业，很可能就消失于2019年10月21日后。对于已经持牌的合法经营机构而言，不以各种名目乱收费，不突破法定利率的红线，是能够稳定和持续发展的底线。

职业放贷人的存在是特定背景下的产物，可能在部分中小企业融资过程中产生了积极作用，但由于缺乏监管衍生出了一系列法律问题，不利于社会的和谐。随着我国法律体系的不断完善，人民法律意识的不断提高，金融市场监管体系和法律规范的完善，职业放贷人存在的空间会越来越小，甚至完全消失。为了能依法惩治非法放贷犯罪活动，切实维护国家金融市场秩序，保护公民和法人的合法权益，需要我们每个人贡献自己的力量。最后，我们对于职业放贷人在今后可能会采取的以合法形式掩盖非法目的措施要时刻保持警醒。

案外人对非法集资案件中司法限制财产的异议

潘定春　李雅君　杨雨馨

[摘　要]　涉众型经济犯罪案件陆续爆发,造成了较大的社会影响。公安机关立案后,一方面侦查涉案人员犯罪证据,一方面查封、扣押、冻结涉案平台、个人的资产。在刑事案件程序中,公安机关一般只对涉案财物采取查封、扣押、冻结等司法限制措施,并不对查封、扣押、冻结的财物进行实质权利审查,因此,出现了案外人如何保护自身合法权益的问题。

[关键词]　非法集资;司法限制;民刑交叉;救济途径

我们接受客户委托进行一项康养地产收购项目尽调时,曾遇到公安机关查封非法集资涉案平台之外财产的情形。作为案外人,也即司法限制财产的权利人,如何对司法限制财产提出异议? 向谁提出异议申请? 有何异议路径? 法律依据何在? 本文试对此展开分析探讨。

一、查封、扣押和冻结财物

非法集资案件涉及非法吸收公众存款罪、集资诈骗罪。据报道,2019 年全国检察机关起诉非法吸收公众存款犯罪案件 10 384 件 23 060 人,同比分别上升 40.5% 和 50.7%;起诉集资诈骗犯罪案件 1 794 件 2 987 人,同比分别上升 50.13% 和 52.24%。[①]

[①]　周斌:《去年起诉集资诈骗罪案增长超 5 成涉众型金融犯罪突出　最高检发布指导性案例》,《法制日报》2020 年 3 月 26 日。

关于非法集资案件犯罪嫌疑人犯罪中吸收的资金处置问题,《刑法》第六十四条规定了对犯罪物品的处理原则:"犯罪分子违法所得的一切财物,应当予以追缴或者责令退赔;对被害人的合法财产,应当及时返还;违禁品和供犯罪所用的本人财物,应当予以没收。没收的财物和罚金,一律上缴国库,不得挪用和自行处理。"

如何区分犯罪分子违法所得的财物?犯罪嫌疑人如果将非法吸收投资人的资金和通过合法途径借贷的资金或者与他人的合法资金一起用于投资房产、土地、股权、车辆、黄金等,如何厘清犯罪分子的违法所得、犯罪分子的合法财产,以及他人的合法财产?在司法实践中存在一定的难题。法律规定,侦查部门通过对犯罪资金的来源、流向、用途判断属于犯罪嫌疑人非法所得财产,确属来源于犯罪资金,确属资金流向指定的不动产或股权等,侦查部门会依法查封、扣押、冻结涉案财物,并随案移交检察机关审查起诉。但是,当部分犯罪资金与合法资金共同取得不动产、股权等资产,甚至全部为第三方合法资金所取得的不动产、股权等财产,侦查机关基于对被害人或投资参与人的权利保护,而采取扩大的司法限制措施,第三方对司法限制财物的实质权利就面临着亟待保护的现实问题。

二、审判机关司法实践

人民法院对涉众型经济犯罪案件,更多地关注被告人刑事责任,过少注意被告人对于投资人的民事责任,这主要基于民刑交叉案件"先刑后民"原则的约束。

2019年1月,最高人民法院、最高人民检察院、公安部发布《关于办理非法集资刑事案件若干问题的意见》(以下简称"《若干问题的意见》"),第九部分关于涉案财物追缴处置问题中,明确规定"办理跨区域非法集资刑事案件,案件主办地办案机关应当及时归集涉案财物,为统一资产处置做好基础性工作。其他涉案地办案机关应当及时查明涉案财物,明确其来源、去向、用途、流转情况,依法办理查封、扣押、冻结手续,并制作详细清单,对扣押款项应当设立明细账,在扣押后立即存入办案机关唯一合规账户,并将有关情况提供案件主办地办案机关。人民法院、人民检察院、公安机关应当严格依照刑事诉讼法和相关司法解释的规定,依法移送、审查、处理查封、扣押、冻结的涉案财物。对审判时尚未追缴到案或者尚未足额退赔的违法所得,人民法院应当判决继续追缴或者责令退赔,并由人民法院负责执行,处置非法集资职能部门、人民检察院、公安机关等应当予以配合。"按照本意见的精神,人民法院应当在执行程序中对涉案财产进行处置。

我们在无讼官网、中国裁判文书网、上海市高级人民法院网以及聚法案例网站查询到三百多份关于涉众型经济犯罪案件的裁判文书,这些刑事判决书对被告人违法所得财产部分表述很简单,基本表述是:"违法所得予以追缴,不足部分责令退赔""追缴本案被告人非法集资犯罪所得人民币××元,按比例退还给集资参与人""违法所得,应予追缴或责令退赔后发还各被害人""继续追缴被告人的违法所得发还给被害人",等等。各地法院很少对被告人的违法所得范围在一审判决书中列明,只是按照侦查机关、审查起诉机关移送的违法所得清单随案认定。以上表明,法院基本上不会对被告人的违法所得范围进行实质性审查。

我们通过大数据查询发现,很少有法院对非法集资案件的犯罪所得财物在执行中处置完毕,在个别案例中,法院也多为将已冻结、扣押的涉案财物,进行拍卖、变卖所得的价款发还给被害人。被害人也仅能得到该部分违法所得或变现资金。但涉案不动产、股权等财物并没有及时处置,仍然处于司法限制状态。在此现状下,案外人异议也面临诸多困难。

三、案外人的救济途径和法律依据

因刑事案件需要,公安机关查封的与涉案无关的财物,法律并未赋予案外人通过行政复议或者行政诉讼进行权利救济的途径。

根据公安部发布的《公安机关办理刑事复议复核案件程序规定》第六条,相关人员可以就依法作出驳回申请回避决定、没收保证金决定、罚款决定、不予立案决定等不服的,提出刑事复议申请。该条文并未列举相关人员就公安机关为行政侦查需要查封、扣押、冻结的财物可申请复议。公安机关因刑事案件的需要查封的与涉案无关的财物,也不属于《行政复议法》第六条的行政复议范围。根据最高人民法院《关于适用〈中华人民共和国行政诉讼法〉的解释》第一条的规定,公安、国家安全等机关依照刑事诉讼法的明确授权实施的行为不属于人民法院行政诉讼的受案范围。

案外人可以通过以下方式实施救济：

（一）侦查阶段救济途径

《刑事诉讼法》第一百四十一条第一款规定："在侦查活动中发现的可用以证明犯罪嫌疑人有罪或者无罪的各种财物、文件，应当查封、扣押；与案件无关的财物、文件，不得查封、扣押。"第一百四十五条规定："对查封、扣押的财物、文件、邮件、电报或者冻结的存款、汇款、债券、股票、基金份额等财产，经查明确实与案件无关的，应当在三日以内解除查封、扣押、冻结，予以退还。"《关于进一步规范刑事诉讼涉案财物处置工作的意见》第三条中，明确指出："规范涉案财物查封、扣押、冻结程序。查封、扣押、冻结涉案财物，应当严格依照法定条件和程序进行。严禁在立案之前查封、扣押、冻结财物。不得查封、扣押、冻结与案件无关的财物。凡查封、扣押、冻结的财物，都应当及时进行审查；经查明确实与案件无关的，应当在三日内予以解除、退还，并通知有关当事人。"

该规定不仅明确了查封、扣押、冻结涉案财物可能存在与案件无关的财物，也规定了如果经过审查确实与案件无关的财物予以解除、退还的程序性规定。被查封财物的案外人作为利害关系人，可以依据《民事诉讼法》第一百一十五条的规定向查封、扣押、冻结的司法机关提出申诉或控告，请求司法机关就查封、扣押、冻结的财物进行审查，如确与涉案无关，请求予以解除查封、扣押、冻结等措施，维护其合法权利。

除此之外，根据《刑事诉讼法》规定，侦查机关有权委托第三方机构，对刑事涉案金额进行司法鉴定。但是司法鉴定的范围主要为与刑事案件有关联的涉案资金，一般不会涉及被查封、扣押、冻结的财物实质归属问题。我们认为，如果证据充足，相关法律应当允许案外人对侦查机关查封、扣押、冻结的财物自行委托第三方机构审计或鉴定，审计或鉴定结果向侦查机关提交，从而主张异议。如不具备充足证据条件，可以向侦查机关提交现有基本证据，申请侦查机关对已查封、扣押、冻结的涉案财产进行审计或鉴定。当然，我们的设想是在完备的法律框架下，在此呼吁相关立法部门出台相关立法或司法解释，以满足案外人在刑事司法鉴定程序中的救济路径。

（二）审查起诉阶段救济途径

在审查起诉阶段，检察机关会对公安机关侦查认定的事实进行审查，对犯罪嫌疑人涉嫌的罪名进行认定，对随案移送的查封、扣押、冻结清单会进行审查。此时，案外人可向检察机关提出异议申请，主张公安机关查封、扣押、冻结的财物与案件无关，请求检察机关就该财物进行审查。

（三）审判阶段救济路径

在司法体系架构中，人民法院是审判机关，法律赋予人民法院对于涉案财物审判确权、司法追缴的功能。

案外人在审判阶段可以启动两次救济，分别在是法院刑事审判程序中对司法限制财产提出异议，在法院执行程序中提出执行异议。

1. 案外人可以向刑事审判庭提出申请，请求法官对侦查机关查封、扣押、冻结的财物进行排他性的实质审查。《刑事诉讼法》第二百四十五条第三款、第四款的规定："由人民法院对查封、扣押、冻结的财物及其孳息作出处理，人民法院在作出的判决生效后，有关机关应当根据判决对查封、扣押、冻结的财物及其孳息进行处理。对查封、扣押、冻结的赃款赃物及其孳息，除依法返还被害人的以外，一律上缴国库。"最高人民法院《关于刑事裁判涉财产部分执行的若干规定》第十条第三款规定："被执行人将赃款赃物与其他合法财产共同投资或者置业，对因此形成的财产中与赃款赃物对应的份额及其收益，人民法院应予追缴。"

2. 案外人向执行法院提出异议、复议。根据最高人民法院《关于刑事裁判涉财产部分执行的若干规定》第十四条、第十五条规定，在执行阶段，案外人可以向执行法院提出书面异议，主张对执行标的享有权利，并向执行法院提交足以阻止执行的相关证据。如被查封、扣押、冻结的财产全部属于案外人所有，可以申请法院解除司法限制措施，如被查封、扣押、冻结的财产部分属于犯罪嫌疑人的赃款赃物，案外人可以申请法院退回赃款赃物对应的份额及收益，从而请求法官解除司法限制措施。如案外人向执行法院异议、复议被裁定驳回，可以再依法申请审判监督程序。

非法集资案件中存在被告人违法所得与案外人合法财产交叉的情形，非法集资与合法交易交织，确实为处置非法集资案件财产带来一定困难。但是，法律作为社会行为规范，约束着社会集体行为，保护所有社会主体的权益。严格惩戒犯罪主体，处置违法所得，保护案外人的合法民事权益，才能真正尊重法律的本意，彰显法律的社会意义。

行政机关应履行招商引资协议中的税收奖励条款

王志勇　纪　墨

[摘　要]　行政机关以促进当地经济发展,改善人居环境为目的与企业签订招商引资协议后,因国家政策变更,可能存在企业完成合同约定的投资条件后,行政机关按照现行政策不同意给予奖励的情况。此时基于维护行政机关公信力及保护行政相对人的信赖利益的考量,司法机关应当确认相关行政协议的效力并保障其顺利履行。本文从笔者亲身代理的案件入手,从行政协议的认定、行政协议合法性、行政协议是否损害公共利益、是否可直接判决行政机关按照协议约定履行义务等方面论述,对招商引资协议中税收奖励条款的履行问题提供了解决思路。

[关键词]　行政协议;税收奖励;合法性审查

前些年在各地招商引资的大背景下,当地政府或行政机关为实现引进资金、带动地方经济发展、增加地方财税收入的行政管理目的,往往与投资企业在订立招商引资协议时,约定给予投资企业各种优惠政策、税收奖励、提供协调帮助等条件,以争取投资方项目落地。但在近年国家强调地方政府不得以违反法律规定以减税、免税、返税等方式招商引资的情况下,地方政府或行政机关为避免行政风险或因行政主官的更迭,往往拒绝兑现之前所订立的招商引资协议中的税收奖励条款,从而使投资企业无法实现基于行政协议的可期待利益,以致发生投资企业与当地政府或行政机关之间的争议。

关于该类招商引资协议属于民事合同还是行政协议、税收奖励条款是否合法有效、履行税收奖励造成地方税收减少是否属于损害公共利益、如何界定税收奖励的标准等,是处理该类纠纷经常需要面对的法律问题。笔者也注意到,不同法院作出的判决对于上述问题也存在不同的裁判标准。

笔者作为原告代理人，参加了如皋市 A 房地产开发有限公司（以下简称"开发公司"或"乙方"）诉如皋市 B 镇人民政府（以下简称"镇政府"或"甲方"）履行行政协议一案的审理，一、二审均采纳了我方代理观点，判决镇政府按照行政协议支付税收奖励款（该案被"今日头条"作为江苏司法判例进行了报道）。

一、案情简介

2004 年 8 月 20 日，开发公司以公开竞价方式取得某镇一 7 005.04 平方米地块的土地的使用权，在与国土资源部门签订国有土地使用权出让协议的当日，与镇政府签订一份土地出让协议的附属协议。附属协议第四条约定："乙方在该地块开发中向甲方所缴纳的税收，甲方确认后按乙方所缴纳的 50% 奖励给乙方。"

2004 年 8 月 31 日，开发公司缴纳土地出让税费 100 400 元。2005 年 3 月 8 日，开发公司取得案涉土地的使用权证。随后，开发公司在取得案涉土地的建设用地规划许可证、建筑工程施工许可证后进行了建设开发、商品房销售，并缴纳营业税、土地增值税、城建税等相关税收。

开发公司在基本完成商品房销售后，于 2017 年 8 月 20 日向镇政府提交请求依约奖励的报告，认为其自 2004 年 7 月至 2017 年 7 月 30 日因开发涉案项目已缴纳税收 1 236 760.48 元，要求镇政府按照附属协议第四条约定，给付奖励款 618 380 元。

2018 年 2 月 26 日，镇政府委托江苏某律师事务所律师向开发公司发出律师函，认为开发公司在该土地开发过程中，并没有直接向镇政府缴纳税收，故而不存在镇政府向开发公司给予税收奖励的事实基础。开发公司认为镇政府不履行附属协议的税收奖励条款，经多次协商未果，以致成讼。

二、代理思路

本案起诉之初，开发公司曾以合同纠纷向法院提起民事诉讼。但在开发公司委托笔者等人代理后，我们认为，开发公司就土地出让协议与镇政府签订的附属协议不应属于民事合同,镇政府是为实现其行政管理目标而签订,符合识别行政协议的实质标准,因此该附属协议应属于行政协议,因行政协议履行纠纷而提起诉讼应为行政诉讼。

对于附属协议关于依据纳税金额进行奖励是否存在无效的问题,我们认为在司法认定上可能存在一定风险。如果作为民事案件,可能会因该税收奖励约定违反相关税收管理法律法规而被判无效,各地法院也不乏此类判例。而如果作为行政诉讼案件,行政协议则会受到信赖利益保护原则的相关规制,《中共中央、国务院关于完善产权保护制度依法保护产权的意见》《国务院关于税收等优惠政策相关事项的通知》等文件关于完善政府守信践诺机制、已经订立的优惠政策继续有效的规定,就是行政法信赖利益保护原则的重要体现。因此,将案涉合同作为行政协议纳入行政诉讼无疑比民事诉讼胜诉概率更大。

开发公司采纳意见,未就所提民事案件缴纳案件受理费,而是以行政诉讼案件另行立案起诉。

三、审理情况

2018年6月21日,开发公司以镇政府为被告向海安市人民法院提起行政诉讼,请求法院判决镇政府履行行政协议,向开发公司支付奖励款618 380元及迟延付款利息。

海安市人民法院经审理作出一审行政判决,在剔除不能证明系案涉项目的所纳税款后,判令:一、镇政府于判决发生法律效力后10日内给付开发公司奖励费用419 899.42元;二、驳回开发公司的其他诉讼请求。

镇政府不服一审判决,向南通市中级人民法院提出上诉,南通市中级人民法院经审理作出终审行政判决,判令驳回上诉,维持原判。

本案一、二审法院的判决均充分采纳了我方的代理意见和观点。

四、争议焦点及代理观点

(一)关于案涉附属协议是否属于行政协议的问题

镇政府认为,镇政府不是土地出让管理部门,其与开发公司就土地出让协议签订的案涉附属协议明显与镇政府的日常职能存在区别,应系民事协议而非行政协议。

我们认为,虽然镇政府不是土地出让协议的签约主体,但是镇政府对案涉土地具有管理的公共职能,镇政府为了实现吸引投资、带动经济发展、改善人居环境的行政管理目的,而与开发公司签订附属于土地出让合同的协议,属于行政协议。

《行政诉讼法》第十二条第(十一)项规定,公民、法人或者其他组织认为行政机关不依法履行、未按照约定履行或者违法变更、解除政府特许经营协议、土地房屋征收补偿协议等协议而提起行政诉讼,人民法院应当受理。

《江苏省行政程序规定》第五章专门对行政合同的定义、订立、生效、变更及解除作了规定,其中第七十七条第一款规定:"本规定所称行政合同,是指行政机关为了维护公共利益,实现行政管理目的,与公民、法人和其他组织之间,经双方意思表示一致达成的协议。"

根据上述规定,行政协议是行政机关为实现公共利益或行政管理目标而与协议相对人订立的具有行政法上权利义务内容的协议。对于行政管理过程中常见的招商引资协议而言,行政机关为引进资金、带动地方经济发展、增加地方财税收入等目的,在订立协议时行使了其行政管理职能或利用了其行政职权带来的便利及资源,如给予协议相对方各种优惠政策、税收奖励、提供协调帮助等,该类协议具有明显的公共利益属性和行政职权因素,在协议订立主体、目的、内容上都与民事合同具有明显不同,属于行政协议。

本案中,首先,从协议主体来看,协议一方主体镇政府为一级人民政府,符合行政协议主体要素的特征。其次,从协议内容来看,镇政府在案涉协议中处分的主要是行政职权。附属协议第一条约定:"甲方保证所提供的土地为熟地,无拆迁户,有关乙方开发所需的各类证照(建设用地规划许可证、土地使用证、建设规划许可证)均由甲方派专人协助乙方进行办理,且不影响乙方正常开发的需要。"第二条约定:"此宗地块的土地价为人民币182万元整。"第三条约定:"甲方免收配套设施费、其他一切费用由乙方负担。甲方保证乙方基建'三通一平'的需要,有关地块的配套设施由乙方自行负责,政府协调。"第五条约定:"甲方保证乙方来本镇投资开发有一个宽松的软环境。"由此可见,案涉附属协议中约定的镇政府的权利和义务,如有关土地出让金价格的确定、项目开发用地的预留、配套平整土地、给予政策补贴、帮助减免相应税费、提供宽松的投资环境等,均属于镇政府作为一级政府享有的行政管理职权的范畴,而不是作为民事主体所享有的权利。再次,从协议目的来看,对于开发公司而言,系为了企业营利,但于镇政府而言,其最终目的在于发展地方经济、实现土地功能调整以及改善城市建设等行政管理目标。综上可见,案涉附属协议系镇政府基于行政管理需要,行使行政职权,为开发公司开发房地产项目提供各种政策优惠和便利的招商引资协议,应当认定为行政协议性质。由此引发的争议,依法属于行政诉讼的受案范围。

(二)关于案涉附属协议第四条是否违反法律规定的问题

镇政府认为,案涉附属协议第四条关于返税奖励的约定违反税收征收管理法等法律的强制性规定,应当属于无效条款。

我们认为,案涉协议的第四条约定的支付奖励款不等同于税收的先征后返,并不被法律所禁止;在签订协议的2004年,各地政府以促进地方经济发展的目标的招商引资都不同程度地存在着各种税收优惠政策,不能以现在的法律法规否定当时合同的效力;国务院在2015年明文规定,各地政府与企业已签订合同中的优惠政策继续有效。因此,案涉附属协议第四条并不违反法律规定。

行政协议作为行政机关实施行政管理的方式,其内容当然应符合行政机关的职权范围,不能作出无原则、无界限甚至损害他人利益或公共利益的约定。行政机关无职权或者超越职权订立的行政协议、严重违反法定程序订立的行政协议、作为行政协议内容的行政行为重大且明显违法的行政协议,均属无效协议。由于行政协议除行政性外,还体现了契约性特点,故对行政协议的效力判断,在适用行政法律规范的同时,还可以适用不违反行政法和行政诉讼法强制性规定的民事法律规范。

首先,案涉附属协议的签订不超越镇政府的职权。《行政诉讼法》第七十五条规定:"行政行为有实施主体不具有行政主体资格或者没有依据等重大且明显违法情形,原告申请确认行政行为无效的,人民法院判决确认无效。"《地方各级人民代表大会和地方各级人民政府组织法》第七十六条第(二)项规定:"乡、民族乡、镇的人民政府行使下列职权:执行本行政区域内的经济和社会发展计划、预算,管理本行政区域内的经济、教育、科学、文化、卫生、体育事业和财政、民政、公安、司法行政、计划生育等行政工作;……"如前所述,案涉协议是镇政府在职权范围内为开发公司开发房地产项目提供各种政策优惠的招商引资协议,协议内容均是作为一级政府的镇政府所享有的行政管理职能或者能够协调完成的事项,故协议的签订未超越镇政府的职权,不具有重大且明显违法的情形。

其次,案涉附属协议是双方真实意思的表示。根据《民法典》第一百三十三条、第一百三十四条第一款、第一百四十三条第(二)项规定,民事法律行为是民事主体通过意思表示设立、变更、终止民事法律关系的行为,民事法律行为可以基于双方或者多方的意思表示一致成立,也可以基于单方的意思表示成立,但意思表示真实是民事法律行为有效的前提条件。《民法典》第一百一十九条、第四百六十五条第二款均规定:"依法成立的合同,对当事人具有法律约束力。"案涉附属协议是在开发公司和镇政府充分协商、达成一致的基础上订立,是双方真实意思表示,并有双方盖章和签字,协议依法成立。

再次,案涉附属协议第四条不存在民事合同无效的情形。《民法典》第一百五十三条第一款规定:"违反法律、行政法规的强制性规定的民事法律行为无效。但是,该强制性规定不导致该民事法律行为无效的除外。"《税收征收管理法》第三条第二款规定:"任何机关、单位和个人不得违反法律、行政法规的规定,擅自作出税收开征、停征以及减税、免税、退税、补税和其他同税收法律、行政法规相抵触的决定。"根据《国务院关于税收等优惠政策相关事项的通知》第二条规定:"各地区、各部门已经出台的优惠政策,有规定期限的,按规定期限执行;没有规定期限又确需调整的,由地方政府和相关部门按照把握节奏、确保稳妥的原则设立过渡期,在过渡期内继续执行。"第三条规定:"各地与企业已签订合同中的优惠政策,继续有效;对已兑现的部分,不溯及既往。"

本案中,虽然镇政府依法不得擅自作出减免税收的决定或约定,但开发公司在签订合同中的信赖利益应受保护,案涉附属协议签订于2004年,根据《国务院关于税收等优惠政策相关事项的通知》的规定,协议中涉及税收优惠政策的事项应继续有效。况且,案涉协议的第四条是通过奖励的形式予以支付,该约定不等同于税收的先征后返,法律并不禁止行政机关依据特定的标准、通过对企业给予奖励等优惠政策而实现行政管理目的。

(三)关于镇政府是否应当继续履行案涉附属协议第四条约定的问题

镇政府认为,即使附属协议有效,如果按照开发公司纳税的数额予以奖励,镇政府就该开发项目不仅没有实际收益,还会导致倒贴一部分费用,故因损害公共利益不应继续履行奖励义务。

我们认为,镇政府支付奖励款虽会造成税收利益的一定减损,但政府利益并非仅表现为税收利益,履行附属协议不损害公共利益,其无权变更或解除协议。

《江苏省行政程序规定》第八十二条规定:"行政合同受法律保护,合同当事人不得擅自变更、中止或者解除合同。行政合同在履行过程中,出现严重损害国家利益或者公共利益的情形,行政机关有权变更或者解除合同。行政合同在履行过程中,出现影响合同当事人重大利益、导致合同不能履行或者难以履行的情形,合同当事人可以协商变更或者解除合同。"《民法典》第五百七十九条、第五百八十条对金钱债务和非金钱债务的可履行性、履行方式作了相应规定。一般而言,金钱债务均存在履行的可能,但由于行政协议涉及公共利益,行政机关具有优益权,当履行协议会导致严重损害国家利益或公共利益之情形时,行政机关有权变更或者解除协议。反之,如行政协议不存在上述情形时,任何一方均应按照协议约定予以履行,且行政机关单方解除协议必须严格限制公共利益受到的损害。

本案中,案涉附属协议第四条支付奖励款的约定系金钱债务,故镇政府应当依照约定履行。政府与企业签订招商引资协议的目的并不完全相同,企业主要为了营利,而政府除增加税收,还包含了推动经济发展、增加就业、改善城市功能等多种目的,协议带来的诸多效益难以用金钱衡量或者难以在短期内显现。因此,对于行政协议履行过程中公共利益是否受到损害的问题,不能简单地以政府在协议中是否营利、是否直接增加财政收入为标准,即使确实存在镇政府所称的其奖励费用过高的情形,也不必然认为案涉附属协议损害国家利益或者公共利益。在此情况下,镇政府无权单方变更或者解除协议。

五、关于镇政府应当如何履行案涉附属协议第四条的问题

镇政府认为,开发公司并未直接向镇政府而是向税务机关缴纳税收,所纳税款并非镇政府留成所得税款,不应按开发公司缴纳的税费计算奖励费用;协议明确约定必须经"甲方确认"后才奖励乙方,未经镇政府确认就不涉及奖励的

问题;开发公司缴纳的土地出让的税费不是开发公司房产开发过程中缴纳的税费,而是取得土地使用权的前提,不应计算在内。

我们认为,镇政府明确拒绝支付奖励款本身就属于拒绝确认奖励款的行为,不应将"确认"行为作为其履行义务的先决条件,同时开发公司同意剔除无法证明为涉案项目的税款,剩余涉案项目的税款应当认定为镇政府的税收范围,并以此作为支付奖励款的依据。

第一,就一般行政诉讼而言,判决不应直接明确行政机关履行行政行为的具体方式和内容,但是本案争议系针对合同义务而非行政法定职责,法定职责属于合法性审查,而合同义务属于合约性审查,如果行政机关不履行合同义务,法院可以直接按照行政合同约定的内容判决行政机关履行。

第二,本案中,虽然案涉附属协议第四条作了"甲方确认后"再予以奖励的约定,但结合镇政府向开发公司发送的律师函及答辩内容来看,镇政府已明示不予继续履行协议,因此在能够明确履行义务的具体方式和内容的情况下,法院当然可以直接判决镇政府予以履行。

第三,就案涉附属协议第四条约定中"向甲方所缴纳的税收"双方存在的理解分歧:开发公司认为,计算奖励金额的基数应当为开发公司在案涉地块开发中的所有缴纳税款;镇政府则认为,计算奖励金额的基数应当为开发公司缴纳税收中镇政府留成的部分,且不应包括开发公司缴纳的土地出让金的税费。

厘清上述理解分歧,首先应明确两个基本事实:

其一,《税收征收管理法》第五条第一款规定:"……各地国家税务局和地方税务局应当按照国务院规定的税收征收管理范围分别进行征收管理。"因此,我国的税收征收管理部门是税务部门而非地方各级人民政府,所以严格来说,开发公司并不存在"向甲方所缴纳的税收"问题;

其二,税收虽非政府直接征收,但按照我国财政体制,省、地市、市县每级财政规定本级和直接下级的分享比例,其中,对于乡镇一级收入划分,是通过县级政府的部门预算向乡镇级政府分配财政收入,因此乡镇政府的财政收入金额和每笔税收并不具有一一对应的关系。本案镇政府在二审中提交的《镇财政体制结算情况统计分析表》《镇2005年以来的财政决算结算单》也说明,镇政府每年从县级财政分成的财政收入比例均不相同,而其财政收入和企业缴纳税款不具有对应性,故不能根据开发公司所缴纳税收而计算出镇政府的相应留成金额以确定奖励基数。

在合同当事人出现合同解释分歧时,根据《民法典》第四百六十六条的规定,应当根据文义解释、习惯解释、符合诚实信用原则的解释方法,并结合与合同内容有关的法律法规规定,正确确定合同条款的真实含义,以符合当事人的真实意思表示,并维护交易安全。

根据上述基本事实,以文义解释方法解释"向甲方所缴纳的税收",既不能解释为直接向镇政府缴纳的税收,也不能解释为开发公司所缴纳的税收的镇政府留成部分。同时,因镇政府未履行过案涉协议,也未举证其与其他投资企业签订类似条款的实际履行情况,镇政府没有该条款的历史事实,故也无法通过习惯解释方法解释该条款。

从诚实信用原则的角度,行政机关对于本辖区招商引资的相关政策、奖惩措施、兑现流程的掌握应当比企业更加熟悉,其在订立招商引资协议时,应当充分考虑协议条款的合法性、可履行性以及可能给企业带来的期待利益。在协议条款存在模糊之处时,如果采取对行政机关有利的解释,就可能导致行政机关在签订协议时刻意不向协议相对方澄清、表明协议条款的真实意思,诱使或放任协议相对方对协议条款的理解和履行产生过高预期,从而实现行政机关招商引资的目的,而行政机关事后却提出对企业相对不利的解释方式来履行协议,显然有违诚实信用原则;如果采取投资企业的解释,则更加符合投资目的和基于协议的期待利益,也符合行政机关诚实守信的价值追求。

综上,根据合同解释的规则,结合公平合理、诚实信用原则,应将案涉附属协议第四条"向甲方所缴纳的税收"确定为开发公司在案涉房地产开发项目中所缴纳的税款。

第四,就案涉附属协议第四条约定的作为奖励基数的税款是否包含开发公司缴纳的 100 400 元土地出让税费问题,案涉协议系开发公司签订土地出让协议的附属协议,协议签订在先,开发公司缴纳土地出让税费在后,同时案涉附属协议并非就土地出让以后的项目开发事宜进行的约定,而是对开发公司包括土地出让在内的整个房产开发过程进行的约定,取得土地使用权本身就是房地产开发的一个环节,故开发公司缴纳的土地出让税费应计算在奖励基数内。

六、裁判要点

一、二审法院均全面采纳了我方的代理意见,认为开发公司与镇政府签订的案涉附属协议系行政协议,是双方真实意思表示,不违反法律、法规的规定,且能够继续履行,镇政府应当按照协议约定支付奖励款,并判决支持开发公司的主要诉讼请求。

本案看似案情简单,但裁判逻辑包含了较丰富的法律适用规则:

第一,行政机关基于行政管理的需要,在职权范围内与相关企业签订的招商引资协议,属于行政协议的范畴;

第二,对于协议履行是否损害公共利益的判断,不能简单以行政机关在协议中是否营利为标准,而应综合考虑行政机关以及公共利益的损益,在未导致严重损害国家利益或公共利益时,行政机关无权单方变更或者解除协议;

第三,在协议履行中行政机关有必要充分考虑协议条款的合法性、可履行性以及企业可能的期待利益,当协议条款存在不同解释时,应依据诚实信用原则,按照对行政协议相对人有利的方式解释相关条款;

第四,法院对行政协议内容的审查应包括合约性审查,如认为行政机关构成不履行协议约定的奖励义务,且能够继续履行的,可直接判决行政机关按照协议约定履行义务。